JN260155

ネイティブが教える
英語の動詞の使い分け

デイビッド・セイン *David A. Thayne*
森田 修　古正佳緒里
Osamu Morita　*Kaori Furusho*

Natural Verb Usage for Advanced Learners

研究社

Copyright © 2012 by AtoZ

ネイティブが教える英語の動詞の使い分け
Natural Verb Usage for Advanced Learners

PRINTED IN JAPAN

● はじめに ●

「『話す』と言う時、speak と tell, talk のどれを使えばいいんですか？」
　英会話教室の生徒から、よく聞かれる質問です。
　どれも英語を習い始めた中学生くらいで学ぶ基本動詞ですから、この本を読む人にはおなじみの単語のはずです。それでは、

　I didn't _____ [to] him about our plans, so I don't know why he knows.
　(私たちの計画について彼に話をしなかったので、なぜ彼が知っているのか私にはわからない)

という文の空所にあてはまる「最適な動詞」は speak, talk, tell のどれでしょうか？
　文法的には、speak も talk も tell も、どれでもあてはめることが可能です。また、どの動詞でも意味も通じるでしょう。しかし、「最適な語」となると、正解は tell なのです。speak も talk も○ですが（それぞれこの文では speak to, talk to として使います）、tell ならば◎となります。

「どれも○なら、どれを使ってもいいのでは？」

　確かにそうです。しかし、○と◎には大きな違いがあり、それを理解していないと、その単語を正しく理解したことにはならないのです。
　こうした動詞をただ「話す」と覚えただけでは、きちんと英語を使い分けることはできません。speak はどちらかといえばフォーマルな語で、一方的に話しかける際に使い、talk は少人数での打ち解けた会話で用いる……といった、それぞれの語が持つ奥深い「イメージ」や「核となる部分の意味」をつかまないと、臨機応変に使い分けるのはむずかしいでしょう。(詳しくは、本書の 175 ページをご覧ください)

　このように、本来、単語は「意味」ではなく、「イメージ」で覚えるべきなのです。日本語で話をする時、いちいちその後の定義を思い浮かべながら話はしませんよ

ね？　そんなことをしていたらちっとも会話が弾まず、相手も早々に話を切り上げてしまうでしょう。それと同じで、英語もその単語が持つイメージを身につけるのが、いちばん早い上達法なのです。おそらく英語をむずかしいと思う英語学習者は、「その語のイメージ」をつかんでいないから、むずかしいと感じてしまうのではないでしょうか。

　もう1つ例を挙げます。「まねする・偽造する」という意味を表わす英語の動詞としては、copy / fake / falsify / forge / imitate などがありますが、以下の文の空所に当てはまる「最適な動詞」はどれでしょう？（前置詞 for の後なので、動名詞になります）

　　She was arrested for _____ historical documents.
（彼女は歴史文書を偽造して逮捕された）

　こちらの場合も、やはり「文法的」にはどの動詞を入れることも可能です。しかし、ネイティブの「第一選択」は forge です。forge は「偽造」、それも「書類の偽造」に対して用いられる動詞なのです。
　fake にも「偽造する」という意味がありますが、fake は「くだけた表現」なので、「歴史文書の偽造」のようなシリアスな内容に対して用いるのは不自然です。falsify は「改ざん」というニュアンスなので、ここで使うことも可能ですが、どちらかというと「法律関係」の文書で使われることが多い動詞です。そのため多くのネイティブは、ここではやはり forge を使うと思います。
　copy は文字通り「コピー機でコピーする」という意味なので、「『コピー不可』の重要な文書を複写して逮捕された」という内容なら OK ですが、この状況では、不自然になってしまいます。なお、imitate は「模倣する」というイメージですから、不適切です。（詳しくは、211 ページをご覧ください）
　ネイティブだったら誰でも、それぞれの動詞が用いられる「典型的な場面」を思い浮かべることができます。「イメージ」と同様、「どのような場面で使われるのか」に関する「語法的知識」も、一歩上の英語力を目指すためには不可欠なのです。
　英会話上達のカギは、「動詞の習得」にあると言ってもいいでしょう。本書は、

「見る」「話す」「思う」といった日常生活で頻繁に使う基本的な動詞を取り上げ、それぞれのニュアンスの違いをつかんでもらうことを目的としています。

例えば、ひとくちに日本語で「見る」といっても、look, observe, see, watch... と、その意味を示す語は数多くあります。ネイティブがそれぞれの動詞にいだくイメージを伝えることで、日本人学習者にネイティブの英語感覚を身につけてもらいたいと願っています。とはいえ、言葉だけではなかなか伝えにくいため、ヴィジュアルでイメージを焼きつけられるように、イラストもつけました。イラストで各動詞のニュアンスも伝えられるのではないかと思います。

最後となりましたが、なかなか進まない執筆を根気よく励ましてくださった研究社の金子靖さんに、心から感謝申し上げます。このような新しい試みを本にまとめることができたのも、金子さんのおかげです。

また、150点を超える素敵なイラストを描いてくださった豊島宙さんにもお礼を申し上げます。堅い内容の本が、豊島さんのお洒落なイラストのおかげで明るくなりました。

2012年6月
デイビッド・セイン（David A. Thayne）

● 本書の使い方 ●

本書編纂にあたり、基本的な動詞を意味ごとに分けて、「その状況で『最適』と思えるもの」を、多数のネイティブスピーカーに、それぞれの動詞グループの中から選んでもらいました。そしてその結果をまとめました。

● 取り上げた動詞について ●

日常よく使う動詞を152個取り上げて、それを似た意味のグループに分けて、くわしく検討しました。各グループ中のそれぞれの語は、状況によって使い分けられます。しかし、その判断はネイティブスピーカーにもむずかしく、本書を読

んでいただければおわかりのように、時にわれわれネイティブのあいだでも意見が分かれてしまいます。

　日本人の学習者のみなさまには、それぞれの動詞の「核となる部分の意味」(core meaning) をしっかり押さえていただき、状況に応じて自然な使いわけをしていただきたいと願っています。動詞の使い分けはネイティブにも困難ですが、各動詞が持つ基本的な意味とイメージを理解すれば、みなさんのような意識の高い英語学習者は必ず対応できると信じています。

● 判定方法 ●

　◎○△×の4種類で判定。それぞれの記号が表わす内容は以下となります。

> ◎　いちばん多くのネイティブが選んだ動詞。その状況において、もっとも自然な英語に聞こえる最適な表現。文法的にも言葉の定義的にも正しいもの。
>
> ○　◎の次にネイティブが選ぶ動詞。文法的にも正しい表現だが、状況的に最適とはいえない。◎の次に○を使うのが自然。
>
> △　文法的には間違いでないが、上手に使わないと不自然な英語になるもの。
>
> ×　ネイティブはまず使わない表現（文法的に不適な場合も含む）。

　基本的に、○あるいは◎であれば自然な英語となります。しかし、もっともふさわしい表現は◎です。この「ネイティブ感覚」を、この本では明らかにしたいと思います。

　なお、調査に協力してくれたネイティブたちは、全員大学卒業以上の学歴を持ち、現在は英語教育に携わっていますので、ここに示したデータは、非常に信頼度の高いものであると確信しております。国籍やバックグラウンド、年齢、あるいは個人の「好み」などもさまざまで、偏りがないように心がけました。しかし、やはり「ネイティブの語感ネイティブの語感」は基本的にある程度一定している

のか、同じ選択肢が選ばれることがほとんどでした。

ネイティブによっては、本書の「判定」に異を唱える人もいるかもしれませんが、言葉は「生き物」ですから、それも止むを得ないものと思います。

● google hits について ●

先ほどから「最適な動詞」という言葉を繰り返しましたが、究極的にいえばネイティブの動詞選びも多種多様です。ここでいう「最適な動詞」とは、文法的にも言葉の定義的にも間違いのない動詞を指しますが、現実社会で使われている言葉は、それぞれの人の言語感覚に基づくものです。たとえ使われていても文法的には間違っているものもあれば、あまり耳にしなくても正しい表現もあります。ネイティブが使っている言葉とはいえ、すべてが正しいわけではないのです。

その「現実と理想の違い」を示すため、今回はあえて google の検索結果も提示しました (We googled it for you!)。定番フレーズを類語別に google で検索し、そのヒット数を調べたのです。「同じ意味を表わすフレーズ」として、何の動詞を使った言い方がいちばんよく使われているかを検索しました。

google での検索方法は、ある一定の期間（2012 年 3 月～5 月）におけるヒット数を示します。ただし google 検索で気をつけなくてはいけないのは、時事問題となったフレーズなどは、短期間で急激にヒット数が増える場合もあるということです。また、非ネイティブが使う明らかに間違った英語もカウントされてしまっています。

「ヒット数が多いから正しい」というわけではないことを、覚えておくといいでしょう。とはいえ、グーグル検索は、非ネイティブが言葉選びに迷った際、重要な助けとなります。ぜひ試してみるといいでしょう。

以上のことをふまえ、「大体の平均値としての数」を提示しています。検索の時期や時間、その他、検索エンジンの設定などによっても結果は変わるため、そこはご承知ください。

● 本書の見方 ●

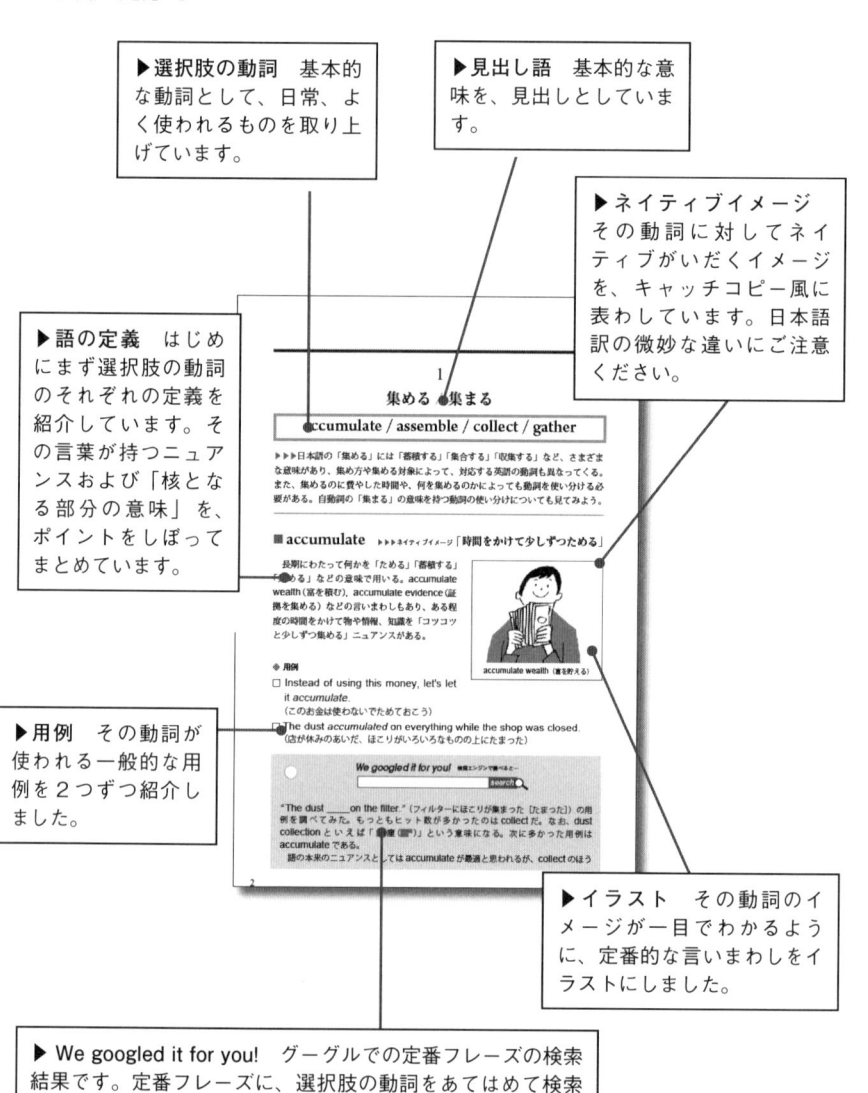

▶選択肢の動詞　基本的な動詞として、日常、よく使われるものを取り上げています。

▶見出し語　基本的な意味を、見出しとしています。

▶ネイティブイメージ　その動詞に対してネイティブがいだくイメージを、キャッチコピー風に表わしています。日本語訳の微妙な違いにご注意ください。

▶語の定義　はじめにまず選択肢の動詞のそれぞれの定義を紹介しています。その言葉が持つニュアンスおよび「核となる部分の意味」を、ポイントをしぼってまとめています。

▶用例　その動詞が使われる一般的な用例を2つずつ紹介しました。

▶イラスト　その動詞のイメージが一目でわかるように、定番的な言いまわしをイラストにしました。

▶ We googled it for you!　グーグルでの定番フレーズの検索結果です。定番フレーズに、選択肢の動詞をあてはめて検索をかけて、そのヒット数を調査しました。2012年3〜5月の検索結果の平均値となります。
※実際には、検索日時によって大きく結果は異なります。

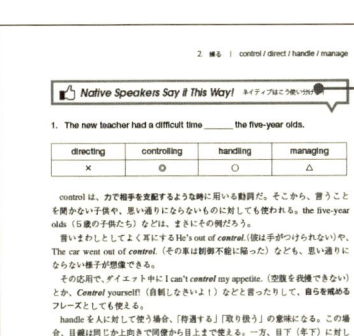

▶ **Native Speakers Say It This Way!**
ネイティブの動詞の使い分け法を紹介します。

・**例文** 問題となる例文の空所にあてはまる最適な動詞を選択肢の中から選びます。「自分ならどれを最適とするか？」を考えながら読み進めると、より「ネイティブ感覚」がつかめるようになるでしょう。

・**選択肢と解答** 各動詞におけるネイティブの判定結果です。

・**解説** なぜその動詞が「最適」の◎で、それ以外は○や△なのか、詳しく説明しています。

▶**まとめの問題**：巻末付録として、この本で紹介した動詞を使った問題を35問用意しました。本文と同じく例文に空所があるので、選択肢の中から「最適」と思われる動詞を選んでください。うしろに解答と解説があります。

＊　＊　＊　＊

● 最後に ●

　今回この調査をしてわかったことは、ネイティブですら完全に答えが一致することはない、ということです。1人ひとりの言葉選びは異なる──だからこそ、文体や会話の個性が生まれ、面白いのだと痛感しました。

　とはいえ、非ネイティブの方々が言葉を選ぶ際の指針になるべき本は必要です。

　ある程度の英語の知識がある人が、次に乗りこえるべき壁は、ひとつひとつの言葉が持つ感覚を身につけることでしょう。本書が、意識の高い日本人英語学習者のみなさんのお役に立てば、幸いです。

デイビッド・セイン

● 目　次 ●

はじめに／本書の使い方　　　　　　　　　　　　　　　　　　　　　　ii

1	集める / 集まる **accumulate / assemble / collect / gather**	2
2	操る **control / direct / handle / manage**	9
3	行く / 移動する **go / move / proceed / travel**	17
4	疑う **challenge / doubt / mistrust / question / suspect**	24
5	大きくする **enlarge / expand / extend / increase**	32
6	行なう **carry out / conduct / do / execute**	39
7	起こる **break out / happen / occur / take place**	45
8	驚く **alarm / amaze / shock / stun / surprise**	51
9	思い出す **recall / recollect / remember / remind**	59
10	思う / 考える **believe / feel / imagine / think**	67
11	期待する **anticipate / expect / hope / look forward to**	75

12	強制する / 強要する **coerce / force / influence / pressure / urge**	81
13	議論する **argue / debate / fight / quarrel**	89
14	困らせる **distress / embarrass / humiliate / shame**	96
15	怖がらせる **frighten / intimidate / scare / terrify**	102
16	させる **force / get / have / let / make**	108
17	刺激する / 刺激を与える **agitate / arouse / excite / inspire / stimulate**	116
18	示す **demonstrate / indicate / reveal / show**	124
19	注意する **advise / alert / caution / warn**	131
20	作る **create / fabricate / make / manufacture / produce**	138
21	努める **attempt / endeavor / make an effort / try**	145
22	手に入れる **acquire / earn / gain / get / obtain**	152
23	探す **hunt for / look for / search for / seek**	160
24	話す **address / say / speak / talk / tell**	166

25	否定する / 拒否する deny / decline / refuse / reject	176
26	減る decline / decrease / drop / lower / reduce	183
27	ほのめかす hint / imply / insinuate / suggest	192
28	間違って使う / むだにする misuse / squander / throw away / waste	198
29	まねする / 偽造する copy / fake / falsify / forge / imitate	205
30	守る defend / guard / preserve / protect / save	213
31	見つける discover / find / locate / track down	221
32	見る look / observe / see / watch	227
33	要求する demand / insist on / request / require / stipulate	235
34	分ける disconnect / divide / separate / split	243
35	笑う chuckle / giggle / laugh / snicker	250

付録　ネイティブが教える英語の動詞の使い分け　まとめ問題　　257

索　引　　272

ネイティブが教える
英語の動詞の使い分け

*Natural Verb Usage
for Advanced Learners*

1
集める / 集まる

accumulate / assemble / collect / gather

▶▶▶日本語の「集める」には「蓄積する」「集合する」「収集する」など、さまざまな意味があり、集め方や集める対象によって、対応する英語の動詞も異なってくる。また、集めるのに費やした時間や、何を集めるのかによっても動詞を使い分ける必要がある。自動詞の「集まる」の意味を持つ動詞の使い分けについても見てみよう。

■ accumulate ▶▶▶ネイティブイメージ「時間をかけて少しずつためる」

長期にわたって何かを「ためる」「蓄積する」「集める」などの意味で用いる。accumulate wealth（富を積む）, accumulate evidence（証拠を集める）などの言いまわしもあり、ある程度の時間をかけて物や情報、知識を「コツコツと少しずつ集める」ニュアンスがある。

accumulate wealth（富を貯える）

◆ 用例

☐ Instead of using this money, let's let it *accumulate*.
（このお金は使わないでためておこう）

☐ The dust *accumulated* on everything while the shop was closed.
（店が休みのあいだ、ほこりがいろいろなものの上にたまった）

We googled it for you! 検索エンジンで調べると…

"The dust ____ on the filter."（フィルターにほこりが集まった［たまった］）の用例を調べてみた。もっともヒット数が多かったのは collect だ。なお、**dust collection** といえば「集塵（じん）」という意味になる。次に多かった用例は accumulate である。
　語の本来のニュアンスとしては accumulate が最適と思われるが、collect のほう

1. 集める / 集まる　|　accumulate / assemble / collect / gather

が多いのは興味深い。accumulate を使うと「時間をかけて」というニュアンスが入るため、そのような含みのない collect がより好まれるのだろう。

検索ワード	ヒット数
"The dust accumulated on the filter."	7,570
"The dust assembled on the filter."	0
"The dust collected on the filter."	22,000
"The dust gathered on the filter."	0

■ assemble　▶▶▶ネイティブイメージ「バラバラのものを1ヶ所に集める」

「(人を) 集める」「招集する」「(ものを) 集めて整理する」「(機械などを) 組み立てる」などの意味で用いる。「バラバラのものを1ヶ所にまとめる」というニュアンスがある。人を集めて大きな集団を作ったり、部品を集めて車を組み立てるなど、集めたものを秩序立てて構成し、1つの大きなものを作るイメージがある。

assemble a car（自動車を組み立てる）, assemble the team members（チームのメンバーを集める）などの言いまわしがある。また、名詞形の assembly を使った assembly line は、工場などの「組み立てライン」という意味である。「集まるところ」ということから、assembly には「集会」「総会」という意味もある。

assemble the team members
（チームのメンバーを集める）

◆ 用例

□ Please *assemble* in the conference room. We have an important announcement.（会議室に集まってください。重大発表があります）
　＊これは自動詞用法（「集まる」）

□ Let's *assemble* all the books on this shelf.
（この棚の本を全部集めて整理しよう）

■ collect ▶▶▶ネイティブイメージ「ある目的で選び、集める」

「(人を) 集める」「(ものを) 収集する、寄せ集める」「(税金を) 徴収する」「(考えを) 集中する」など、さまざまな意味で使われる。

また、「あるテーマのもとに選別して集める」というイメージがあり、切手収集など、いわゆる「コレクター」が何かを集める意味で使われる時は、この動詞が用いられる。

collect foreign stamps（外国の切手を収集する）, collect a debt（債権を回収する）, collect information（情報を収集する）など、「集める対象に対する意識・関心が高い」場合に用いる。

collect stamps（切手を収集する）

◆ 用例
- We need to *collect* more data before making a decision.
  （結論を出す前に、もっとデータを集める必要がある）
- She *collects* stamps for a hobby.（彼女は趣味で切手を集めている）

■ gather ▶▶▶ネイティブイメージ「バラバラになっているものを1ヶ所に拾い集める」

「(散らばっているものや人を) 1ヶ所に集める」「寄せ集める」「花や果実を摘み集める」「穀物を収穫する」「ほこりをためる」「経験を積む」「情報を収集する」など、さまざまな意味で用いられる。

バラバラに点在しているものを1つの場所に寄せ集める、もしくはバラバラに落ちているものを拾う、というイメージの語。gather garbage（ゴミを収集する）, gather feedback（フィードバックをまとめる）など、「物や人」を1ヶ所に集めて、それを使って何かをするようなニュアンスもある。

gather garbage（ゴミを収集する）

1. 集める / 集まる　｜　accumulate / assemble / collect / gather

◆ 用例

☐ Would you *gather* up all the misprinted reports and shred them?
（印刷ミスした資料を集めてシュレッダーにかけてくれる？）
　＊ gather up は「集めてまとめる」というニュアンス。

☐ Please *gather* at the train station by 3:30 on Friday.
（金曜日は 3 時 30 分までに駅に集まってください）

👍 Native Speakers Say It This Way!　ネイティブはこう使い分ける！

1. The marketing department _____ the surveys from the participants.

accumulated	assembled	collected	gathered
×	△	◎	○

　空所には「アンケートを集める」に該当する語が入る。
　まず collect は、「ある目的でものを集める」という意味の動詞。survey（アンケート）はそもそも何かを調べるために行なうものなので、例文は何らかの調査のために参加者からアンケートを集めるイメージだ。
　さらに collect は、「集める対象への意識・関心が高い」場合に用いる語でもある。そのため She *collects* diamonds.（彼女はダイヤを集める）のように、自分が興味あるものを収集する時は collect を使う。
　一方ネイティブは、He *collects* garbage.（彼はゴミを集める）という言い方もする。これは「1 つのテーマに沿ってたくさんのものを集める」collect の定義にかなうため、たとえその対象が garbage でもこのように表現するためだ。
　gather の場合は、**複数の場所で集められたアンケート用紙を 1 ヶ所に集め、それからその結果を何かに利用するようなイメージ**になる。アンケート調査を行なって、その用紙を 1 ヶ所に収集し、さらにマーケティングに活用する…と考えると、gather を用いるのが適切である。
　しかし、gather は意識的に集めるというよりは、次から次へと「拾っていく」イメージが強い。そのため He *gathers* garbage.（彼はゴミを拾い集める）とは言うが、She *gathers* diamonds.（彼女はダイヤをかき集める）は、よほどの大金持

ちでもない限り言えない、不自然な表現だ。

つまり、「ただアンケートを回収する」と考えればcollectを、「バラバラにあるアンケートを拾い集める」と判断すればgatherを選ぶことになる。ネイティブはcollectを◎として、gatherを○とした。

accumulateは、知識や情報のように時間をかけて集める意味で使われる動詞のため、アンケート調査のような即時性を求められるものには不適切である。

assembleにも、gatherのようにバラバラのものを1ヶ所に集めるニュアンスがあるが、そもそも部品のような「全体を構成するうちの一部分」である場合に使う。そのため、例文のような「アンケート用紙の収集」の場合、不適切となる。

⇨ The marketing department ***collected*** the surveys from the participants.
（マーケティング部は参加者からアンケートを集めた）

---

2. All the executives _____ in front of the camera.

accumulated	assembled	collected	gathered
×	○	×	◎

gatherには「あちらこちらバラバラにあるものを1ヶ所に寄せ集める（集まる）」イメージがある。この例文にあてはめると、「重役全員がカメラの前に集まった」となり、各部署にいた重役らが記念撮影か何かをしにバラバラと集まった図が浮かぶ。まさにgatherのイメージ通りだ。

一方、assembleには「構成要素を集めて1つのものを作り上げる」イメージがある。人が主語で動詞にassembleが使われると、「構成員を集める」つまり「一団として集結する」意味になる。人といっても、おもに集団に所属する人（チームのメンバーなど）に対して使う語だ。

gatherもassembleも、いずれも英語として自然だが、ネイティブは**1人ひとりがバラバラと集まる**gatherを最適とした。assembleは会議など、「ある特定の目的のために集まる」イメージが強いためだろう。

accumulateとcollectでは、「人が集まる」という意味にはならない。

⇨ All the executives ***gathered*** in front of the camera.
（重役全員がカメラの前に集まった）

1. 集める / 集まる　|　accumulate / assemble / collect / gather

3. In ten years, she _____ enough money to start her own company.

accumulated	assembled	collected	gathered
○	△	◎	○

　to start her own company（自分の会社を興すために）があることから、「**会社を興すために十分なお金を集めた**」という内容にすると、文意が通る。それに適する動詞は accumulate, collect, gather だろう。
　collect は、「(ある目的のために何かを) 集める」ニュアンスがある。**collect money** なら、「(いろいろな人から) お金を出して (出資して) もらう」となる。ちなみに、**collect a debt** なら、「債権を回収する」という意味だ。
　例文の空所に collect を入れると、「10 年かけてさまざまな人から出資してもらい、起業に十分なお金を集めた」となり、意味が自然に通る。She *collected* money from all the investors.（あらゆる投資家からお金を集めた）のように言い換えることも可能だ。
　一方、gather には「バラバラのものをかき集める」イメージがある。これだと「10 年間、起業のためにお金をかき集めた」となる。
　accumulate にも「時間をかけて少しずつ集める」イメージがある。例文にあてはめると、「…十分なお金をためた」となり、コツコツ貯蓄した意味になる。
　accumulate, collect, gather のいずれも自然な英語になるが、ネイティブは**より目的が明確となる** collect を最適と判断した。

⇨ In ten years, she *collected* enough money to start her own company.
（10 年で、彼女は自分の会社を興すのに十分なお金を集めた）

4. When the alarm sounded, the manager _____ his employees and they all left together.

accumulated	assembled	collected	gathered
×	◎	×	○

　ある目的のために人を集めるならば、assemble が最適だ。**assemble a machine**（機械を組み立てる）のように「バラバラの部品を集める」から、**assemble the team members**（チームのメンバーを集める）のように「人を招集する」まで、さま

7

ざまな「集めて何かを構築する」表現に用いられる。

ここでは assemble one's employees で「従業員を集める」となる。ほかに assemble a team（チームを組む）や assemble information（情報を整理する）、assemble in the mosque（モスクに集う）など、あらゆる表現に応用できる。

gather も意味的に自然だが、assemble には一丸となって行動するイメージもある。そのためネイティブは assemble を◎とし、gather を○と判断した。

⇨ When the alarm sounded, the manager **assembled** his employees and they all left together.（警報機が鳴ると、支配人は従業員を集め一緒に逃げた）

---

5. She _____ a lot of experience in dealing with difficult clients.

accumulated	assembled	collected	gathered
◎	×	×	×

目的語が a lot of experience であることから、accumulate an experience（経験を積む）の言いまわしが使える。これは accumulate の「（長期にわたって）蓄積する」ニュアンスが、もっともよく出たフレーズともいえる。

あわせて accumulate a certain amount of experience（ある程度の経験を積む）や、accumulate a fortune（身代を築く）も覚えておくといいだろう。いずれも、コツコツと少しずつ積み重ねるようなイメージがある。話し言葉というよりは、文章を書く際によく使われる動詞だ。

ほかの動詞では、「経験」のような目的語を取ることはできない。そのため、ここでは accumulate だけが◎となった。

⇨ She **accumulate**d a lot of experience in dealing with difficult clients.
（彼女は手ごわいクライアントに対処する経験を多く積んだ）

2
操る

control / direct / handle / manage

▶▶▶見出しは「操る」としたが、ここに挙げた動詞をうまく日本語に置き換えるのはむずかしい。「操作する」「支配する」「管理する」「処理する」…いずれもニュアンスを十分に表現できない。しかし、ここに紹介する動詞の「日本語に置き換えにくいイメージ」をつかむことができれば、英語の表現力は飛躍的に向上するはずだ。

■ control　▶▶▶ネイティブイメージ「意のままに操る」

「支配する」「管理する」「抑制する」「統制する」などの意味がある。権力などを使って、相手の行動を意のままに操ろうとする意味の動詞。相手に自由を与えず、行動を規制するようなニュアンスがある。

　control...at will（…を意のままに操る）, control a company（会社を管理する）などの言いまわしがある。また、control one's anger（怒りを抑える）のように「むりやり抑え込む」というニュアンスで使われることもある。

control one's anger（怒りを抑える）

◆ 用例

□ We need to *control* how much money we spend.
　（どれだけのお金を使ったか管理する必要がある）
□ Bill tries to *control* me, but he's not my boss.
　（ビルは私を支配しているが、彼は私の上司ではない）

We googled it for you!　検索エンジンで調べると…

"can't ＿＿＿ him"（彼を○○できない）の形でヒット数を調べた。handle, control が多く使われ、次が manage、時々 direct といったところだろうか。上の立場の人間

が部下（と思われる人）に対処する場合、ネイティブがどの動詞をよく使うかがわかる。

検索ワード	ヒット数
"can't control him"	362,000
"can't direct him"	38,900
"can't handle him"	407,000
"can't manage him"	137,000

■ direct　▶▶▶ネイティブイメージ「上の立場で指示する」

「指導する」「管理する」「演出する」「指図する」「(注意や視線を…に) 向ける」などの意味がある。一段上の立場から、指示を出す際に用いる動詞。direct traffic（交通整理する），direct a demonstration（デモを指揮する）といった言い方がよく使われる。

direct traffic（交通整理をする）

◆ 用例

☐ He was put in charge of *directing* the construction project.
（彼はその建設計画の管理を任された）

☐ He *directed* the company through a difficult period.
（経営状態が思わしくないあいだ、彼が会社の指揮を執った）

We googled it for you! 検索エンジンで調べると…

"＿＿＿ a company"（会社を○○する）の形でヒット数を調べた。多いものから manage, direct, control, handle の順となった。動詞の選び方から、使われている文脈や立場も推測でき、興味深い。

検索ワード	ヒット数
"control a company"	163,000
"direct a company"	174,000
"handle a company"	22,300
"manage a company"	346,000

2. 操る　｜　control / direct / handle / manage

■ handle　▶▶▶ネイティブイメージ「自分（の手）で扱う」

「（手で）いじる」「（道具などを）使う」「処理する」「（人を）取り扱う」「（問題などを）扱う」「（商品を）さばく」など、さまざまな意味がある。ただ手に触れるだけでなく、それを自分で扱いこなすニュアンスを持つ動詞。handle a crisis（危機に対処する）, handle...carefully（…を慎重に扱う）, handle a particular task（特別な職務をこなす）などの言いまわしがある。

handle a crisis（危険に対処する）

◆ 用例

☐ He *handled* all the jobs given to him with skill.
（彼は与えられたすべての仕事を見事にやりこなした）

☐ Do you think you can *handle* this project by yourself?
（この計画を自分自身で処理できると思う？）

We googled it for you!　検索エンジンで調べると…

"＿＿＿ a crisis"（危機を○○する）の形でヒット数を調べた。多いものから handle, manage, control, direct の順となり、言いまわしとしてもっともよく使われるのは、handle a crisis（危険に対処する）だが、うまく切り抜けられそうな場合なら manage, 意のままに対処できそうであれば control... などの表現も可能だろう。

検索ワード	ヒット数
"control a crisis"	85,700
"direct a crisis"	1,570
"handle a crisis"	344,000
"manage a crisis"	172,000

■ manage　▶▶▶ネイティブイメージ「なんとかうまく切り盛りする」

「うまく…する」「処理する」「経営する」「切り盛りする」「うまくあしらう」などの意味がある。ただ処理するだけでなく、なんとかうまく切り盛りするニュアンス

がある。manage a busy schedule（多忙なスケジュールをなんとかこなす），manage a business（事業を経営する），manage a smile（作り笑いをする）などの言いまわしがある。

◆ 用例

☐ I'm so busy, I don't know how I'll *manage* my schedule.
（あまりに忙しくて、スケジュールをどうこなしていけばいいかわからない）

manage a busy schedule
（多忙なスケジュールをなんとかこなす）

☐ She was somehow able to *manage* two major projects at the same time.
（彼女は同時に2つの大きなプロジェクトをなんとか切り盛りした）

We googled it for you! 検索エンジンで調べると…

"＿＿＿＿ your time"（自分の時間を○○する）の形でのヒット数を調べた。direct のヒット数がダントツに多いのは、direct your time and energy towards...（…へ費やす時間とエネルギーを思い通りにする）の定番表現があるためと考えられる。

検索ワード	ヒット数
"control your time"	334,000
"direct your time"	17,200,000
"handle your time"	3,100,000
"manage your time"	1,930,000

2. 操る | control / direct / handle / manage

Native Speakers Say It This Way!　ネイティブはこう使い分ける！

1. The new teacher had a difficult time _____ the five-year olds.

controlling	directing	handling	managing
◎	×	○	△

　control は、**力で相手を支配するような時**に用いる動詞だ。そこから、言うことを聞かない子供や、思い通りにならないものに対しても使われる。the five-year olds（5歳の子供たち）などは、まさにその例だろう。

　言いまわしとしてよく耳にする He's out of ***control***.（彼は手がつけられない）や、The car went out of ***control***.（その車は制御不能に陥った）なども、思い通りにならない様子が想像できる。

　その応用で、ダイエット中に I can't ***control*** my appetite.（空腹を我慢できない）とか、***Control*** yourself!（自制しなさいよ！）などと言ったりして、**自らを戒めるフレーズ**としても使える。

　handle を人に対して使う場合、「待遇する」「取り扱う」の意味になる。この場合、目線は同じか上向きで同僚から目上まで使える。一方、目下（年下）に対して使う場合、handle よりも control が自然だろう。例文の主語は teacher、目的語は five-year olds なので、handle では少し違和感がある。

　manage は、control よりも聞き分けのある相手に対して使う動詞だ。たとえば The new president had a difficult time _____ the engineering department.（新社長は技術部門の管理に苦労した）なら、control ではなく manage が用いられる。control は力ずくで支配する感じだが、manage は「会社の経営・運営」などのように、「うまくやり繰りをする」というイメージになる。

　例文の目的語が子供の生徒で、主語が先生であることからも、control は◎と、handle は○と、manage は△と判断された。

⇨ **The new teacher had a difficult time *controlling* the five-year olds.**
　（新しい先生は5歳の子供たちに言うことを聞かせるのに苦労した）

2. My boss _____ me to destroy all the documents.

controlled	directed	handled	managed
×	◎	×	×

　director は「取締役」「指導者」などの意味もあるが、「映画監督」(movie director) のイメージも強い。映画監督の仕事は「役者などに指示を出すこと」であり、動詞 direct には「(会社などを) 運営する」のほか、「指示を出す」の意味もある。その場合ただ指揮を執るというより、**事細かに口出しするようなイメージ**が強い。director は「重役」と訳されることも多いが、ネイティブには日々の細々とした作業を指示する役職に感じられる。

　He *directed* the company for five years.（彼は5年間会社を運営した）や、He *directed* the company to ignore the problem.（彼は会社にその問題を無視するよう指示を出した）といった表現は、いずれもよく耳にする。しかし、後者には、細かいことにまで口出しするニュアンスも含まれている。

　さらに direct は、部下からは言い返せないような強い指示にもなる。例文は、普通に言うなら、My boss told me to destroy all the documents.（上司はすべての書類を破棄するように言った）だが、ここで direct を使えば有無を言わせない指示になる。選択肢でこのような指示の意味を持つ動詞は direct だけ。そのため、ここでは direct のみが◎となった。

⇨ **My boss *directed* me to destroy all the documents.**
　（上司は私にすべての書類を破棄するよう指示した）

---

3. She wasn't able to _____ two tasks at the same time.

control	direct	handle	manage
×	×	◎	○

　handle は、**何かをうまく操るイメージ**の動詞。ちなみに車の「ハンドル」は和製英語で、本来の英語は steering wheel だ。しかし、door handle（ドアの取手）から想像できるように、handle という語は「**手で動かすもの**」を指す。

　handle と manage は似た動詞だが、handle のほうがより「**上手に操る**」ニュアンスがある。He can *handle* the job.（彼はその仕事をうまく処理できる）や、

She can *handle* anything you give her to do.（あなたがやるように言ったことを、彼女は何でもこなせる）と言えば、イメージしやすいだろう。

しかし、否定文の場合、I can't *handle* this noise.（私はこの騒音に我慢できない）や I can't *handle* his rude remarks.（私はこの失礼な発言に我慢できない）のように、「**我慢できない**」という意味になる。

例文は、「２つの仕事を同時に（うまく）さばくことはできなかった」という文であればすっきり意味が通る。それに該当する動詞は、handle だ。

manage だと、「２つの仕事を同時に（なんとか）さばくことはできなかった」という意味になる。manage では、「ぎりぎりなんとかうまく切り抜ける」というニュアンスになるため、否定文で用いる場合、より上手にやり繰りする handle のほうが適切だろう。

⇨ She wasn't able to *handle* two tasks at the same time.
（彼女は２つの仕事を同時にさばくことはできなかった）

---

4. For many years he _____ the company with an iron fist.

controlled	directed	handled	managed
◎	○	△	◎

manage は、おもに２つの意味で使われる。１つは「**運営する**」で、He *managed* the company.（彼はその会社を運営した）、もしくは She *managed* the store.（彼女はその店舗を切り盛りした）などといったように使われる。

もう１つは「**なんとか…する**」で、He *managed* to finish on time.（彼はなんとか時間内に終えることができた）という用法だ。何か依頼されて I'll *manage*. と応えると、それは「がんばります」ではなく、「**なんとかしましょう**」というニュアンスになり、あまり前向きではないように聞こえる。

そのため、日本語でさまざまな役職を意味する manager（支配人、経営者、支店長、部長、マネージャーなど）は、ネイティブからすると「言われた仕事をなんとか切り盛りする人」というイメージが強い。

Don't be a manager — be a leader.（マネージャーにはなるな、リーダーになれ）という金言もあるように、動詞の manage もあまりポジティブなイメージはない。

例文には **control a company**（会社を[うまく]運営する）, **manage a company**（会社を[なんとか]切り盛りする）の言いまわしを入れることが可能だ。

direct a company（会社を管理する）も意味的には通るが、あとに with an iron fist（弾圧的に）があるので、control や manage のほうが会社全体を支配するというニュアンスが出るだろう。

⇨ For many years he ***controlled / managed*** the company with an iron fist.
（何年ものあいだ、彼は弾圧的に会社を支配した）

3
行く / 移動する
go / move / proceed / travel

▶▶▶「移動する」というと move がすぐに思い浮かぶだろうが、go や travel といったおなじみの動詞も使える。「移動」のイメージの違いをしっかり把握し、go, move, proceed, travel の4つを使い分けよう。

■go ▶▶▶ネイティブイメージ「行く」

「行く」「通う」「移動する」「出発する」「運ばれる」「(ものが) 収まる」「(機械が) 作動する」などの意味がある。距離的な移動のほか、時間的な経過や状態の変化なども表わす場合がある。句動詞で使われることも非常に多く、さまざまな意味を表わす。現在いる場所を起点にして、どこかへ移動する際の表現。go away（立ち去る）、go public（株式を公開する）、go against（逆らう）など多くの言いまわしがある。

go to work（働きに行く）

◆ 用例

☐ I need to *go* to the client's office first thing tomorrow morning.
（明日の朝いちばんでクライアントの会社に行かなくては）

☐ Would you mind *going* to the first floor and getting the report?
（1階に行ってレポートを取って来てもらえる？）

We googled it for you! 検索エンジンで調べると…

"＿＿＿ to the bank"（銀行へ○○する）と、"＿＿＿ to Mars"（火星へ○○する）の対照的な2種類の言いまわしで、ヒット数を調べた。bank を目的語とする言いまわしは、ほとんど定着しているようだ。

move to the bank は、You should *move to the bank* that gives you the support you need.（あなたが必要なサポートをしてくれる銀行に、口座を移すべきです）のように、「口座を移す」という意味で使われることがある。

検索ワード	ヒット数	検索ワード	ヒット数
"go to the bank"	81,800,00	"go to Mars"	1,110,000
"move to the bank"	7,330,000	"move to Mars"	52,100
"proceed to the bank"	2,670,000	"proceed to Mars"	4,480
"travel to the bank"	3,850,000	"travel to Mars"	370,000

■ move　▶▶▶ ネイティブイメージ「移動する」

「動かす」「移動させる」「引っ越す」「(機械などが) 作動する」「感動させる」などの意味がある。物理的に実体のあるものを移動させるだけでなく、実体のないものも含めてあらゆるものを動かすイメージで用いられる。目的地ではなく、「移動すること」自体に焦点をあてた表現。move around（あちこち動きまわる），move away（立ち去る），move on（どんどん進む）などの言いまわしがある。

move into a new house
（新居に引っ越す）

◆ 用例

☐ I was *moved* to the accounting department.
　（私は経理部に異動させられた）

☐ We need to *move* to the back of the room so more people can enter.
　（もっと多くの人が入れるように、部屋のうしろのほうに移動しないと［つめないと］）

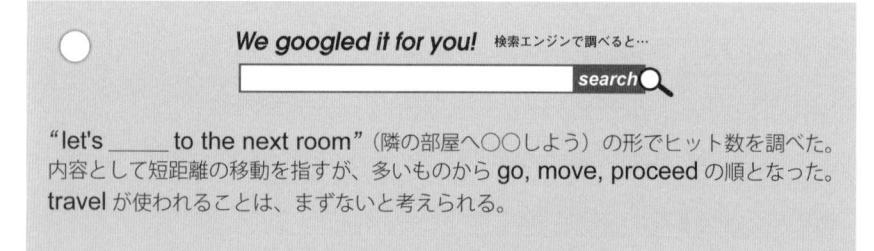

We googled it for you! 検索エンジンで調べると…

search

"let's ＿＿ to the next room"（隣の部屋へ○○しよう）の形でヒット数を調べた。内容として短距離の移動を指すが、多いものから go, move, proceed の順となった。travel が使われることは、まずないと考えられる。

3. 行く / 移動する　|　go / move / proceed / travel

検索ワード	ヒット数
"let's go to the next room"	4,010,000
"let's move to the next room"	50,100
"let's proceed to the next room"	4,150
"let's travel to the next room"	0

■ proceed　▶▶▶ネイティブイメージ「流れに沿って進む」

「続行する」「(ある状態から) 移る」「続けて…する」「進む」「生じる」などの意味がある。ある状態から次の状態へと動作が続いている状態を指す。「続いている」状態に焦点をあてた表現。proceed against... (…を訴える), proceed as expected (期待通りに進む), proceed in accordance with... (…にしたがって事を進める) などの言いまわしがある。

proceed to the next topic
(次の議題に移る)

◆ 用例

☐ After discussing the budget, we'll *proceed* to the advertising campaign.
（予算について議論したあと、続けて広告キャンペーンに進もう）

☐ The police officer ordered me to *proceed* through the red light.
（警官は赤信号を直進するよう指示した）

We googled it for you!　検索エンジンで調べると…

"＿＿＿ to the next topic"（次の議題に○○する）の形で、ヒット数を調べた。短距離の移動と同じく、これも go, move, proceed の順となり、travel はまず使われないと考えられる。

検索ワード	ヒット数
"go to the next topic"	12,900,000
"move to the next topic"	4,840,000
"proceed to the next topic"	903,000
"travel to the next topic"	0

■ travel ▶▶▶ ネイティブイメージ「長距離を移動する」

「旅行する」「動いていく」などの意味がある。長い距離を絶えず移動していくイメージの語。１ヶ所に移動するだけでなく、数ヶ所に動きまわるニュアンスがある。travel a long way（長旅をする），travel back and forth（行ったり来たりする），travel from place to place（場所をつぎつぎと見ていく）などの言いまわしがある。

travel at the speed of light
（光速で旅する）

◆ 用例

□ We *traveled* for two weeks by car, ship and airplane.
（私たちは車と船、飛行機で、２週間旅をした）
□ What's the fastest way to *travel* from Tokyo to Osaka?
（東京から大阪まで移動するのにいちばん速い方法は何ですか）

👍 Native Speakers Say It This Way!   ネイティブはこう使い分ける！

1. We need to _____ to the bank before the meeting starts.

go	move	proceed	travel
◎	×	×	×

go は非常に幅広く使える単語で、「行く」の意味ではもっとも一般的な動詞だ。「行く」「動く」の意味でほとんどの状況で使える。そして、気軽に、簡単に行けるようなニュアンスがある。
「月／火星へ行く」を例に、go と travel の違いを見ていこう。
go to the moon（月へ行く）［グーグルでのヒット数 108,000,000］と言うことはもちろん可能だが、月に行く「大変さ」を強調するならば、travel to the moon（月へ旅する）［ヒット数 4,060,000］がイメージ的にわかりやすい。
しかし目的語を moon ではなく、Mars（火星）に変えて検索すると、興味

深いことがわかる。go to Mars（火星へ行く）［ヒット数 537,000］と travel to Mars（火星へ旅する）［ヒット数 381,000］のヒット数の割合を比べると、go に対する travel の割合は、moon の場合に比べて明らかに大きい。

検索ワード	ヒット数
"go to the moon"	108,000,000
"travel to the moon"	4,060,000
"go to Mars"	537,000
"travel to Mars"	381,000

go to the moon は travel to the moon の 2 倍以上のヒット数なのに、go to Mars は travel to Mars の 1.5 倍にも満たない。つまり、Mars の場合かなりの頻度で travel を使うネイティブもいるということだ。この事実から、go と travel の意味合いの違いがわかるだろう。

簡単に行けると考えれば、go（人類はすでに月には到達した）を、**より困難をともなうと考えれば、travel**（火星にはまだ人類は到達していない）をネイティブは選ぶ。

例文は、「会議が始まる前に、ちょっと銀行に行く必要がある」と言っているので、短時間で気軽に出かけることを意味する。そのイメージに合う動詞は、go しかない。あわせて 18 ページの bank と Mars の比較も参照してもらいたい。

⇨ **We need to *go* to the bank before the meeting starts.**
（会議が始まるまでに、銀行に行かなくては）

---

2. I'm afraid we need to _____ to the next room. This room is reserved from 3:00.

go	move	proceed	travel
○	◎	△	×

move は「引っ越す」のイメージが強いため、状況を選ばずに使うと、誤解を招くおそれがある。また、1 人で移動するというよりは、周囲の人間も一緒に移るようなニュアンスがある。

よく使う move over は、**move over a little**（少しずれる）をイメージした言いまわしで、Could you ***move*** over? なら、「ここに座れるようにちょっと動いても

らっていいですか」。***Move*** out of the way! なら、「どけ！」という意味だ。

例文は、**複数人で移動するイメージの動詞が入るため**、最適なのは move だ。go でも意味は通るが、go だとただ「行く」だけの意味となるので、やはり○にしかならない。proceed でも通じないことはないが、自然な英語ではない。

⇨ I'm afraid we need to ***move*** to the next room. This room is reserved from 3:00.
（すみませんが、隣の部屋に移動しなければならないのです。この部屋には、3時から予約が入っていますので）

---

3. After the speech, we'll _____ to the banquet room.

go	move	proceed	travel
○	○	◎	×

proceed は、A から B に移動するというより、次の B から C に移動するイメージとなる。つまり「その次」だ。

「次の step」のような意味合いもあり、I don't know how to ***proceed***. なら「次のステップはどうしたらいいかわからない」という意味だ。

話題を変える際にも使われるが、その場合は go や move のほうが一般的となる。たとえば proceed to the next topic（次の議題に進む）はかなりフォーマルな言い方で、使うとしたらそこそこ大きな会議だろう。数人の打ち合わせであれば、普通は go to the next topic や move to the next topic（次の議題に移る）を使う。

Please ***proceed*** without me. なら、「私がいなくても先に話を進めてください」という意味になり、会議の席で中座する際の断りのフレーズになる。

一方、Please ***go*** without me. は「私は行かないけど、あなたは行なってきて」で、Please ***move*** without me. なら「私はここに住むから1人で引っ越してちょうだい」となり、男女の別れで聞くセリフだ。

例文は、「…のあと…する」と**次に行なうことを述べているため**、proceed が最適となる。go や move でも意味的には可能だが、proceed なら**一連の流れを表現することができる**。

⇨ After the speech, we'll ***proceed*** to the banquet room.
（スピーチ終了後、宴会場に移動することになっています）

3. 行く / 移動する　|　go / move / proceed / travel

4. We _____ from Delhi to Rome by ship and train.

went	moved	proceeded	traveled
○	△	△	◎

　travel は「移動する」の意味合いが強く、**長距離の移動や、複雑な移動手段の場合**によく使われる。
　例文は、from Delhi to Rome（デリーからローマまで）とかなり長距離の移動を表現しているため、travel が最適だ。**船や列車で旅をしてまわったイメージが伝わる。**
　go でも意味は通るが、この動詞はただ直線的に移動するイメージなので、最適ではない。move や proceed も使えなくはないが、どちらもニュアンス的に不自然だ。

⇨ We ***traveled*** from Delhi to Rome by ship and train.
（私たちは船と列車でデリーからローマまで旅をした）

4
疑う

challenge / doubt / mistrust / question / suspect

▶▶▶「疑う」といっても「異議を唱える」「信用しない」「疑問をいだく」など、ニュアンスはさまざまだ。状況により適切な動詞を選べるかどうかが、ネイティブ感覚をどれだけ備えているかの目安になる。

■ challenge ▶▶▶ネイティブイメージ「異議を唱える」

「(正当性や権利を)疑う」「(…に)疑念をいだかせる」「(人に)異議を唱える」「挑戦する」などの意味がある。相手に対してかなりの不信感がある場合に用いる表現。challenge a policy（政策に異議を申し立てる）, challenge accepted wisdom（定説に疑問をいだく）などの言いまわしがある。

challenge someone to a fight
（戦いを挑む）

◆ 用例

□ He's not very patient. If you *challenge* him, he might fire you.
（彼はあまり我慢強くない。もしあの人に異議を唱えれば、クビにされるかもしれない）

□ We need to *challenge* every part of our business plan to make improvements.
（改善のためには、事業計画のあらゆる側面を疑ってかからなければならない）

We googled it for you!   検索エンジンで調べると…

"＿＿＿ the status quo"（現状を○○する）の形でヒット数を調べたところ、challenge, question, doubt, suspect の順になった。ネイティブは、この状況で

4. 疑う　｜　challenge / doubt / mistrust / question / suspect

はmistrustを使わないと考えていいだろう。現状に対して強い姿勢を取る表現が多く用いられているのがわかる。

検索ワード	ヒット数
"challenge the status quo"	2,630,000
"doubt the status quo"	12,100
"mistrust the status quo"	9
"question the status quo"	485,000
"suspect the status quo"	4,270

■ doubt ▶▶▶ネイティブイメージ「疑わしく思う」

「…かどうかを疑う」「信用しない」など、確信を持てずに相手を疑うような表現。「…ではないか」と、はっきりした証拠がない場合に用いる。doubt one's honesty（正直さを疑う），doubt each other（相互不信に陥る），doubt someone's good faith（人の誠意を疑う）などの言いまわしがある。

doubt one's honesty（正直さを疑う）

◆ 用例

☐ Consumers need to *doubt* the safety of every item of food they purchase.
（消費者は購入する食料品の安全性をすべて疑うべきだ）

☐ I *doubt* that this policy will have the results you expect.
（この方針が、あなたの期待通りの結果を導くかどうか疑わしい）

We googled it for you! 検索エンジンで調べると…

search🔍

"＿＿＿ his story"（彼の作り話に○○する）の形でヒット数を調べたところ、doubt, question, challenge, suspect, mistrustの順になった。storyに対しては、「異を唱える」より「疑う」を使うことが多いことがわかる。

検索ワード	ヒット数
"challenge his story"	1,830,000
"doubt his story"	3,440,000

"mistrust his story"	12,100
"question his story"	3,370,000
"suspect his story"	329,000

■ mistrust　▶▶▶ネイティブイメージ「信用しない」

「…を信用しない」「疑う」「危ぶむ」などの意味がある。動詞 trust（信用する）に接頭辞 mis（誤った）を付けた語。相手のことを信じていない場合に用いる。mistrust a salesman（販売員を疑う）, mistrust someone's motive（動機に疑いをいだく）, mistrust the government（政府を信用しない）などの言いまわしがある。

mistrust a con artist（詐欺師を疑う）

◆ 用例

☐ A majority of the citizens *mistrust* the way the government is handling the economy.
（市民の大多数は、政府の経済政策を信用していない）

☐ I *mistrust* him because he has lied to me so many times.
（何度もうそをつかれたので、私は彼のことを信用していない）

■ question　▶▶▶ネイティブイメージ「疑問をいだく」

「疑いをかける」「問題にする」「質問する」などの意味がある。何か納得のいかないことがあり、それを問題に思う場合に使う。議会のような公の場で、問いただすような際によく使われる。question one's motives（動機を疑う）, question a witness（証人を尋問する）, question someone about an accident（事情聴取する）などの言いまわしがある。

question one's motives
（動機を疑う）

◆ 用例

☐ I have to *question* his ability to do this job.
（彼にこの仕事ができるのか、その能力を疑わなければいけない）

4. 疑う | challenge / doubt / mistrust / question / suspect

☐ The staff *questioned* the manager's decision to delay the project.
（部長のプロジェクト遅延の決定を、スタッフは疑問に思った）

■ suspect ▶▶▶ネイティブイメージ「怪しむ」

「うすうす気づく」「怪しいと思う」「疑いをかける」などの意味がある。特に、「根拠なしに嫌疑をかける」ような場合に使う。suspect someone of a crime（犯罪の容疑者として疑う）, suspect a lie（うそをついていると疑う）などの言いまわしがある。

suspect someone of a crime
（犯罪の容疑者として疑う）

◆ 用例

☐ He was *suspected* of plotting against the president of the company.
（彼は社長に対する造反の嫌疑をかけられた）

☐ I don't have any proof, but I *suspect* that she was involved in the crime.
（何の証拠もないが、彼女はその犯罪に関与していたのではないだろうか）

We googled it for you! 検索エンジンで調べると…

"＿＿＿ the government"（政府に○○する）の形でヒット数を調べたところ、challenge, question, doubt, suspect, mistrust の順になった。政府に対してネイティブは「異議を唱える」人がいちばん多く、次に「疑問をいだく」、そしてもっとも少ないのは「信用しない」となる。しかし、日本語で「政府に［を］○○する」を検索したら、はたしてどんな結果になるだろうか？

検索ワード	ヒット数
"challenge the government"	712,000
"doubt the government"	304,000
"mistrust the government"	92,800
"question the government"	529,000
"suspect the government"	287,000

👍 Native Speakers Say It This Way! ネイティブはこう使い分ける！

1. He _____ everything I said. It was so hard to talk with him.

challenged	doubted	mistrusted	questioned	suspected
◎	○	○	○	△

　challenge は、ただ単に人を「疑う」より、「たてつく」というニュアンスが強い動詞だ。選択肢のほかの動詞はただ「疑う」だけで行動にはいたらないが、challenge だけは「異議を唱える」という行動的な意味を持つ。

　相手に食ってかかるような、非常に強く直接的なニュアンスがあるため、謝罪しながら使われることも多い。会議の席などで相手に反論する場合、**I'm sorry for challenging you on this point, but I...**（この点であなたに異議を申し立ててすまないが…）などと使われる。

　challenge には「挑戦する」という意味もあるが、**日本語の「チャレンジ」のような「前向き」なニュアンスではないことに注意しよう**。たとえば、I *challenged* him to climb Mt. Everest. なら、「エベレストに登れるもんなら登ってみろ、と彼に挑戦した」のような意味になり、「**挑発する**」ようなイメージである。

　一方、**challenge someone's behavior**（人の行動をたしなめる）や **challenge someone's opinion**（人の発言に異議を唱える）のように、話す言葉や判断、行動に対して challenge すると言う時は、**その正当性や論理がおかしいと疑う意味になる**。

　例文は、everything I said（私が言ったすべてのこと）を目的語としていること、かつそのあとに続く文から判断して、「異議を唱える」の challenge が最適だ。

　もちろん「疑う」でも意味は通じるので、選択肢のどの動詞を使っても間違いではない。単純に「私が言ったすべてのことを疑った」とするなら、doubt / mistrust / question のいずれも使える。

　ただし、suspect は、suspect a lie（うそをついていると疑う）のように、「…なのではないかと思う」という意味で普通は用いられるので、everything I said という目的語にマッチしない。そのため、△と判断された。

⇨ He ***challenged*** everything I said. It was so hard to talk with him.
　（彼は私が言ったすべてのことに異議を唱えた。彼と話をするのは大変だった）

4. 疑う | challenge / doubt / mistrust / question / suspect

2. I _____ his ability to make decisions concerning financial matters.

challenge	doubt	mistrust	question	suspect
×	◎	△	○	×

　空所のあとに his ability が続くことから、doubt someone's ability（人の能力を疑う）の言いまわしが思い浮かぶ。ほかに doubt someone's courage（人の勇気を疑う）や doubt someone's discretion（人の分別を疑う）のように、**人の才能や力量などをいぶかしむ表現には**、doubt が最適だ。
　一方、「彼の能力を問題視する」ととらえれば、question を使うことも可能だ。doubt と question の違いは、doubt が確信を持てないという理由で「疑う」のに対し、question は相手に対して納得がいかず、「疑問をいだく」という意味合いになる。
　一般的に「能力」に対しては doubt を用いる傾向が見られ、言いまわしも多い。question は道義心や人間性、忠誠心といった「**本来正しくあるべきもの**」に対して多く用いられる。そのためネイティブは doubt を◎として、question を○とした。
　mistrust にも「信用しない」「疑う」といった意味があるが、「能力を危ぶむ」意味合いで使うのはやや不自然だ。

⇨ I *doubt* his ability to make decisions concerning financial matters.
　（彼が財政問題に関して決断を下す能力があるとは思わない）

3. I don't _____ my doctor, but I still want to get a second opinion.

challenge	doubt	mistrust	question	suspect
×	○	◎	△	×

　mistrust はどちらかといえば、**自分よりも上の立場の人に対して使う**動詞だ。I mistrust my son. とはあまり言わないが、I *mistrust* my lawyer.（私は弁護士を信用していない）は自然な言いまわしだ。例文の目的語は my doctor（かかりつけ医）なので、lawyer と同じく、mistrust ならば自然だ。
　mistrust は**冷静な響きのある言葉で、感情的には使わない**。信用したいが、どこか影のあるところをうかがわせるような人物には、I mistrust you! ではなく、mistrust の反意語 trust を使って I *don't trust* you!（あなたのことを信じられない！）と言うのが適当かもしれない。I *mistrust* him.（私は彼を信用していな

い）なら、「彼はずるい人だ」という含みがある。「**本来は信用すべきもの**」に対して否定的に使うため、lawyer や doctor といった目的語には使うが、I *mistrust* his honesty / skill / morality. とはあまり言わない。その場合、doubt を使い、I *doubt* his honesty / skill / morality.（私は彼の正直さ／技術／道徳を疑う）と言う。
「信用していない」というまわりくどい言いまわしの mistrust に比べ、doubt のほうがより直接的に聞こえる。そのためこの例文で、doubt を使うこともできる。

たとえば I don't *doubt* my doctor.（私はかかりつけ医を疑っていない）は、I don't *doubt* my doctor's judgement.（私は医者の判断を疑ってはいない）というニュアンスが強い。そのため、肯定文の I *doubt* him. なら「彼は彼の才能／能力などを疑う」という意味になる。また question を使えば、「医者を疑問に思わないが」となり、意味は通じる。

文脈からネイティブは、mistrust を◎と、doubt を〇と、question を△と判断した。

⇨ I don't *mistrust* my doctor, but I still want to get a second opinion.
（かかりつけの医師のことを信用しないわけではないが、やはり［他の医師の］セカンドオピニオンを聞いてみたい）

---

4. His closest employees started to _____ his honesty and morality.

challenge	doubt	mistrust	question	suspect
△	〇	×	◎	△

動詞の question には、大きく2つの意味がある。

1つは「**疑問があって質問する**」で、The police *questioned* the suspect.（警察は容疑者を尋問した）は代表的な使い方だ。しかし、同じように I *questioned* my boss about the project. と言うと、「私はその計画について上司に質問した」より、「尋問した」に近いニュアンスになるので、注意が必要だ。question は、ask のような一般的な「尋ねる」より、「**追求する**」ニュアンスが強くなるのである。

もう1つは I *questioned* his honesty.（私は彼の誠実さを疑う）のように、「**…に疑いをかける**」という使い方。これはたとえば question a belief（信仰に疑問をいだく），question someone's character（人格を疑う）のように、**本来正しくあるべきものに納得いかないものを感じる際に用いる。**

ちなみに I *questioned* him. は、ネイティブには1つ目の使い方に聞こえるため、「私は彼を問いただした」という意味になる。疑う側が言う question は、

4. 疑う | challenge / doubt / mistrust / question / suspect

question the validity (feasibility) of... (…の正当性に疑問を持つ) の省略と考えられる。そのため、I *questioned* the validity of his honesty. = I *questioned* his honesty.（私は彼の正当性に疑問を持った）となるのである。

　例文の目的語は his honesty and morality（彼の誠実さと倫理観）のため、question の2つ目の使い方「…に疑いをかける」ならば最適だ。

　また例文2にあるように、ここで doubt を用いることも可能だ。doubt だと question よりも曖昧に「疑う」という意味になる。challenge と suspect も使えるが、challenge だと相手への不信感が、suspect だとネガティブなニュアンスが強調されてしまうだろう。そのためネイティブは言いまわしにある question を◎と、doubt を○と、challenge および suspect を△と判断した。

⇨ His closest employees started to *question* his honesty and morality.
（彼のもっとも親しい社員は彼の誠実さと倫理観に疑問をいだき始めた）

---

5. Someone stole the confidential files, and I _____ it's him. He's not loyal.

challenge	doubt	mistrust	question	suspect
×	×	×	×	◎

　名詞の suspect が「容疑者」を意味することからもわかるように、**suspect someone** で、「（犯罪者として）…を疑う」となる。He was *suspected* of... であれば、of のあとには murder（殺人）, robbery（強盗）, embezzlement（横領）など、犯罪に関する語がよく続く。

　しかし、suspect には、それ以外に非ネイティブを悩ます用法がある。I think that.. 同様に、suspect は日常的に I *suspect* that it'll rain tomorrow.（明日は雨が降ると思う）や、I *suspect* he'll be late.（彼は遅れると思うよ）など、「…と思う」の意味で使われる。「疑い」のニュアンスはなく、ただ「雨が降る」と、ネガティブに言及するために使われる。どちらの用法かは、文脈から判断するしかない。

　例文は、彼が機密ファイルを盗んだ犯人だと疑われているという内容に思える。選択肢で犯罪者として「疑う」は suspect のみだ。そのためここで◎となった。

⇨ Someone stole the confidential files, and I *suspect* it's him. He's not loyal.
（誰かが機密ファイルを盗んだが、それは彼だと疑っている。彼には忠誠心がないからだ）

5
大きくする

enlarge / expand / extend / increase

▶▶▶「大きくする」の意味を持つ英語の動詞に、enlarge / expand / extend / increase などがあるが、目的語の種類などによって、こうしたものを適切に使い分けなければならない。「本来よりも大きくする」なら enlarge, もっとも一般的な意味で使うなら expand,「長さをのばす」イメージなら extend を用いる。increase は「具体性のある表現」の場合に用いられる。

■ enlarge   ▶▶▶ネイティブイメージ「規模をさらに広げる」

en- は形容詞に付く接尾辞で、「…する」という意味の動詞を作るもの。そのため enlarge は、"make something large(r)" と同意表現である。

enlarge はさまざまな対象物を「引き伸ばす」「(面積や量を) 大きくする」「(範囲を) 広げる」といった意味で用いる。いずれの場合も、「元の状態からさらに大きくする」というニュアンスになる。

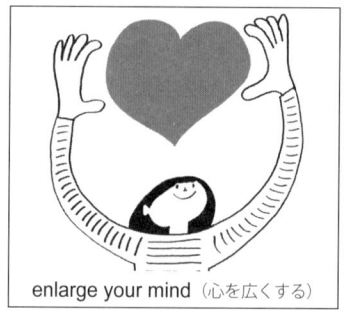

enlarge your mind（心を広くする）

enlarge a photograph（写真を引き伸ばす）, enlarge documents on the photocopying machine（コピー機で書類を拡大する）, enlarge one's capabilities（能力を高める）などのフレーズで用いられる。

◆ 用例

□ They're thinking of *enlarging* the conference room to accommodate big groups.
（大人数を収容できるよう、会議室の拡大を彼らは考えている）

□ The President's policies have not *enlarged* the middle class.
（大統領の政策は、中産階級者層拡大を実現できていない）

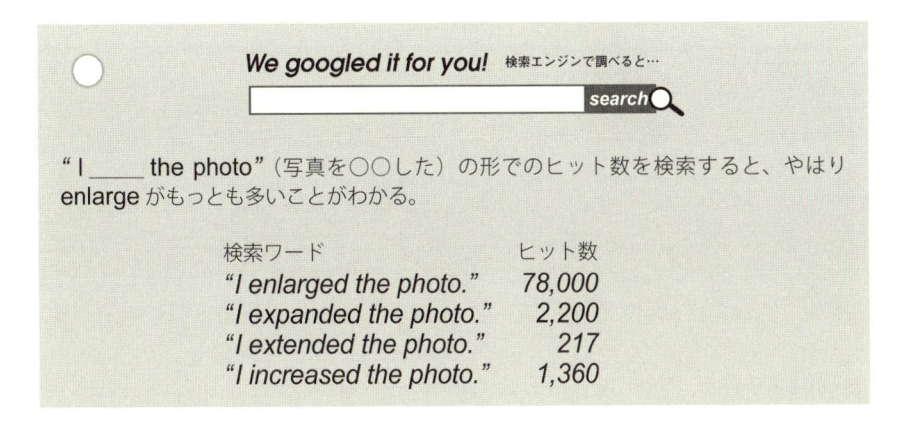

5. 大きくする　｜　enlarge / expand / extend / increase

We googled it for you! 検索エンジンで調べると…

"I ＿＿＿ the photo"（写真を○○した）の形でのヒット数を検索すると、やはり enlarge がもっとも多いことがわかる。

検索ワード	ヒット数
"I enlarged the photo."	78,000
"I expanded the photo."	2,200
"I extended the photo."	217
"I increased the photo."	1,360

■ expand　▶▶▶ネイティブイメージ「内から外へと広がる」

　expand one's vocabulary は「語彙を増やす」、expand a company は「会社を大きくする」という意味である。また、expand one's house と言った場合、「まるで風船のように膨らませる」ではなく、「増築して家を大きくする」という意味になる。

　このように、expand は、元の大きさから「広げる」「増やす」「発展させる」など、「内からの力で、外に向かって大きくなる」ニュアンスを備えた動詞だ。

expand one's house
（家を拡大［増築］する）

◆ 用例

□ He *expanded* his family business into a global empire.
　（彼は家業を一大グローバル企業に拡大した）

□ Lowering interest rates didn't help to *expand* the economy.
　（金利を下げても、景気拡大につながらなかった）

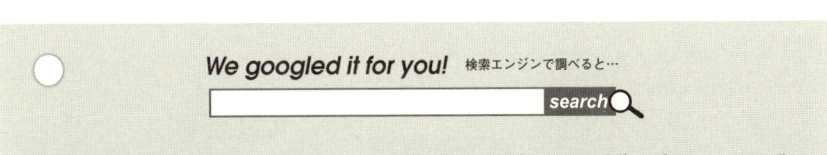

We googled it for you! 検索エンジンで調べると…

「その建物は拡張された」と言いたい場合、extend / expand / enlarge のいずれも用いられる。increase も使われているが、これは誤用だ。本来、正しくは、The size of the building was increased. とすべきである。

検索ワード	ヒット数
"The building was enlarged."	154,000
"The building was expanded."	213,000
"The building was extended."	297,000
"The building was increased."	17,100

■ extend   ▶▶▶ネイティブイメージ「長さが大きくなる（伸びる）」

extend one's power（勢力を拡大する）、extend one's reach（事業を拡大する）のように、「（土地や事業、期間、意味を）大きくする、伸ばす、拡大する」表現に広く用いられている。

また「長さが大きくなる」、つまり「伸びる」というニュアンスが強い動詞でもある。たとえば、extend a building なら、階数を増やすなどして、「縦方向に建て増しする」イメージ。extend a table なら、天板をもっと長いものに変えて、「横方向に延ばす」イメージである。

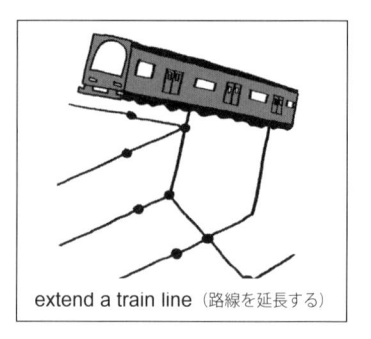

extend a train line（路線を延長する）

このように、extend は「縦横両方」ではなく、「どちらか一方に延ばす」イメージになる。

◆ 用例

☐ We decided to *extend* the deadline and focus more on quality.
（納期を延ばし、品質にもっとこだわることにした）
　＊「時間」は「直線的に伸ばすイメージ」なので、extend が使われる。

☐ Lowering prices will do little to *extend* the life of the company.
（値段を引き下げても、企業生命の延長にはほとんどつながらないだろう）

We googled it for you!　検索エンジンで調べると…

「事業を拡大する」という場合、以下の検索結果のように extend を使うことがもっと

5. 大きくする ｜ enlarge / expand / extend / increase

も多い。

検索ワード	ヒット数
"He enlarged his business."	18,800
"He expanded his business."	386,000
"He extended his business."	558,000
"He increased his business."	235,000

■ increase　▶▶▶ネイティブイメージ「増える」

increase は「増える」を意味するもっとも一般的な動詞で、あらゆる状況で用いられる。しかし、I increased the company. や I increased the photos. といった言い方は、具体的に「何を大きくしたのか」がわかりにくいため、使わないほうがいいだろう。

しかし、ほかの意味で誤解される可能性がない場合は、この increase をそのまま用いることができる。We need to increase (the scale of) production.（生産力を増大させなければ）や We need to increase (the degree of) the temperature.（温度を上げなければ）などは、カッコ内の補助的な語句がなくても、自然な英文となる。

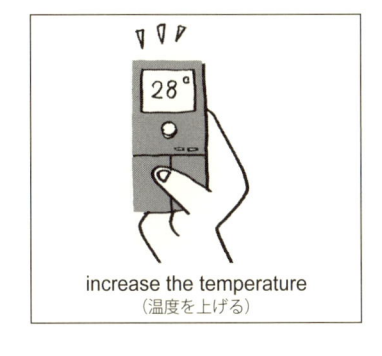

increase the temperature
（温度を上げる）

◆ 用例

☐ Smoking *increases* the risk of lung cancer.
　（喫煙は、肺がんのリスクを増大させる）
　＊ increases lung cancer は誤り。「何が増えたのか」がわからなくなってしまう。

☐ We want to *increase* production without *increasing* costs.
　（コストを増やさずに生産量を増やしたい）
　＊このように「何を増やしたのか」を具体的に示す必要がある。

👍 Native Speakers Say It This Way! ネイティブはこう使い分ける！

1. The owner thought he could make more money by _____ his restaurant.

enlarging	expanding	extending	increasing
○	◎	△	×

　expand は特に対象物を選ばず、さまざまなものに対して「広げる」「大きくする」の意味で、ひんぱんに用いられる。ビジネスの場では、「力を延ばす」つまり「発展させる」の意味合いでよく使われる。expand into...（…に手を広げる）の言いまわしを使って、ABC *expanded* into China.（ABC 社は中国に進出した）と表現すれば、ほかの国や市場にまで手を広げる意味になる。

　例文は「レストランの規模を拡大することで、もっとお金を稼ぐことができると考えた」という意味だと推測されるため、expand がふさわしい。

　ほかにも expand を使って、**expand a service**（サービスを拡充する）, **expand an operation**（事業を拡大する）, **expand into overseas markets**（海外市場へ進出する）といった言い方がよくされる。

　enlarge を使うことも可能だが、この語の場合、単に「面積を大きくする」というニュアンスが強くなる。extend のように「発展させる」のニュアンスはないため、「レストランの面積を拡大することで、もっとお金を稼ぐことができると考えた」となってしまう。

　これでも意味は通るが、「面積を拡大してお金を稼ぐ」よりも、「事業の規模を拡大してお金を稼ぐ」と判断するのが適当と思えるため、expand が◎で、enlarge は○となった。

　extend も文法的には問題ないが、extend の場合「建て増しすれば」となる。これでも意味は通じるが、expand がここでは最適なため、ネイティブは extend を△とした。

　increase を使うことはできないが、...increasing the size of his restaurant. であれば、自然な英語になる。

⇨ The owner thought he could make more money by ***expanding*** his restaurant.
　（レストランの規模を拡大すれば、もっとお金を稼げるとオーナーは考えた）

5. 大きくする | enlarge / expand / extend / increase

2. For the presentation, I _____ the photograph so everyone could see it.

enlarge	expand	extend	increase
◎	○	×	×

　目的語が photo（写真）なので、「写真を大きくする」つまり **enlarge a photograph**（写真を引き伸ばす）の言いまわしがそのまま使える。
　本来 enlarge は、動詞よりも形容詞 enlarged として、become enlarged（肥大化する、増大する）の形でよく使われる。体の一部が異常に大きくなることを表現し、The infected cells become considerably *enlarged* and highly vacuolated.（感染した細胞は、大幅に肥大化し、かなり空胞化する）のように使われる。
　expand でも意味は通じるが、イメージに合致するのは enlarge のため、expand は○となった。

⇨ For the presentation, I *enlarged* the photograph so everyone could see it.
　（プレゼンテーションに備え、みんなが見えるよう写真を拡大した）

---

3. He had to _____ his visit to Japan to meet with all his clients.

enlarge	expand	extend	increase
×	×	◎	×

　extend といえば、ネイティブは **extend one's hand**（握手を求める）を思い浮かべるだろう。I *extended* my hand, but he ignored me.（私は握手を求めたが、彼は私を無視した）のように、「友だちになろうと思って／仲良くしようと思って」という意味合いが含まれる。
　his visit to Japan（日本への滞在）を「延ばす」という意味を完成させたい。「延長する」という意味を持つ動詞は、選択肢の中では extend のみである。
　extend the meeting（会議を延長する）, **extend one's stay**（滞在を延長する）のように、extend は「期間を延ばす」という意味で使われる。

⇨ He had to *extend* his visit to Japan to meet with all his clients.
　（彼は全クライアントを訪問するため、日本での滞在を延期しなければならなかった）

4. I think we need to _____ the length of the conference.

enlarge	expand	extend	increase
×	○	○	◎

　enlarge 以外はすべて用いることができるが、ネイティブにもっとも自然なのは increase である。
　increase は、increase the length（長くする）, increase the scale（量的規模を拡大する）, increase the size（サイズを大きくする）, increase visibility（認知度を拡大する）, increase effectiveness（効率を高める）など、さまざまなフレーズで活用が可能だ。例文のように、「何を大きくするのか」が明確に示されている場合は、increase を使うのがもっとも適切である。
　なお、expand the conference は「会議の規模を拡大する」、extend the conference は「長さを拡大する（延長する）」という意味になる。しかし、increase the conference ということはできない。

⇨ I think we need to *increase* the length of the conference.
　（会議は、もっと長時間やるべきだと思います）

6
行なう

carry out / conduct / do / execute

▶▶▶「行なう」といえば do を連想すると思うが、carry out や conduct, execute も覚えておきたい。もっとも一般的な動詞 do だけではカバーしきれないニュアンスを、ほかの動詞を使って表現してみよう。

■ carry out ▶▶▶ネイティブイメージ「実行に移す」

　計画などを「成し遂げる」「実行する」という意味がある。目的を達成しようとして行動する際に用いる動詞。carry out a challenge（努力目標を達成する）, carry out a contract（契約を履行する）, carry out a bank robbery（銀行強盗を実行に移す）などの言いまわしがある。

carry out a bank robbery
（銀行強盗を実行する）

◆ 用例

□ The military operations were *carried out* in secret.
（作戦は秘密裏に実行された）

□ It won't be easy, but we need to *carry out* this plan to survive.
（簡単ではないが、生き残るためにはこの計画を遂行する必要がある）

■ conduct ▶▶▶ネイティブイメージ「率先して行なう」

「指揮する」「（業務などを）行なう」「処理する」「案内する」などの意味がある。陣頭で指揮を執って物事に対処するようなイメージの動詞。conduct business negotiations（商談を

conduct an audit（会計検査を行なう）

行なう), conduct oneself (振る舞う), conduct an investigation (捜査する) などの言いまわしがある。

◆ 用例

☐ ABC *conducted* a 15-year R&D project involving over 200 scientists.
（ABC 社は 200 人以上の科学者が関わる 15 年の研究開発計画を遂行した）

☐ Our company *conducts* business research and risk assessment of Chinese companies.（弊社は中国企業の業態調査や危機分析を行なっている）

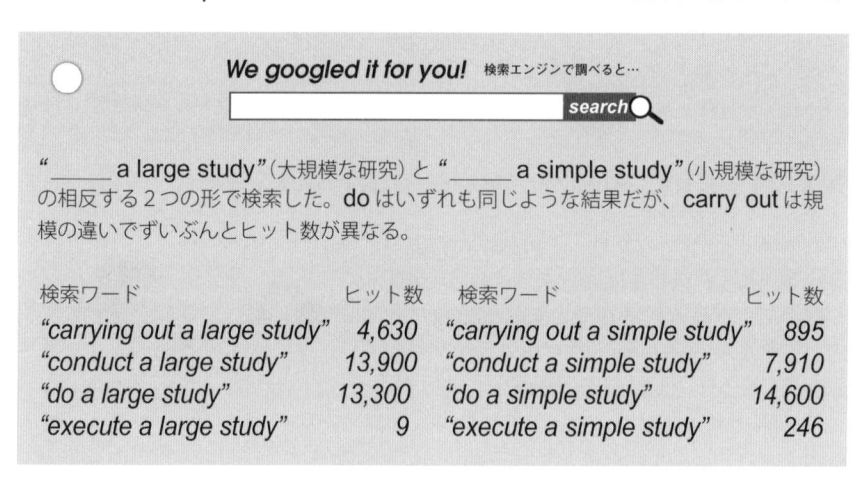

We googled it for you! 検索エンジンで調べると…

"＿＿＿ a large study"（大規模な研究）と "＿＿＿ a simple study"（小規模な研究）の相反する2つの形で検索した。do はいずれも同じような結果だが、carry out は規模の違いでずいぶんとヒット数が異なる。

検索ワード	ヒット数	検索ワード	ヒット数
"carrying out a large study"	4,630	"carrying out a simple study"	895
"conduct a large study"	13,900	"conduct a simple study"	7,910
"do a large study"	13,300	"do a simple study"	14,600
"execute a large study"	9	"execute a simple study"	246

■ do ▶▶▶ネイティブイメージ「やる」

「…する」「行なう」「（義務などを）遂行する」などの意味がある。「する」の意味でもっとも一般的な動詞。目的語により、さまざまな意味になる。do one's best（最善を尽くす）, do something（何か行動を起こす）, do as one likes（好きなように振る舞う）などの言いまわしがある。

do lots of things
（たくさんのことをやる）

◆ 用例

☐ I think we need to *do* something to improve efficiency.
（効率を上げるために、何か対策を講じる必要があると思う）

6. 行なう ｜ carry out / conduct / do / execute

☐ I'll *do* the report as soon as I have time.
（時間ができ次第、すぐにレポートに取りかかります）

■ execute ▶▶▶ネイティブイメージ「決められたことを実行する」

「（命令などを）実行する」「（法律などを）施行する」「処刑する」「演ずる」などの意味がある。命令や判決など、あらかじめ決められていたことを実行に移す際に用いる動詞。execute an agreement（契約を履行する）、execute a command（命令を実行する）、execute an emergency landing（緊急着陸をする）などの言いまわしがある。

execute an order（命令を実行する）

◆ 用例

☐ He *executed* a series of financial deals that saved the company.
（彼は会社救済のために一連の財政取引を行なった）

☐ The judge ordered that a search be *executed* to find the evidence.
（裁判官は証拠発見のために捜索を行なうべきだと命じた）

We googled it for you! 検索エンジンで調べると…

"＿＿＿ the plan"（その計画を○○する）と、"＿＿＿ the plan no matter what"（たとえ何であろうと○○する）の2種類の言い方で検索した。「何があっても絶対に実行する」という意気込みを伝えるなら **carry out** が使われ、**conduct** は選ばれないことがわかる。

検索ワード	ヒット数	検索ワード	ヒット数
"carry out the plan"	1,620,000	"carry out the plan no matter what"	20,000
"conduct the plan"	44,600	"conduct the plan no matter what"	0
"do the plan"	436,000	"do the plan no matter what"	9,620
"execute the plan"	1,290,000	"execute the plan no matter what"	4,930

Native Speakers Say It This Way! ネイティブはこう使い分ける！

1. I have to _____ my duty even if it costs me my life.

carry out	conduct	do	execute
◎	×	△	○

carry out は**大掛かりなことを行なうイメージ**があり、**たとえ障害があっても成し遂げるために突き進むような場合**に使う。

carry は「運ぶ」の意味で使われることが多いが、carry out を使う際に「運ぶ」という原義を意識している人は少ないだろう。しかし、carry out には、そもそも**「重い責任を（背）負って実行する」**という含みがある。そのため、例文を I have to *carry out* my duty even if it costs me my life.（私は命に代えても自分の義務をはたさねばならない）とすると、イメージ通りだ。

carry out a drastic government spending cut（思い切った政府支出の削減を行なう）や *carry out* a bold reform of the social structure（社会構造の大胆な改革を実行する）なら、carry out のニュアンスが伝わるだろう。反面、**短時間の仕事や簡単な仕事などには、あまり使わない**。

ほかに execute や do も使うことは可能だが、「何が何でも」というニュアンスが出ない。execute のほうが多少重々しい表現となり○と判断されたが、do は△となった。

⇨ I have to *carry out* my duty even if it costs me my life.
（私は命に代えても自分の義務をはたさねばならない）

---

2. ABC has been _____ business in Russia for more than 50 years.

carrying out	conducting	doing	executing
○	◎	○	×

conduct business（商取引を行なう）, do business（商売する）, carry out business（業務を遂行する）のいずれも言いまわしとして存在する。

6. 行なう | carry out / conduct / do / execute

しかし3つの中でどれがこの例文に最適かといえば、conduct business だ。conduct business と do business と比べると、conduct のほうが**より大規模な事業**に聞こえる。do business は1人で商店を切り盛りする小商いにも使えるが、conduct business は、従業員もそこそこいる中小企業以上のイメージがある。

一方、carry out には計画的なニュアンスがあるため、carry out business は契約条項などで「業務遂行」の意味で使われることが多い。例文で使っても意味は通るが、最適とはいえない。

ちなみに、execute / exercise / practice business という英語はない。

conduct には conduct a tour（ツアーをガイドする）, conduct a study（研究を行なう）, conduct traffic（交通管制する）などさまざまな言いまわしがあるが、どれも「**しっかり…をする**」という含みがある。

そのため conduct oneself（振る舞う）なら、He *conducted* himself very well during the meeting.（彼は会議のあいだ、うまく振る舞った）のように「うまく振る舞う」という意味になる。

⇨ ABC has been ***conducting*** business in Russia for more than 50 years.
（ABC 社は 50 年以上ロシアで商取引を行なっている）

---

3. We _____ a market study to test some ideas for a new product.

carried out	conducted	did	executed
○	○	◎	△

do は目的語によってさまざまな意味になり、ほぼ何にでも使える。そのため、あまり重みのない言葉ともいえる。

たとえば **do business** と言うと、**軽く、短く、簡単に仕事をやるイメージ**になる。I'm going to *do* some business in China. だと、ちょっと中国で人と会い、軽くビジネスの話をしてくるように聞こえる。

そのため「実行する」より、**簡単に「する」「やる」**と表現する際に使うのがいいかもしれない。Let's *do* something fun.（何か楽しいことをしよう）や、I'll *do* that report tomorrow.（明日そのレポートをやるつもりだ）のように、日常会話で気軽に使うのにぴったりの動詞だ。

例文を「新製品に対する意見を何か聞くために市場調査をやった」ととらえれば、文脈が通る。「やる」に該当する表現として、do は最適だろう。

「実行する」では少し物々しい響きがあるため、carry out や conduct は○となる。execute でも意味は通じるだろうが、さらに大げさに感じられる。

⇨ We ***did*** a market study to test some ideas for a new product.
（私たちは新製品に対する意見を聞くため市場調査を行なった）

---

4. The soldiers _____ the plan according to the general's instructions.

carried out	conducted	did	executed
○	×	×	◎

ネイティブが execute と聞くと、すぐ「**死刑**」をイメージするだろう。He was ***executed*** for murder.（彼は殺人で処刑された）と使われるが、それ以外は「**実行する**」「**遂行する**」「**演奏する**」など、処刑とはあまり関係のない意味になる。

execute the plan で「計画を実行する」となり、あらかじめ立てられた計画を正確に遂行する意味合いがある。例文はまさにその言いまわしで、execute が最適だ。ビジネスでもよく使う動詞だが、**execute 自体に軍事的な響きがあり、冷徹に任務を遂行するような印象がある**。

execute a strategy（戦略を遂行する）、**execute an attack**（攻撃を行なう）などの言いまわしもあり、簡単な企画などに execute を使うと大げさに聞こえる。

さらに execute は軍事のように、**遂行にあまり時間がかからないもの**に使う。実行に移ったらすぐに終わるイメージがあるため、execute a long study より、**execute a short study**（短期の研究を行なう）が自然だ。

ほかに carry out でも意味は通じるが、ニュアンス的に最適とは言えない。そのためネイティブは○と判断された。

⇨ The soldiers ***executed*** the plan according to the general's instructions.
（兵士らは将軍の指示により計画を遂行した）

7
起こる

break out / happen / occur / take place

▶▶▶「急に始まる」「偶然何かが起こる」など、ひとくちに「起こる」といってもニュアンスはさまざまで、これらの動詞以外に there is... もよく使われる。どの表現方法を選ぶかは、時にネイティブのあいだでも意見が分かれる。ニュアンスを的確につかみ、適切な表現を心がけたい。

■ break out　▶▶▶ネイティブイメージ「急に始まる」

「(突然)起こる、発生する、出現する」など、急に何らかの出来事が起こる時に用いる表現。火事や戦争、暴動、疫病のような、「ネガティブな出来事」が始まる場合に使うことが多い。break out (脱獄する), break out in... ([火事などが]…から発生する), break out doing (急に…し始める) などの言いまわしがある。

A battle broke out. (戦争が始まった)

◆ 用例

□ A price battle *broke out* between the two biggest automakers.
（二大自動車メーカーのあいだで、価格競争が勃発した）
□ A deadly flu *broke out* around the world at the same time.
（高致死性のインフルエンザが世界中で同時に発生した）

We googled it for you!　検索エンジンで調べると…

"a revolution _____"（革命が起こった）の形でヒット数を検索してみた。多いものから順に take place, occur, break out, happen となり、take place がもっとも多いものの、どの動詞も言いまわしとして定着していることがわかる。

検索ワード	ヒット数
"a revolution broke out"	257,000
"a revolution happened"	144,000
"a revolution occurred"	274,000
"a revolution took place"	671,000

■ happen ▶▶▶ネイティブイメージ「偶然何かが起こる」

「(偶然)起こる、発生する」「偶然…する」など、偶発的に何かが起こる時、何かをする時に用いる表現。ネガティブ／ポジティブのいずれの意味でもいちばんよく使われる動詞。happen by oneself（自然に起こる），nothing happening（何も起こらない），happen in a particular situation（特定の状況で起こる）などの言いまわしがある。

nothing happening（何も起こらない）

◆ 用例
☐ This is how the accident *happened*. (このようにして、その事件は起こった)
☐ I wish something good would *happen*. (何かいいことがあるといいな)

We googled it for you! 検索エンジンで調べると…

"nothing ___"（何も起こらなかった）の形でヒット数を検索した。happen がダントツだが、以下 occur, take place, break out の順となった。いずれも言いまわしとして日常的に使われているようだ。

検索ワード	ヒット数
"nothing broke out"	44,700
"nothing happened"	32,000,000
"nothing occurred"	256,000
"nothing took place"	199,000

7. 起こる　|　break out / happen / occur / take place

■ occur　▶▶▶ネイティブイメージ「発生する」

「(偶然に) 起こる、発生する、現われる」「(たまたま) 思いつく」など、偶然何かが起こる時に用いる動詞。何もない状態から何かが現われたり、起こったりする場合に使う。発生した時期や頻度もともに明示することが多い。occur on a daily basis (毎日起こる), occur accidentally (偶然に起こる), occur after the age of... (…歳以降に発症する), occur alone (単独で起こる) などと使う。

occur on a daily basis
(毎日起こること)

◆ 用例

□ The problem *occurred* before I started working here.
（その問題は私がここで働き始める前に起こった）
□ Suddenly, a good idea *occurred* to me.
（突然、いい考えを思いついた）

■ take place　▶▶▶ネイティブイメージ「偶然起こる、行事などが開催される」

あらかじめ計画されていた「(行事などが) 開催される」、事件や事故が「(偶然に) 起こる」などの意味で用いるイディオム。a demonstration took place (デモが起こる), take place as planned (計画通り行なわれる), take place one after another (次から次へと起こる) のように使われる。

A demonstration took place.
（デモが起こった）

◆ 用例

□ The opening ceremony will *take place* early next year.
（オープニングセレモニーが、来年初めに開かれるだろう）
□ The wedding *took place* on a beach in Hawaii.
（結婚式は、ハワイの海岸で行われた）

👍 Native Speakers Say It This Way! ネイティブはこう使い分ける！

1. A violent riot _____ in the streets.

broke out	happened	occurred	took place
◎	×	△	○

　break out は「突発する」の訳があるように、**抑えたいものが抑えられなかったイメージ**がある。A serious fire ***broke out***.（大火事が勃発した）なら雰囲気が出るだろう。

　My face ***broke out***.（顔に吹き出物が出た）も、「急にいきなり」の含みがある。単に「何かが起こる」というのではなく、「**予期せぬ火事や大事件が突発的に起こる**」ような場合に用いる言いまわしだ。

　take place にも同じように「起こる」の意味があるが、break out のように「**抑えたいものが抑えられない、激しいニュアンス**」はない。The accident ***took place*** at the intersection.（その事故は十字路で起こった）のように、偶発的に起こる事故の場合に用いることが多い。

　occur でも文法的には可能だが、これも take place と同じくちょっとした事故程度のものに対して使うため、この例文では物足りない感じがする。

　violent riot（大暴動）という「**出来事の大きさ**」から、ここでは break out を用いるのが最適と判断した。

⇨ A violent riot ***broke out*** in the streets.
（街で激しい暴動が起こった）

---

2. Did anything _____ while I was on vacation?

break out	happen	occur	take place
×	◎	△	○

　What would ***happen***?（何が起こるだろう？）や Something is likely to ***happen***.（何事か起こりそうだ）のように、「**不特定な出来事**」や「**具体的ではない出来事**」

48

7. 起こる | break out / happen / occur / take place

には happen が用いられる。例文は、自分の休暇中に何か起こったかどうかを尋ねる文のため、happen を使うのが適切だ。

しかしその一方で、具体的な出来事に happen を使うと、不自然に聞こえる。An accident *happened* yesterday. という言い方は、あまり耳にしない。それなら、There was an accident yesterday.（昨日事故があった）とネイティブは言うだろう。

take place も同様に使えるが、The meeting will *take place* next Monday.（会議は来週の月曜日に開かれるだろう）のように計画的な出来事に使う場合が多い。

一方 occur は、「発生する」のように、予期せぬ出来事が起こる場合に用いられることが多い動詞だ。そのため、ここでも文法的には問題ないが、occur よりも happen を使うのが一般的となる。

⇨ Did anything *happen* while I was on vacation?
（私の休暇中何かありましたか）

---

3. Police reported that the accident _____ at around 3:30.

broke out	happened	occurred	took place
×	○	◎	×

選択肢の中でも happen と occur は似たニュアンスを持つ言葉で、いずれも偶然何かが起こる時に用いる動詞だ。しかし occur のほうがよりフォーマルで、**例文のようなニュースを伝える英文には適している。特に accident（事故）の場合、ただ単に「起こる」というより、「発生する」のほうがしっくりくる**。

happen を使っても問題ないが、「何もない状態から生まれる」というニュアンスがあるのは occur のため、ここでは occur が最適となる。

一方、take place には「事件などが偶然に起こる」という意味もあるが、おもに「事前に計画されたことが行なわれる」意味で使われる。そのため文法的には可能だが、ネイティブはまずこのような文章では使わないだろう。

⇨ Police reported that the accident *occurred* at around 3:30.
（事故は3時30分くらいに起こったと警察は報告した）

4. The reception will _____ outside unless it rains.

break out	happen	occur	take place
×	×	×	◎

　選択肢の中で、take place だけが「未来」のイメージを持つ動詞だ。

　もちろんすべて過去形でも未来形でも使えるが、take place だけが「(あらかじめ計画された行事などが) 開催される」という「将来的な『予定』の意味」を持つ。

　文脈は「歓迎会が開催されるだろう」となると考えられるため、「開催される」に該当する動詞は take place のみだ。

　The graduation ceremony will *take place* on March 10.（卒業式は3月10日に開催される）や、The World Cancer Congress will *take place* for the first time in Canada.（世界がん会議がカナダではじめて開催される）のように、行事や会議の開催をいうのによく使われる。

⇨ **The reception will *take place* outside unless it rains.**
（雨が降らない限り、歓迎会は屋外で開かれる予定だ）

8
驚く

alarm / amaze / shock / stun / surprise

▶▶▶良いことに対して驚くか、悪いことに対して驚くか、またどの程度驚くかで、使う動詞は変わる。驚いた時に「ショック！」と日本語では言うが、英語ではそのような使い方はないので注意しよう。

■ alarm ▶▶▶ネイティブイメージ「危険を知らせる」

「警戒させる」「危急を知らせる」「怖がらせる」「心配させる」などの意味がある。危険を察知した際に使う動詞。過去分詞を形容詞的に用いて be alarmed at / by...（…に驚きあわてる），be alarmed to hear...（…を聞き驚きあわてる）などの言いまわしがある。

alarm someone of the danger
（危険を人に知らせる）

◆ 用例

□ I'm sorry for *alarming* you, but you need to know the truth.
（驚かせてすまないが、あなたは真実を知る必要があると思う）

□ The sound of an explosion from the basement *alarmed* all the office workers. （地下からの爆発音で、事務所にいる全社員は恐怖を感じた）

■ amaze ▶▶▶ネイティブイメージ「とてもびっくりした」

「驚かす」「驚嘆させる」「あきれさせる」などの意味がある。さまざまなものに対する驚きの表現で、かなり驚いた際に用いる。amaze someone with...（人を…で驚かす），

amaze someone with one's skill
（腕前で人を驚かす）

not cease to amaze someone（いつも人に感銘を与える）、be amazed at / by...（…に驚かされる、舌を巻く、あきれる）などの言いまわしがある。

◆ 用例

☐ I was *amazed* by how quickly she was able to read all the reports.
（彼女がすべてのレポートをあまりに早く読んだので、驚嘆した）

☐ He *amazed* the board of directors with his presentation.
（彼はプレゼンで取締役会を驚かせた）

We googled it for you! 検索エンジンで調べると…

"＿＿＿ by his skill"（彼のスキルに○○した）と、"＿＿＿ by his stupidity"（彼の愚かさに○○した）の相反する2種類の言いまわしのヒット数を調べた。いずれもsurpriseがヒット数がいちばん多いのは予想できるが、2番目に多いのは、skillの場合はamaze, stupidityの場合はshockとなった。文脈の「良し悪し」による動詞選びの違いを示す好例といえる。

検索ワード	ヒット数	検索ワード	ヒット数
"alarmed by his skill"	2	"alarmed by his stupidity"	2
"amazed by his skill"	102,000	"amazed by his stupidity"	7,640
"shocked by his skill"	58,400	"shocked by his stupidity"	17,100
"stunned by his skill"	44,700	"stunned by his stupidity"	11,200
"surprised by his skill"	171,000	"surprised by his stupidity"	38,100

■ shock ▶▶▶ ネイティブイメージ「衝撃を与える」

「衝撃を与える」「ギョッとさせる」「不快にさせる」「怒らせる」などの意味がある。驚きによってネガティブに感じる際に用いる。shock someone into...（人にショックを与えて…にさせる）、過去分詞を形容詞的に用いて be shocked out of one's wits（驚いて気が動転する）、be shocked to...（…してショックを受ける）などの言いまわしがある。

shock someone with the news
（ニュースが人を驚かせる）

8. 驚く | alarm / amaze / shock / stun / surprise

◆ 用例

☐ They were deeply *shocked* by the news of his accident.
（彼らは彼の事故の知らせに大変な衝撃を受けた）

☐ The new currency policies *shocked* the economy out of recession.
（新通貨政策が与えた衝撃で、経済は不況から脱した）

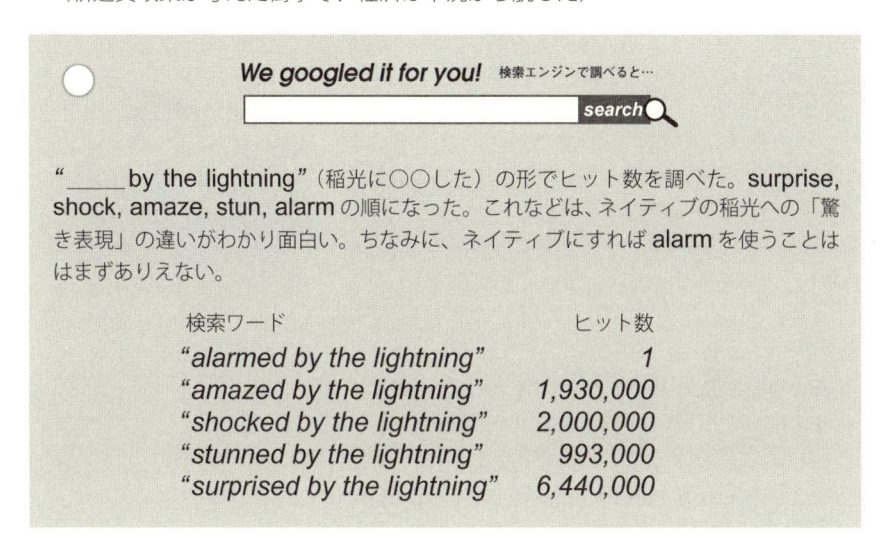

We googled it for you! 検索エンジンで調べると…

"＿＿＿ by the lightning"（稲光に○○した）の形でヒット数を調べた。surprise, shock, amaze, stun, alarm の順になった。これなどは、ネイティブの稲光への「驚き表現」の違いがわかり面白い。ちなみに、ネイティブにすれば alarm を使うことはまずありえない。

検索ワード	ヒット数
"alarmed by the lightning"	1
"amazed by the lightning"	1,930,000
"shocked by the lightning"	2,000,000
"stunned by the lightning"	993,000
"surprised by the lightning"	6,440,000

■ **stun** ▶▶▶ネイティブイメージ「あまりに驚いてあぜんとさせる」

「（あまりに驚いて）ぼうっとさせる」「あぜんとさせる」「（人を）気絶させる」などの意味がある。驚きにより正気を失うような時に用いる表現。stun an audience（聴衆を仰天させる）, stun someone into action（人に衝撃を与えて行動を起こさせる）などの言いまわしがある。

stun someone with a taser gun
（テーザー銃で気絶させる）

◆ 用例

☐ The news *stunned* European leaders who said they had no clue about Japan's intentions.
（そのニュースは、ヨーロッパ各国の首脳らをあぜんとさせた。彼らは、日本が何を求めているのか見当もつかない、と言った）

☐ The terrible news *stunned* everyone into silence.
（そのおそろしいニュースを聞いて、全員静まり返った）

■ surprise ▶▶▶ネイティブイメージ「不意をつく」

「驚かす」「びっくりさせる」「奇襲する」などの意味がある。相手の不意をついて驚かす際に用いる動詞。「驚かす」の意味ではもっとも一般的な語。surprise a rival（ライバルをあっと言わせる），surprise oneself at...（…に自分でも驚く），surprise someone into tears（人を驚かして泣かせる）などの言いまわしがある。

surprise someone with the news
（ニュースに驚く）

◆ 用例

☐ We were *surprised* by how much the applicant knew about our business.
（その応募者が私たちの仕事内容を熟知していることに、私たちは驚いた）

☐ We *surprised* our competition by cutting our prices by 30 percent.
（私たちは価格を 30％引き下げて、競争相手を驚愕させた）

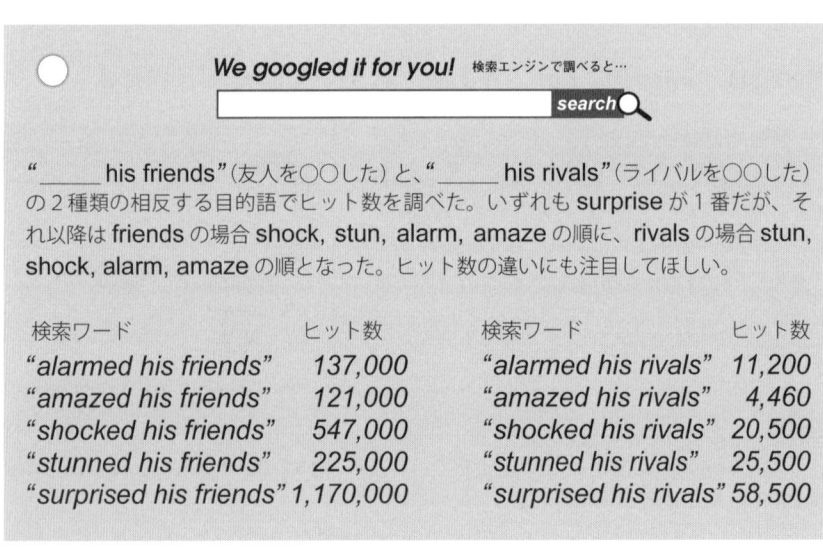

We googled it for you! 検索エンジンで調べると…

"＿＿＿ his friends"（友人を○○した）と、"＿＿＿ his rivals"（ライバルを○○した）の２種類の相反する目的語でヒット数を調べた。いずれも surprise が１番だが、それ以降は friends の場合 shock, stun, alarm, amaze の順に、rivals の場合 stun, shock, alarm, amaze の順となった。ヒット数の違いにも注目してほしい。

検索ワード	ヒット数	検索ワード	ヒット数
"alarmed his friends"	137,000	"alarmed his rivals"	11,200
"amazed his friends"	121,000	"amazed his rivals"	4,460
"shocked his friends"	547,000	"shocked his rivals"	20,500
"stunned his friends"	225,000	"stunned his rivals"	25,500
"surprised his friends"	1,170,000	"surprised his rivals"	58,500

8. 驚く | alarm / amaze / shock / stun / surprise

Native Speakers Say It This Way! ネイティブはこう使い分ける！

1. He _____ everyone with his ability to understand difficult technology and make quick decisions.

alarmed	amazed	shocked	stunned	surprised
×	◎	△	△	○

「感動する／させる」といった感情を英語で表現するのはむずかしいとされるが、amaze で対応できる。「感動」とは**「想像していたよりも良くて、驚く」**ことだから、amaze の原義に近い。したがって、「彼女のプレゼンに感動した」ならば、Her presentation *amazes* me. や、I was *amazed* by her presentation. と言える。

amaze は「期待以上にすごい」という意味なので、ネイティブも思わず We were happily amazed by the results. と言ってしまうことがある。しかし、これでは意味が重複してしまう。We were *amazed* by the results.（私たちはその結果に驚いた）で十分だ。

例文も、彼の能力が想定以上だったことに対して驚いているので、amaze が最適だ。

surprise は amaze と入れ替えて使える場合が多い。そのためこの例文でも使えるが、amaze は良い結果にのみ驚くのに対し、surprise は結果の良し悪しにかかわらず使える。

His stupidity *amazes* me. と言えないことはないが、その場合、「彼のおバカぶりは私を喜ばせる」のように、ちょっとした遊び心を含んだ表現となる。ただし The disaster *amazed* me. は、あまりに不謹慎であり、まず使われることはない。それを言うなら、The disaster *shocked / stunned / surprised* me.（その大惨事は私を驚かせた）だ。

shock や stun も意味としては通るが、いずれもかなりの衝撃に対して用いる動詞のため、この例文で使うには少し違和感を覚える。

⇨ He *amazed* everyone with his ability to understand difficult technology and make quick decisions.
（彼はむずかしい技術への理解力と即断力で、みんなを驚かせた）

2. The President's announcement _____ investors, and stocks dropped around the world almost immediately.

alarmed	amazed	shocked	stunned	surprised
◎	×	○	○	○

　alarm には、明確にほかの4つの動詞と違う点がある。まず第1に、**行動につながる意味があることだ**。The sound *alarmed* the birds.（その音が鳥を驚かせた）ならば、flew away「逃げた」と書かれていなくとも、音に驚いて「逃げた」ことをイメージする。

　2番目に、alarm には**意図的に驚く**ことをいう場合もある。The news *alarmed* the investors about the impact of the scandal.（投資家らはそのニュースによるスキャンダルの影響を恐れた）の alarm は、「**危険や懸念を伝える**」という意味になる。

　次にニュアンスの比較として、選択肢の「驚きのスピード」を見てみよう。alarm は、shock や stun, surprise と比べて、「急に驚く感じ」は少ない。alarm は「**聞いて→考え→驚く**」だが、shock / stun / surprise は「聞いて→驚く」というイメージだ。

　そのため、I was *alarmed* by the explosion. は不自然に聞こえ、I was *shocked / stunned / surprised* by the explosion.（私はその爆発に驚いた）ならどれも自然な表現になる。

　2番目の理由から、この例文で最適なのは alarm となる。「投資家らを警戒させる」という意味を表わせる動詞は、alarm しかない。しかし、ただ「投資家らを驚かせる」とするならば、shock / stun / surprise でもいいだろう。

⇨ **The President's announcement *alarmed* investors, and stocks dropped around the world almost immediately.**
（社長の発言が投資家らを警戒させ、即座に世界中で株価が暴落した）

8. 驚く | alarm / amaze / shock / stun / surprise

3. It _____ me to hear that my accountant had been arrested.

alarmed	amazed	shocked	stunned	surprised
○	×	◎	◎	○

　shock という言葉をネイティブが聞くと、すぐに electric shock（電気ショック）を連想する。
　日本人は驚いた時に「ショック！」と言うが、実は英語で Shock! は不自然な表現だ。Oh, no! Good grief!（なんてこった！／あれーっ！）ならば、近い表現となるだろう。**カタカナの「ショック」は、英語の shock よりも軽い気がするのである。**
　I was *shocked* by how expensive it was.（その値段の高さに驚いた）とは言えるが、かなり大げさに聞こえる。shock を使うなら、I was *shocked* by how many people had died.（非常に多くの人が亡くなったことにショックを受けた）といった内容がイメージ的にあう。
　中でも shock と stun は、まさに電気ショックを受けたように**「驚きのあまり体が動かない、気を失う」**というイメージが強い動詞だ。
　例文は、「急にもたらされた悪い知らせに驚く」という文脈から、**電気ショックを受けたほどの衝撃を受けたと考え、ネイティブは shock と stun を最適と判断した。**
　不安にさせたととらえれば alarm でも、一方、ただ単に「驚いた」のであれば、surprise でもいいだろう。しかし amaze は良いことに対して使うことが多いため、ここでは△となった。

⇨ It ***shocked / stunned*** me to hear that my accountant had been arrested.
（経理担当者が逮捕されたと聞き驚いた）

4. We were _____ by the size of his new office.

alarmed	amazed	shocked	stunned	surprised
△	△	○	○	◎

　stun と聞くと、stun gun（スタンガン、高圧電流銃）を連想する。つまり**何かを見たり聞いたりし、あまりにもびっくりして動きが取れないイメージ**だ。
　そのためか、stun は悪いニュースなどで耳にすることが多いが、実は良いこと

にも使える。The beauty of the sunset *stunned* everyone.（日没の美しさはみなを恍惚とさせた）のように言うことができる。

また、形容詞の stunning には「驚く（気絶する）ほど美しい」の意味もあり、a stunning crime（驚くべき犯罪）のほか、a stunning performance（どきりとするような演技）などと使う。

また、surprise の本来の意味は surprise attack（不意打ち）だが、そのイメージは今では薄い。The accident *surprised* me.（その事故に驚いた）や The present *surprised* me.（贈り物にびっくりした）など善悪に関係なく使えるが、どちらかといえば、ネイティブは「良いこと」を想像する。

I was happily *surprised* to see him.（彼に会ってうれしかった）でも OK だが、I was *surprised* to see him.（彼に会ってびっくりした）で「急に会ってうれしかった」となるため、一般的にはこちらを使う。

英語の You *surprised* me!（びっくりした）は良いことに対して使うが、日本語の「びっくりした！」は、You *scared* me!（驚かせないでよ！）の意味のほうが多いだろう。

例文は、彼の新しい会社の大きさにびっくりしたならば surprise が、あぜんとするならば stun が最適だ。会社の大きさに「あぜんとする」というのはやや大げさな感じがするので、多くのネイティブは surprise を◎と判断した。alarm と amaze は文法的に問題ないものの、ニュアンス的に少し不自然に聞こえる。

⇨ We were ***stunned / surprised*** by the size of his new office.
（私たちは彼の新しい会社の大きさに驚かされた）

9
思い出す

recall / recollect / remember / remind

▶▶▶「思い出す」といえば、まず remember を思い浮かべる人が多いと思われるが、recall, recollect, remind も日常的に使われる。各動詞は、「何をどのように」思い出すかによって使い分けられる。それぞれのニュアンスの違いをつかもう。

■ recall   ▶▶▶ネイティブイメージ「意識的に思い出す」

記憶を「思い出す」「呼び戻す」、また物事を「回収する」などの意味がある。現在自分のところにないものを「取り戻す」イメージで、感情とは無関係に、ただ事実として記憶しているような場合に用いる。偶然ではなく、意識的に何かを「思い出す」際に用いるが、recollect ほどの努力は感じられない。会話文ではあまり耳にしない、どちらかといえばフォーマルな動詞。recall someone's name（人の名前を思い出す）、recall doing...（…したことを思い出す）などの言いまわしがある。

recall a date（日にちを思い出す）

◆ 用例

□ The judge asked me to *recall* everything that I did on that day.
（裁判官に、その日何をしたかすべて思い出すように、と求められた）

□ Do you *recall* where we put Mr. Smith's personnel file last year?
（去年のスミスさんの就労記録をどこに置いたか、思い出せる？）

We googled it for you!   検索エンジンで調べると…

"＿＿＿his name"（彼の名前を思い出す）と "＿＿＿his face"（彼の顔を思い出す）

の2種類の形のヒット数を調べた。文字と映像で、記憶を呼び戻すニュアンスに違いはあるだろうか？　各動詞のヒット数に注目してほしい。

検索ワード	ヒット数
"recall his name"	1,470,000
"recall his face"	3,520,000
"recollect his name"	282,000
"recollect his face"	255,000
"remember his name"	2,490,000
"remember his face"	4,940,000
"reminded of his name"	945,000
"reminded of his face"	1,270,000

■ recollect　▶▶▶ネイティブイメージ「忘れていたことを努力して思い出す」

「思い出す」「記憶にある」「(心を)落ち着かせる」などの意味があり、忘れていたことをかなり努力して思い出す場合に用いる。過去の出来事のような情報から思い出すのではなく、自分の記憶の糸をたぐり、頭の中から苦労して探し出すようなイメージ。recollect talking to someone（誰かと話したことを思い出す）, recollect the image of...（…のイメージが甦る）, recollect e-mailing...（…にメールを送ったことを思い出す）などと使う。

recollect talking to someone
（人と話したことを思い出す）

◆ 用例

□ I have trouble *recollecting* what I had for breakfast these days.
　（最近は、朝食に何を食べたか思い出すのも苦労する）

□ I wish I could *recollect* where I first met her.
　（どこではじめて彼女に会ったか、思い出せたらいいのに）

9. 思い出す　|　recall / recollect / remember / remind

We googled it for you! 検索エンジンで調べると…

"have trouble ＿＿＿"（思い出すのが大変だ）の言いまわしでのヒット数を調べた。remember がいちばんなのは当然だろうが、remind と recollect も使われなくはないようだ。

検索ワード	ヒット数
"have trouble recalling"	381,000
"have trouble recollecting"	15,800
"have trouble remembering"	598,000
"have trouble reminding"	14,700

■remember　▶▶▶ネイティブイメージ「覚えていることを思い出す」

「思い出す」「記憶している」「覚えておく」「覚えている」などの意味がある。過去にあったことを記憶していて、その経験や情報を元に思い出すような時に用いられる動詞。

　過去の経験や情報を覚えているのが前提のため、recollect のように何かを思い出す努力は必要としない。そのため否定文でも、can't remember（思い出せない）よりも、don't remember（覚えていない）と表現するほうが多い。「思い出す」のもっとも一般的な動詞。

remember the good old days
（古き佳き昔を思い出す）

　remember the good old times（古き佳き昔を思い出す）, remember to do（忘れずに…する）, remember doing...（…したことを覚えている）などの言いまわしがある。remember doing は過去の出来事に関して用いるが、remember to do は未来のことに対して使う。

◆ 用例

☐ I'm trying to *remember* where I put that report I just had.
　（さっきまで持っていたレポートをどこにやったか、思い出そうとしているところだ）

☐ I just *remembered* that I have an appointment at 3:00.
　（3時に約束があったことを、たった今思い出した）

> **We googled it for you!** 検索エンジンで調べると…

"＿＿＿ when I was a child"（子供の時のことを思い出す）の言いまわしでヒット数を検索してみた。多いほうから remind, remember, recall, recollect の順となった。先ほどの検索結果と比較すると、remind のニュアンスがわかるだろう。

検索ワード	ヒット数
"recall when I was a child"	522,000
"recollect when I was a child"	46,400
"remember when I was a child"	5,280,000
"reminds me of when I was a child"	7,140,000

■ remind　▶▶▶ネイティブイメージ「記憶を思い出させる」

「思い出させる」「気づかせる」など、「人に何かを思い起こさせる」際に用いる他動詞。remind A of B（A に B を思い出させる），remind oneself of...（…を思い出そうとする、…を自覚する），remind oneself to...（［人に］…することを思い出させる、…するよう［人に］言い聞かせる）などの言いまわしがある。

recollect talking to someone
（人と話したことを思い出す）

◆ 用例

☐ You *remind* me of my sister.（あなたは私に姉を思い出させる）
　＊「姉に似ている」ということ。

☐ What the newcomer said *reminded* me about why I wanted to work in this industry.
　（新人の発言が、なぜ私がこの業界で働きたかったのかを思い出させてくれた）
　＊ remind A about B で「A に B を思い出させる」という意味になる。

9. 思い出す | recall / recollect / remember / remind

👍 Native Speakers Say It This Way! ネイティブはこう使い分ける！

1. I've been trying for hours to _____ his name.

recall	recollect	remember	remind
○	○	◎	×

　recall / recollect / remember はいずれも日本語で「思い出す」と訳せるため、日本人にその違いはわかりにくいかもしれない。しかし、ネイティブからすると、そのニュアンスはかなり違う。
　まず recall と recollect は、現在よりも**過去のことをイメージした動詞**だ。たとえば、ほんの数時間前にはそばにあったブリーフケースを探すのに、Do you *remember* where I put my briefcase?（私がどこにブリーフケースを置いたか覚えている？）は自然な英語だが、Do you *recall / recollect* where I put my briefcase? はなんとなく不自然に聞こえる。
　これは remember が「(現在) 覚えている」ことを表現するのに対し、recall と recollect は「(過去を) 思い出す」ことを表現するからだ。recollect は「忘れていたことを努力して思い出す」というニュアンスがあるが、recall は「意識的に記憶を呼び戻すものの、recollect ほどの努力は必要としない」ことをうかがわせる。
　たとえば、暗記テストならば勉強したことを recollect（なんとか努力して思い出す）できればいいが、論文テストの場合は勉強したことを recollect してもだめで、何かを recall（思い起こす）して文章にまとめなければならない。
　さらに、recall と recollect はただ「思い出す」のではなく、He *recalled / recollected* that he was once asked to sell his company.（彼はかつて自社を売却するよう頼まれたのを思い出した）のように、昔のことを思い出しながら話す状況で使う。ただし、この場合 recall は「鮮明に覚えている」ことを表現できるが、recollect は「なんとなく思い出す」程度のイメージになる。
　I have total *recall* of what happened.（私には、起こったことの完璧な記憶がある）や、That event is beyond his *recall*.（彼はその出来事を思い出せない）といった文で、この recall のニュアンスがつかめるだろう。
　例文は、「彼の名前を思い出そうと何時間も努力した」という文になる。目的語が「過去の出来事」ではなく、「知人の名前」のため、ネイティブは「思い出す」のもっとも一般的な動詞 remember を最適と判断した。

「何時間も努力した」ことから、「意識的に思い出す」recall も可能だ。しかし、例文はフォーマルな文ではないため、recall を最適とするには違和感がある。
「忘れていたことを努力して思い出す」recollect でも意味は通る。ただし、recollect は思い出をかき集めるように、かなり苦労して思い出す行為に使う。ここで用いるには少し大げさだろう。そのため recall と recollect は○となった。

⇨ I've been trying for hours to *remember* his name.
（彼の名前を思い出そうと何時間も努力し続けている）

---

2. If I _____ correctly, the price was around $28 in 1989.

recall	recollect	remember	remind
○	◎	◎	×

　I think...（私は…と思う）や around（…くらい）と一緒によく使われる表現、recollect がある。recollect は、「忘れていたことをなんとか思い出すイメージ」から、断定的ではなく、曖昧な表現が好まれる。

　I can still *recollect* going to the movies with my grandmother when I was just a child.（幼い頃、祖母と映画に行ったことが、今も記憶に残っています）のように、**何かを「回想する」時などによく用いられる。**

　一方、remember はもっとも一般的な語で、特に会話でよく使われる。**I think I remember that...** で「…ということを覚えているように思う」となり、ここでも問題なく使える。そのため、この例文では、recollect と remember が最適となった。

　recall も文法的には問題ないが、I think... や around の曖昧な表現にはあまりあわない。recall は何かを鮮明に、意識的に思い出すというニュアンスがあるため、○となった。

⇨ If I *recollect / remember* correctly, the price was around $28 in 1989.
（もし私の記憶が正しければ、その値段は 1989 年には 28 ドルくらいだったと思う）

9. 思い出す　｜　recall / recollect / remember / remind

3. I'm sorry, I _____ your face but not your name.

recall	recollect	remember	remind
○	○	◎	×

　remember は幅広く一般的に使われる動詞で、特別な含みはあまりない。ただ**過去の事実や経験を「思い出す」「覚えている」**ことを指すが、懐かしい昔話などの時には「（…したことを懐かしく）思い出す」というニュアンスがある。
　たとえば「祖母は7歳の誕生日を（懐かしく）覚えている」であれば、My grandmother ***remembers*** her seventh birthday. となり、ただ「覚えている」だけでなく、その**過去を懐かしく思うイメージ**だ。
　一方、祖母の記憶力の良さを強調するなら、recall を使って My grandmother can ***recall*** her seventh birthday.（祖母は自分の7歳の誕生日の時のことを思い出すことができる）となる。記憶の糸をたぐりよせ、7歳の誕生日のことを一生懸命思い出すような光景だ。
　例文は、単に過去の経験として人の顔を「覚えている」という文脈のため、remember が最適となる。「意識的に過去の記憶を呼び戻す」ととらえて recall を、また「忘れていた人の顔を苦労して思い出す」と考えて recollect を用いることも可能だ。しかし、会話文のように軽い口調に思えることから、remember を使うのが最適だろう。
　ちなみに remember me to someone（…にどうぞよろしく）の言いまわしは、あまり今では耳にしない。ネイティブはその代わりに ***Say hi*** to your parents (for me).（ご両親によろしく）と言う。

⇨ I'm sorry, I ***remember*** your face but not your name.
　（すみません、あなたにお会いした記憶はあるのですが、名前を失念してしまいまして…）

4. I was _____ of when I first joined this company.

recalled	recollected	remembered	reminded
×	×	×	◎

　ネイティブにとって remind は、recall, recollect, remember とはかなり異なる単語だ。しかし、混同している日本人は多いように思う。

remind は自動詞の「思い出す」ではなく、他動詞の「**思い出させる**」だ。Don't forget to *remind* me about his request.（彼の頼みを私に思い出させるのを忘れないで）のように、「人に何かを思い出させる」という表現で用いる。

　この remind を be reminded of... と受動態にすると、直訳で「…ということを思い出させられる」つまり「**…を思い出す**」という言いまわしになる。「それなら recall や recollect, remember と変わらないのでは？」と思うかもしれないが、be reminded of... は「思い出す」の意味ではあまり使わず、どちらかというと規則や約束のような「決まりごと」を思い出させるニュアンスがあるのだ。

　I was *reminded* of my promise when I saw you.（あなたを見て約束を思い出した）や Don't *remind* me.（そのことは思い出したくない→嫌な思い出だ→思い出させるな）ならば、その雰囲気が伝わるだろう。

　この例文も、ただ「入社した時のことを思い出した」ではなく、「入社した時に聞いた社訓や社会人としての心構えなどを思い出した」と考えられる。選択肢でこのような意味を持つ動詞は、remind のみだ。

⇨ **I was *reminded* of when I first joined this company.**
　（はじめてこの会社に入社した時のことを思い出した）

---

5. I recognized her face, but I wasn't able to _____ her name.

recall	recollect	remember	remind
◎	○	○	×

　recall someone's name（…の名前を思い出す）の言いまわしもあり、recall が最適となる。「顔はわかったが、名前は思い出せなかった」となるため、忘れていたことをかなり努力して思い出す recollect を使うほどではないのだろう。

　remember でも意味は通じるが、これだと「覚えていられなかった」となる。「思い出したいのに思い出せなかった」というニュアンスになり、最適とは言えない。一般的な意味での「思い出せなかった」なので、ネイティブは recall を◎とし、recollect と remember を○とした。

⇨ **I recognized her face, but I wasn't able to *recall* her name.**
　（彼女の顔はわかったが、名前は思い出せなかった）

10
思う / 考える
believe / feel / imagine / think

▶▶▶数ある動詞の中でも、「自分の考えを伝える動詞」こそ、常日頃もっともよく使うかもしれない。そして、何をどのように感じるか、あるいは「思いの強さ」などによって、使うべき動詞は変わってくる。各動詞のニュアンスをつかみ、的確に自分の考えを伝えられるようにしたい。

■believe　▶▶▶ネイティブイメージ「正しいと思う」

「信じる」「思う」「確か…と思う」など、自分が正しいと思ったことに対して使う動詞。
believe in...（…の存在を信じる、信頼する）、believe it or not（信じようが信じまいが）、believe me（信じて）などの言いまわしがある。

believe a fortune teller
（予言者を信じる）

◆ 用例

☐ I *believe* that this is the best way to increase efficiency.
（これが効率を上げる最善の方法だと私は確信している）

☐ I *believe* she's already signed the contract.
（彼女はすでに契約書にサインをしたと思う［が、私はまだそれを見ていない］）

We googled it for you!　検索エンジンで調べると…

"I ＿＿＿ so."（私はそう○○する）の言いまわしで、ヒット数を調べた。think, feel, believe, imagine の順になり、曖昧な表現が好まれることがわかる。
I feel so... は、「…に思う」の形ではまず使われない。I feel so excited. や I feel so bored. のように使われる場合が多い。以下、このヒット数を参考までに。

検索ワード	ヒット数
"I believe so."	17,700,000
"I feel so."	246,000,000
"I imagine so."	3,050,000
"I think so."	278,000,000

■ feel ▶▶▶ネイティブイメージ「感じる」

「触れる」「手探りで進む」「感じる」「思う」「自覚する」などの意味がある。論理的に何かを考えるというよりは、感覚的に何かを感じ取るようなイメージの動詞。feel like...-ing（…する気になる），feel free to...（自由に…する），feel for...（…に同情する）などの言いまわしがある。

feel something bad is going to happen（何か悪いことが起こる気がする）

◆ 用例

☐ I *feel* we have done our best to make sure this merger works.
（この合併を確実に成功させるために、弊社は最善を尽くしてきたと思っています）

☐ We don't *feel* your proposal meets our requirements.
（御社の提案は、弊社の要求を満たしているとは思えません）

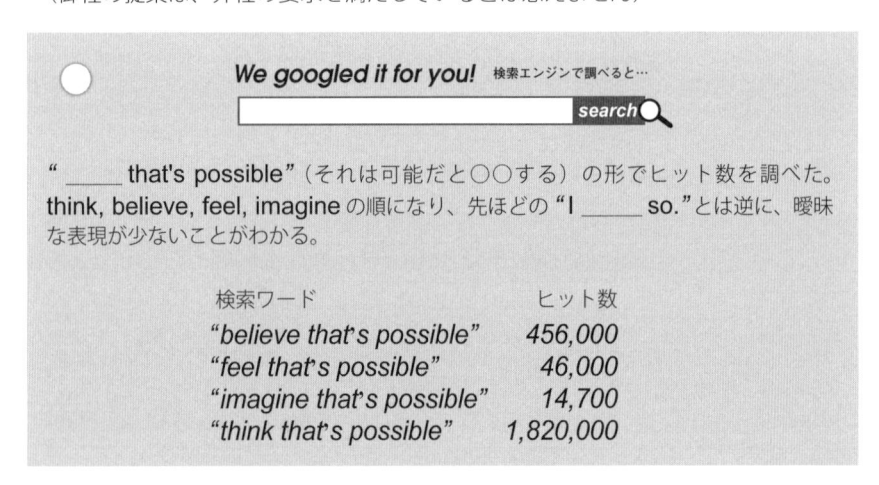

We googled it for you! 検索エンジンで調べると…

"＿＿＿ that's possible"（それは可能だと○○する）の形でヒット数を調べた。think, believe, feel, imagine の順になり、先ほどの"I ＿＿＿ so."とは逆に、曖昧な表現が少ないことがわかる。

検索ワード	ヒット数
"believe that's possible"	456,000
"feel that's possible"	46,000
"imagine that's possible"	14,700
"think that's possible"	1,820,000

10. 思う / 考える ｜ believe / feel / imagine / think

■imagine ▶▶▶ネイティブイメージ「想像する」

「想像する」「（証拠もなく）…と思う」「推察する」などの意味がある。自分の頭の中で空想を思い浮かべたり、証拠もなく何かを考えるような表現。imagine how it would be if...（もし…ならどうなるだろうと想像する），imagine oneself as...（自分が…であるところを想像する），not imagine one will be able to pull ... off（…をやってのけることができないのではないかと思う）などの言いまわしがある。

imagine what will happen
（どうなるかを想像する）

◆ 用例

☐ I *imagine* they'll be disappointed with the results when they get them.
（彼らは結果を知ったらがっかりすると思う）

☐ I *imagine* you're surprised to see me here today.
（今日、こんなところで僕に会って、びっくりなさっているんじゃないですか？）

We googled it for you! 検索エンジンで調べると…

"I ___ that"（私は…を○○する）と、"We ___ that"（私たちは…を○○する）の２種類の主語でヒット数を調べた。ともに think, believe, feel, imagine の順になるが、We より I を主語にして言うほうが断然、多いことがわかる。これは「思う／考える」という表現をよく使うネイティブが多いことを示している。

検索ワード	ヒット数	検索ワード	ヒット数
"I believe that"	1,550,000,000	"we believe that"	435,000,000
"I feel that"	275,000,000	"we feel that"	98,100,000
"I imagine that"	39,100,000	"we imagine that"	2,920,000
"I think that"	1,570,000,000	"we think that"	244,000,000

■ think ▶▶▶ ネイティブイメージ「思う」

「思う」「考える」「(…する)つもりである」「予期する」などの意味がある。「考える」の意味ではもっともよく使われる語で、ちょっとした思いつきから深い考えまで、あらゆる思考に使える。感覚的なものではなく、頭で考えたもの。think a lot about...（…についてよく考える）, think to myself（ひそかに考える）などの言いまわしがある。

think about a problem
（問題について考える）

◆ 用例

☐ I don't *think* I can agree with you.
（あなたには同意しかねます）
＊ think を用いることで、I don't agree with you. のような「断定的」な言い方をソフトにしている。

☐ I *think* she likes our idea, but I'm not sure.
（彼女は私たちのアイデアを好きだと思うが、確信はしていない）

👍 Native Speakers Say It This Way!　ネイティブはこう使い分ける！

1. I'm not sure, but I _____ the proposal has already been submitted.

believe	feel	imagine	think
◎	×	△	◎

　believe は「なんとなく感じる」の「弱く思う」から、「確信する」の「強く思う」まで、さまざまな意味で使われる。
　文脈から判断するしかないが、**一般に宗教や信仰、信頼、可能性などをいう場合は、「信じる」の意味が多い**。一方、*I believe* it will rain tomorrow. は「明日は雨だと信じている」では不自然なため、「明日は雨かな」となり、「思う」の意味だと判断できる。

10. 思う / 考える ｜ believe / feel / imagine / think

余談だが、I *believe* God. なら「神様の言うことを信じる」で、I *believe* in God. は「神様の存在を信じる」「神様は本当にいると思う」となる。また I *believe* aliens. なら「宇宙人の言うことを信じる」で、I *believe* in aliens. は「宇宙人の存在を信じる」となる。この２つの意味の違いは、覚えておきたい。

しかし、目的語がyouになると、また違うニュアンスになる。I *believe* you. は「あなたの言うことを信じるけれど」だが、I *believe* in you. なら「あなたはできると信じている」となる。いずれも非常によく使う言いまわしだ。

believe と think は、「…かな」の意味でほぼ同様に使われることがある。その場合、おもに I *believe* so. と I *think* so. を使うが、I *believe* so. のほうがより真剣に考えているように聞こえる。

自分のことを言うなら I *think* so. で、少し距離を置いた表現にするならば I *believe* so. を使う傾向がある。

さらに言えば、グーグルの検索結果（68ページ）でも、I *believe* so. のヒット数は 17,700,000 だが、I *think* so. は 278,000,000 で、自分の考えを述べる時は I *think* so. を使うことが多いようだ。

例文は、I'm not sure（確かではないが）とあることから、「確信する」ではなく、「軽く思う」の believe と think が◎と判断された。imagine も使えなくはないが、英語として不自然だ。

⇨ I'm not sure, but I ***believe / think*** the proposal has already been submitted.
（確かではないが、提案はすでに出されたと思う）

2. We _____ this isn't a good time to embark on an enormous project.

believe	feel	imagine	think
△	◎	△	○

feel には、おもに２つの意味がある。１つは「**気持ち**」を表わし、I *feel* good.（気分がいい）や、I *feel* good about this proposal.（この提案には満足している）と使われる場合。

もう１つは「思う」の意味で、自分の意見や観察したことについて、断言を避けたい時によく使う。I *feel* it my duty to pass on correct information at all times.（つねに正しい情報を伝えることが私の義務だと思う）のように用い、I feel... で、「**断言できる確証はないが…と思う**」となる。「場合によっては、気持ち

71

が変わるかもしれない」と逃げ道を残した言い方になるため、あまり feel ばかり使うと優柔不断に思われてしまうおそれがある。

　実はこの「思う」の feel には、もう１つのニュアンスがある。それは、「**よく考えて…と思う**」の意味合いである。

　We *feel* that climate science is too important to be kept under wraps.（気象学は[よくよく考えると]あまりに重要で、非公開のままにしておくことはできないと思う）のように、**真剣に検討した末の考え**を表現することができる。このニュアンスは、日本人にはなじみのないものかもしれない。覚えておくといいだろう。

　例文は、まさにこの We *feel* (that)... を使った文章だ。ただの「気持ち」を表わすものではなく、「**よくよく考えた末の思い**」を伝えていると考えれば、文脈も通る。

　もちろん「思う」のもっとも一般的な動詞である think も○だが、より深いニュアンスが出る feel が◎だ。一方、believe や imagine では少し不自然に聞こえる。

　ついでにもう１つ、逆の言いまわしの **We don't feel ...**（…とは思わない）もよく耳にするので、覚えておこう。これは何かを否定する際、とても便利な言いまわしだ。たとえば、We don't *feel* stupid for having that dream.（そんな夢を見るのがバカげたことだとは思わない）と言えば、間接的な否定となるため、相手も嫌な気持ちにならない。否定の決まり文句といえるだろう。

⇨ **We *feel*** this isn't a good time to embark on an enormous project.
　（今は巨大プロジェクトに乗り出す頃合いではないと思う）

---

3. I haven't talked to her yet, but I ＿＿＿＿ she's no longer interested in our proposal.

believe	feel	imagine	think
△	△	◎	○

　He *imagined* up a strange SF story.（彼は奇妙なSFの物語を想像した）のように、imagine といえば「**想像する**」だと考える人は多い。

　しかし、ネイティブが実際にいちばんよく使うのは、**I think...**（…と思う）に近い、**曖昧な意味の imagine** だ。

　I think it's going to rain.（雨が降ると思う）をより「弱く」言うなら、I *imagine* it's going to rain. になる。これを正確な日本語にすると、「根拠はないけ

10. 思う / 考える　｜　believe / feel / imagine / think

ど、雨が降るんじゃない？」。つまり「**自分の発言に責任を取りたくない場合**」に使うのが、I imagine... なのだ。

　I imagine... を使うのは「**ほとんどが会話で、特に未来の可能性について話す場合**」が多い。選択肢の中ではいちばん**自信のない言い方となり、根拠があまりないような状況で使われる**。

　たとえば、Do you *think* George was surprised when he read the report?（そのレポートを読んでジョージは驚いたと思う？）と聞かれ、その場に居合わせず、想像で答えるしかない場合は、I *imagine* so.（そう思う）と応答すれば、自然に受け止めてもらえる。「想像力を使って考えれば…だろうと思う」に近い響きだ。

　そのため、未来のことを言うにも、よく imagine が使われる。先のことは想像力で答えるしかないため、imagine はこのニュアンスをうまく表現できる。

　例文も、未来のことを想定した内容となるため、imagine が最適だ。think ももちろん◯だが、believe と feel では不自然だ。

　もう１つ、ネイティブらしい imagine の使い方を紹介しよう。

　人にちょっとした招待や依頼をする際、I don't *imagine* you..., do you?（あなたは…とは思わないでしょうが）をよく使う。I don't *imagine* you want to go to the bank now, do you? で「まさか今、銀行に行きたいとは思っていないでしょうが…」となる。

　一方、I don't *imagine* you want to go to a movie. なら、「映画に行きたくない？　どう？　嫌だったらいいけど」という意味合いになる。このニュアンスは、覚えておくといいだろう。

⇨ **I haven't talked to her yet, but I *imagine* she's no longer interested in our proposal.**
　（私はまだ彼女に話をしていないが、彼女はもはやわれわれの提案に興味がないと思う）

4. We _____ that we'll need 37 workdays to finish this project.

believe	feel	imagine	think
○	△	○	◎

　think は「思う」の意味であれば、いつ、どこでも使える。I think... は「…かなと思う」から「絶対に…だと思う」まで、幅広くいろいろな意味で用いられる。
　会話の場合、イントネーションでどちらの意味かが伝わるが、文書では曖昧になってしまうことが多い。そのため、ネイティブはあえて I think... に代わる言葉を探す。
　たとえば、I feel... は I think より控えめな言い方となる。I think... と言ったら What's your proof?（[思うと言うけど] その証拠は何？）と聞き返されるかもしれないが、I feel... ならそう言われることもない。そのため、わざと I feel very strongly that... と強く言ったり、I kind of feel that... と意味を弱めて言ったりすることもある。
　I think... を使う場合は、**I think it looks okay.**（ま、いいかなと思うんだけどね）や、**I think you're wrong.**（あなたは絶対間違っている）などの言いまわしを、状況や声の調子で使い分けるといいだろう。
　例文は、文脈的に特別なニュアンスがあるわけではないので、もっとも一般的な think が最適だ。believe や imagine で言い換えることも可能だが、あとで need（必要がある）と言っているので、feel では弱すぎるだろう。
　余談だが、会話の believe, feel, imagine の主語には I（私は）がふさわしいが、文書では We（企業など）が適当だ。会話と文書での主語の使い分けも、気をつけたいものだ。

⇨ **We *think* we'll need 37 workdays to finish this project.**
（このプロジェクトを仕上げるには、37日かかると思います）

11
期待する

anticipate / expect / hope / look forward to

▶▶▶「期待する」「予測する」といった、未来に対する思いを伝える動詞の違いを見てみよう。自分の希望を述べる際、日本人は I hope... ばかり使う傾向があるが、話の内容や状況に応じて臨機応変に使い分けたい。微妙なニュアンスの違いをつかもう。

■ anticipate　▶▶▶ネイティブイメージ「将来のことを予想する」

「予測する」「期待して待つ」「先んじる」など、将来のことを見通す表現に用いる。anticipate a disaster（災害を予想する），anticipate the market（市況を予測する）などの言いまわしがある。anticipate a payment（支払を早める）のように、「期限を早める」という意味にもなる。

anticipate a disaster（災害を予想する）

◆ 用例

☐ It's important to *anticipate* what direction the stock market is moving.
（株式市場がどうなるかを予測することは重要だ）

☐ Everyone *anticipated* the arrival of our new manager. We heard he's a great guy.
（誰もが新しい支配人の到着を楽しみに待っていた。すばらしい人物だと聞いていたので）

We googled it for you!　検索エンジンで調べると…

search

"＿＿＿＿ the disaster"（災害を予測した）の形でヒット数を検索した。disaster というネガティブな目的語に対し、expect, anticipate の順にヒット数が多かった。hope と look forward to は、ほぼ使われないと言っていい。

検索ワード	ヒット数
"anticipated the disaster"	12,200
"expected the disaster"	20,300
"hoped for the disaster"	6
"looked forward to the disaster"	1

■ expect ▶▶▶ネイティブイメージ「当然起こることを期待する」

「(物事が当然起こると) 予期する、期待する」「(…を当然のこととして) 要求する」など、将来的に当然起こると思われる表現に用いる。expect trouble (困難を予期する)、expect a bright future (輝かしい未来を期待する)、expect a final answer (最終的な返事を期待する) などと使われる。

expect a bright future
(明るい未来を期待する)

◆ 用例

☐ I didn't *expect* to win a free trip to Hawaii.
(私がハワイへの無料旅行に当選するとは予想もしなかった)

☐ I *expected* him to be on time, but he was 30 minutes late.
(彼は時間通りに来ると思っていたが、30 分遅れた)

＊ expect someone to... で「人が…するのを期待する」という意味。

We googled it for you! 検索エンジンで調べると…

search

"＿＿＿ a victory"（勝利を期待する）の形でヒット数を検索した。victory というポジティブな目的語に対し、ヒット数の多い順に hope for, look forward to, expect, anticipate となった。disaster とは異なり、最下位の anticipate でもそれなりのヒット数があるのがわかる。

検索ワード	ヒット数
"anticipate a victory"	9,710
"expect a victory"	139,000
"hope for a victory"	8,460,000
"look forward to a victory"	6,530,000

11. 期待する　｜　anticipate / expect / hope / looking forward to

■hope　▶▶▶ネイティブイメージ「願う」

「望む」「期待する」など、先々のことや状況がわからないことについて何か望むことがある場合に用いる。「…であってほしい」という願望のニュアンスが含まれる。hope to win（勝つことを期待する）, hope everything goes well（すべてがうまくいくよう願う）, hope for...（…を期待する）などの言いまわしがある。

hope to win（勝つことを期待する）

◆ 用例

☐ I *hope* this problem doesn't come up again.
　（この問題が再び起こらないといいのだが）

☐ I *hope* she'll be able to find our office without any trouble.
　（彼女が、無事、弊社ビルを見つけられればいいのだが）

■look forward to　▶▶▶ネイティブイメージ「楽しみに待つ」

「…を待つ」「期待する」など、何かを楽しみにして待つポジティブな表現に用いるイディオム。自分が望む結果を、ある期間待ちつづける時に使う。look forward to going skiing（スキーを楽しみにする）, look forward to hearing from someone（人からの返事を楽しみに待っている）, look forward to seeing someone（人に会えるのを楽しみにしている）などの言いまわしがある。

look forward to going skiing
（スキーを楽しみにする）

◆ 用例

☐ I'm *looking forward to* summer because I can go surfing then.
　（サーフィンができるから夏が楽しみだ）

☐ I'm *looking forward to* finishing this project.
　（このプロジェクトが終了するのが楽しみだ）

Native Speakers Say It This Way! ネイティブはこう使い分ける！

1. I'm _____ the completion of our new factory.

anticipating	expecting	hoping	looking forward to
○	×	×	◎

　目的語が the completion of our new factory（新工場の完成）のため、「楽しみに待つ」に相当する言葉であれば、意味もスムーズに通る。選択肢でそれにあてはまるのは、anticipate と look forward to の2つになる。

　しかし、anticipate は、「(良いことを) 期待して待つ」だけでなく、「(悪いことを) 予測する」の意味でも使う。そのため混乱を避けるためか、「楽しみ」の意味の場合は、**eagerly anticipate**（待ち望む）のように使うことが多い。例文を I'm eagerly *anticipating*... としても、自然に聞こえる。

　ただし、この anticipate という動詞自体、少し堅い言葉で、どちらかといえば会話よりも文章で使うことが多い。People in Japan have been eagerly *anticipating* this year's cherry blossom season.（日本の人たちは、今年の桜の季節を心待ちにしてきた）のように、客観的な内容を表わす文章で使われる。

　しかし、「楽しみに待つ」の表現でネイティブがもっともよく使うのは、**look forward to...** のイディオムだ。I *look forward to* seeing you.（また会えるのを楽しみにしているよ）などの決まり文句がよく使われている。

　一方、anticipate は「予測する」の意味でよく使われる動詞だ。I know him so well that I can *anticipate* everything he does.（私は彼のことをよくわかっているので、彼のやることはすべて予測できる）と、日常会話でもよく用いられる。

　そのため、ここでは look forward to が◎と、anticipate が○と評価された。

⇨ I'm *looking forward to* the completion of our new factory.
　（私は新工場の完成が楽しみだ）

11. 期待する | anticipate / expect / hope / looking forward to

2. I _____ you can understand why we made this decision.

anticipate	expect	hope	look forward to
×	△	◎	×

　hope はポジティブなイメージで受け取られることが多いが、実際は逆の意味も含む微妙な動詞だ。特に、話し言葉で使われる時のニュアンスには注意したい。
　たとえば、I *hope* you're right. は「当たっているといいですね」だが、実際には「違うとは思いますが…」という含みがある。あくまで話し言葉の場合だが、I *hope* you can come to the party.（パーティに来てくれるといいな）も、素直に「来られるとうれしい」と受け取っていいが、「来られない可能性もあるでしょうが…」というニュアンスもあるのだ。会話で hope を使う場合、「だめかもしれないけど…」という含みがあることを、覚えておくといいだろう。
　誤解を避けたいなら、I'm *looking forward to* seeing you at the party.（パーティに来てくれるのを楽しみにしています）と言えば、間違いない。ただし、書き言葉の hope は、文字通りそのままの意味で受け取って大丈夫だ。手紙やメールの場合、逆のニュアンスを考えず、そのまま「期待する」の意味で理解すればいい。
　この例文も、文書であれば文字通り受け取っていいが、会話であれば「むりかもしれないけれど…あなたが理解してくれることを望む」となる。
　また、expect は文法的に間違いではないが、「当然起こるであろう出来事を楽しみに待つ」という表現で使うため、この例文で使われることはまずないだろう。
　anticipate と look forward to はそもそも文法的にあてはまらないため、ここでは hope のみとなる。

⇨ I *hope* you can understand why we made this decision.
　（なぜ私たちがこの決断を下したのか、ご理解いただけますことを望んでいます）

---

3. I _____ you to attend the party. If you don't, your bonus will be cut.

anticipate	expect	hope	look forward to
×	◎	×	×

　I expect ... は「…を期待する」と訳されるが、この例文の場合「来ないと困る」の意味になる。特に自分よりも下の人間に I expect you to... と言う場合、「…しても

らいたい（してもらわないと困る）」という意味になる。命令口調、もしくは怒っているような場合が多い。たとえば、遅刻した部下に、I *expect* you to be on time. Come late one more time and you're fired!（時間通りに来ないとだめだろう。今度遅刻したらクビだぞ！）と言えば、イメージが伝わるだろう。

また I *expect* you to win. なら、ただ「期待している」のではなく、「**絶対勝ってもらわないと困る**」ぐらいにプレッシャーをかけることになる。「当然勝つものと期待する」→「勝ってもらわないと困る」という解釈だ。

「…しないと困る」というニュアンスを持つ動詞は、選択肢では expect のみ。そのためネイティブは全員、expect を選んだ。

⇨ I *expect* you to attend the party. If you don't, your bonus will be cut.
（あなたがそのパーティに出席してくれないと困る。もしだめなら、ボーナスを減らすよ）

4. No one _____ that the project would suddenly be canceled.

anticipated	expected	hoped	looked forward to
◎	○	×	×

将来的な見通しについて言及するなら、anticipate が最適だ。expect も日本語にすれば「予測する」だが、expect は当然起こることが予想される表現に対して使う。そのため No one...（誰も…しない）で始まるこの例文には、anticipate がふさわしい。

anticipate は、ただ単に先々のことを言うのに適した表現だ。**anticipate consumer trends**（消費者の動向を見越す）、**anticipate demand**（需要を予想する）など、**先を読むビジネスの場では非常によく使われる**。この動詞はさまざまな目的語を取るので、覚えておくと便利だ。

⇨ No one *anticipated* that the project would suddenly be canceled.
（そのプロジェクトが突然中止になるとは誰も予想しなかった）

12
強制する / 強要する
coerce / force / influence / pressure / urge

▶▶▶「強制する」「強要する」などのニュアンスを持つ動詞の使い分けを見てみよう。どのような「力」によって強制するのか、また、どのような「手段」を用いて強要するかなどにより、適切な表現を選択することが大切だ。

■ coerce   ▶▶▶ネイティブイメージ「権力などを用いて強引にやらせる」

「強要して何かをさせる」「暴力や権威などで抑圧する」などの意味がある。相手の希望や意志に関係なく、行為を強制する場合によく用いられる動詞で、かなり「強引」なニュアンスがある。coerce ... into a contract（…に契約締結を強要する）や coerce ... into agreeing（…に合意を強要する）などの表現がよく使われる。

coerce someone into drinking
（お酒を強要する）

◆ 用例

☐ My friends *coerced* me into going drinking with them.
（友だちに、むりやり飲みに連れて行かれた）
 * coerce ... into -ing で「…に〜することを強要する」という意味になる。

☐ Bill was *coerced* into marrying Nancy, but he really loved Jane.
（ビルはナンシーとむりやり結婚させられたが、本当はジェーンを愛していた）

We googled it for you!   検索エンジンで調べると…

"Please don't ___ me."（私に○○しないでください）の形で検索したところ、圧倒的に Please don't *force* me. のヒット数が多かった。これは、「そんなことはさせないで」という意味の決まり文句である。なお、Please don't *force* me to call the police. なら、「警察に電話をさせないで」、つまり「そんなことをしたら、警察に

電話するよ（だからやめておきなさい）」という意味になる。

検索ワード	ヒット数
"Please don't coerce me."	15,600
"Please don't force me."	2,520,000
"Please don't influence me."	51,100
"Please don't pressure me."	118,000
"Please don't urge me."	274,200

■ force ▶▶▶ネイティブイメージ「むりやりやらせる」

force は「（人にむりに何かを）させる」「むりやり押し進める」「押しつける」など、強引に相手に何かを強要するような時に用いる。force a shutdown (of...)（[コンピュータなどを] 強制終了する）, force oneself to...（むりに…する）などの言いまわしがあり、自発的ではなく、誰かに言われて嫌々やらされているようなイメージがある。

force someone to confess
（人に白状させる）

◆ 用例

☐ I was *forced* to resign from the position.
（私はその地位を辞すよう強要された）
＊ be forced to ... で「むりに…させる」という意味になる。

☐ The law *forces* us to register as a medical company.
（法律上、弊社には製薬会社として登録する義務がある）

We googled it for you! 検索エンジンで調べると…

"My parents ＿＿＿ me to study."（親に勉強するように○○された）の形で検索してたところ、以下のような結果になった。coerce や influence は、ほとんど使われないようである。

検索ワード	ヒット数
"My parents coerced me to study."	2

12. 強制する / 強要する ｜ coerce / force / influence / pressure / urge

> "My parents forced me to study."　　5,510
> "My parents influenced me to study."　　5
> "My parents pressured me to study."　　63,100
> "My parents urged me to study."　　490

■ influence　▶▶▶ネイティブイメージ「影響を与えて何かをさせる」

「…に影響をおよぼす」「支配する」「人を促して…させる」など、対象を左右するような力を持つ。無意識に影響を与えることで、対象の性質や状況などに対して主導権を握るようなイメージを持つ。[influence＋目的語＋to do]で「(人を) 促して…させる」という意味になる。

influence someone
(人に影響を与える)

◆ 用例

□ My friends *influenced* me to apply for the job.
（友人の影響で、その仕事に応募した）
＊「友だちの影響を受けて、応募を決意した」というニュアンス。

□ He didn't advice me to quit, but he *influenced* my decision.
（彼は辞めろとアドバイスはしなかったが、決断するにあたって、その影響を受けた）
＊「直接命令した」のではなく、「間接的にそのような影響をおよぼした」ということ。

■ pressure　▶▶▶ネイティブイメージ「何かをさせるよう圧力をかける」

[pressure＋目的語＋to do]（[人に] 圧力をかけて…させようとする）のように、人に何らかの圧力をかけて行動を取らせる場合に用いる。

直接手を下すのではなく、間接的に脅威などを感じさせて、言うことを聞かせるようなニュアンスの動詞。

pressure someone to quit
(人に辞めるよう圧力をかける)

83

◆ 用例

☐ I was *pressured* to revise the report.
（そのレポートの訂正をするよう、プレッシャーをかけられた）

☐ I was *pressured* by my boss to change my vacation plans.
（上司に休暇の予定を変更させられた）

＊直接「変更しなさい」という業務命令が下されたのではなく、そのような「圧力」をかけられたということ。

■ urge　▶▶▶ネイティブイメージ「行動を促す」

促して「何かをさせる」「行動を勧める」「追い立てる」などの意味で使われる動詞。おもに〔urge ＋目的語＋ to do〕（〔人に〕…するようしきりに勧める）という形で用いられる。

ちなみに、at the urging of... は「…のあと押しを受けて」というイディオムである。

urge a patient to have an operation
（手術を受けるよう患者を促す）

◆ 用例

☐ He was *urged* to change all his passwords.
（彼はパスワードをすべて変えるよう勧められた）

☐ The bank *urged* me to take out a loan.
（銀行にローンを組むよう促された）

12. 強制する / 強要する　　coerce / force / influence / pressure / urge

> 👍 **Native Speakers Say It This Way!** ネイティブはこう使い分ける！

1. Mary's debts _____ her to sell her car.

coerced	forced	influenced	pressured	urged
△	◎	△	×	×

　force をあてはめると、[force ＋目的語＋ to do]（…することを余儀なくされる）→「〜せざるをえない」の言いまわしとなり、「借金があるため不本意ながらもしぶしぶ車を売った」というもっとも自然な意味になる。Mary *had to sell* her car because of her debts.（メアリーは借金のために車を売らなければいけなかった）と同じようなニュアンスだ。
　Mary's debts（メアリーの借金）が主語になっており、権力や圧力ではなく「自らの借金のせいで売らざるをえなかった」という文脈なので、通常「人」が主語になる coerce や influence は△となる。
　そのため、ここでは権力や圧力などのニュアンスを持たない force が最適と判断された。

⇨ **Mary's debts *forced* her to sell her car.**
　（メアリーは借金のために車を売らざるをえなかった）

---

2. He said he was _____ into confessing a crime he hadn't committed.

coerced	forced	influenced	pressured	urged
○	◎	×	○	×

　force は「むりやり何かをやらせる」という意味の動詞である。この例文に force をあてはめると、「嫌々罪を告白するよう強いられた」という、もっとも自然な文になる。
　force や coerce は、「悪いことを強いる」場合が多いので、たとえば coerce / force me to volunteer（私にボランティアを強いる）のように言うことはあまりない。coerce / force me to quit（辞めるよう私に強いる）など、どちらも本当は

やりたくないことを強制されてやるイメージがある。force は coerce より一般的で、子供でもよく使う。感情的になって言う **Don't force me!**（むり強いしないで！）は、決まり文句だ。

ただし coerce には、権力など「何らかの手段を利用して強要する」イメージもある。そのため、ただ単に告白したのではなく、「権力者に強いられたために、告白せざるをえなかった」という文意になる。

pressure を用いることも可能だが、その場合は「精神的に圧力をかけられたために告白した」となり、脅迫に近いニュアンスが込められる。

coerce と pressure はともに意味は通るが、coerce は権力者に強要されたようなイメージが、また pressure は圧力をかけられたニュアンスが強くなる。例文は特に権力者や圧力について触れていないため、ネイティブはいちばんシンプルな force を最適と考えた。

なお、influence および urge は、into ...ing という形はほとんど用いられないので、文法的に不可である。

⇨ He said he was **forced** into confessing a crime he hadn't committed.
（彼は自分が犯していない犯罪の自白を強いられたと言った）

---

3. My teacher didn't know it, but she _____ me to study harder.

coerced	forced	influenced	pressured	urged
×	△	◎	△	×

ネイティブがもっとも好んで用いるのは influence だ。influence は意識的／無意識的のいずれの場合でも使える。How can we **influence** him?（どのようにして彼に影響を与えられるだろうか）という意識的な言い方も、We didn't know it, but we had an **influence** on him.（われわれは知らなかったが、彼に影響を与えていた）という無意識の言い方も、どちらでもできる。

また、良いことにも悪いことにも使え、He **influenced** me to volunteer.（彼の影響で私はボランティアをした）はもちろん、He **influenced** me to commit a crime.（彼の影響で私は犯罪を犯した）も自然な言い方だ。

しかしどちらかといえば、良い意味で用いられることのほうが多く、How can we **influence** him? を正確に訳せば、「どうやって彼を、私たちが考えている［良いことをする］ようにさせられるか」となる。

12. 強制する / 強要する　｜　coerce / force / influence / pressure / urge

例文の場合、「ご自身はこのことを知らないが、私が一生懸命勉強するようになったのは、先生の影響だ」という意味になる。先生に「勉強しなさい」と言われたのではなく、先生の影響を受けて自分から勉強をするようになったのだ。

influence は、He *influenced* me to accept the offer.（彼の影響で私はその提案を受け入れた）のように、**権力や圧力に関係なく、(ただ) 影響をおよぼした**というイメージになる。

force を使うことも不可能ではないが、My teacher didn't know it...（先生は知らないけれど…）の前置きがあるため、「先生は知らなかったが、勉強を強制していた」という不自然な内容になってしまう。pressure も、My teacher didn't know it... があるため、意味がすっきりしない。

coerce および urge も、「知らないうちに強要する」「知らないうちに行動を促す」などということは不可能であるため、用いられることはない。

⇨ My teacher didn't know it, but she *influenced* me to study harder.
（先生はそのことを知らないが、彼女の影響で私は一生懸命勉強するようになった）

---

4. ABC was _____ into making monthly payments to the gangsters.

coerced	forced	influenced	pressured	urged
◎	○	×	○	×

「毎月お金を支払うよう強要された」という文意になると考えられる。ただしこの例文の場合、その強要する動作主が gangsters になるため、**暴力や権威などで行為を強要する** coerce が最適となる。

coerce は、He was *coerced* by the police to confess.（彼は警察に自供するよう強いられた）や、She was *coerced* by the board of directors to resign.（取締役会によって、彼女はむりやり辞職させられた）のように、**自分の意志に反して強制される際によく使われる**。

例文では、動詞のあとに into があるため、coerce someone into...（人に…するよう強要する）の言いまわしが使える。

ほかに force や pressure も自然な意味になる。force into... で「人に…を強いる」、pressure someone into... で「人に圧力をかけて…させる」となる。

しかし、「暴力や権威などの圧力を使って」のニュアンスがあるのは、coerce のみだ。そのため、coerce が ◎ となり、force と pressure は ○ となった。

⇨ ABC was *coerced* into making monthly payments to the gangsters.
　（ABC 社はギャングに毎月お金を支払うことを強要された）

5. My parents were worried about me, so they ＿＿＿＿ me to get married before I was 30.

coerced	forced	influenced	pressured	urged
△	△	△	◎	○

　いずれの動詞も、文法的には問題ない。しかし、ネイティブが自然な形で用いるのは、pressure と urge のみである。
　pressure の場合、「両親が私のことを心配して、30 歳になる前に結婚するよう圧力をかけた」という自然な文意になる。pressure が持つ**「相手に言い聞かせる」ようなニュアンス**が活かされている。
　urge を例文の空所にあてはめると「両親が結婚するようしきりに勧めた」となり、こちらの文もまったく自然になる。**「相手のことを思って説得する」**という urge のニュアンスも込められる。
　選択肢でいちばんソフトな表現は urge だ。嫌いな人が自分に何かをやらせるなら coerce, force, pressure だが、信頼している人なら urge だろう。 My friend *urged* me to quit.（友人が私に辞めるよう促した）のように、穏やかな表現に聞こえる。
　しかし、晩婚が社会問題化している現状を反映してか、ネイティブは pressure を最適と判断した。子を思う親の心は日米で変わらないようだ。

⇨ My parents were worried about me, so they *pressured* me to get married before I was 30.
　（両親は私のことを心配し、私が 30 歳になる前に結婚するようプレッシャーをかけた）

13
議論する

argue / debate / fight / quarrel

▶▶▶「議論」とひとくちに言っても、「冷静な話し合い」から「けんか寸前まで白熱した言い争い」まで、さまざまなパターンがある。議論の「温度差」や「スタイル」の違いによって、argue, debate, fight, quarrel などの動詞が使い分けられる。

■ argue   ▶▶▶ネイティブイメージ「論理的に話し合う」

「論議する」「主張する」というニュアンスの動詞。賛成・反対の意見を、相手と論理的にやり取りするようなイメージになる。さまざまな目的語を取ることが可能で、argue about...（…について論じる）, argue against...（…に反論する）などの言いまわしはビジネスでも定番だ。

argue about money
（お金のことで議論する）

◆ 用例

☐ Let's not *argue* about the details.（細かいことを論じるのはやめましょう）

☐ I *argued* for using less toxic materials.
（有毒性のより少ない物質の使用に賛成を唱えた）
　*argue for... は「…に賛成する」。反意語は argue against...「…に反論する」。

We googled it for you!　検索エンジンで調べると…

search🔍

all the time（つねに…ばかりしている）とよく使われる動詞を調べたところ、圧倒的に fight が多かった。fight all the time は「けんかばかりしている」という意味で、なかば決まり文句になっているといえる。

89

検索ワード	ヒット数
"We argued all the time."	69,700
"We debated all the time."	4,130
"We fought all the time."	276,000
"We quarreled all the time."	1,190

■ debate　▶▶▶ネイティブイメージ「公の場で形式張った議論を交わすこと」

　討論会での話し合いのように、公の場であらかじめ何らかのテーマを設定し、それに関して賛成・反対に分かれて議論を戦わせる場合に用いる動詞。debate an issue（問題を討論する），debate among party leaders（党首間で討論する）， debate during a meeting（会議中に議論する）などの表現がある。

debate among party leaders
（党首間で討論する）

◆ 用例

□ They *debated* how to reduce their expenses.
　（彼らは、費用削減の方法について議論を交わした）
□ I *debated* global warming with him.
　（私は地球温暖化について彼と討論した）

■ fight　▶▶▶ネイティブイメージ「けんかの一歩手前」

　「戦う」「論争する」「激論する」など、激しい言葉の応酬を表現する動詞。ただの討論ではなく、けんかの一歩手前ぐらいに激しい言い争いをいう。そのため「もめる」「口論する」などのニュアンスで用いられることが多い。
　なお、他動詞の fight は「…と戦う」という意味で、fight a battle（一戦を交える），fight a duel with...（…と決闘する）， fight a little war（小競り合いをする）のように、「戦い」「争い」という意味の名詞を目的語に取ることが多い。

fight about money（お金のことでもめる）

90

13. 議論する　|　argue / debate / fight / quarrel

◆ 用例

☐ Willy and Milly *fight* about money all the time.
（ウィリーとミリーはいつもお金のことで言い争っている）
＊fight about... は「…のことでもめる」というニュアンス。

☐ Let's not *fight* over such a pointless thing.
（そんなつまらないことで言い争うのはやめよう）

We googled it for you! 検索エンジンで調べると…

「…と議論した」（I argued / debated / fought / quarreled with...）という表現を、目的語に my boss（上司）と my friend（友だち）を入れて検索した。

▼ my boss を目的語に取る場合

検索ワード	ヒット数
"I argued with my boss."	17,800
"I debated with my boss."	9
"I fought with my boss."	20,000
"I quarreled with my boss."	2,090

▼ my friend を目的語に取る場合

検索ワード	ヒット数
"I argued with my friend."	96,900
"I debated with my friend."	5,140
"I fought with my friend."	160,000
"I quarreled with my friend."	15,700

いずれの場合も、用例の多さは fight, argue, quarrel, debate の順となり、ほぼ fight と argue で二分していると言っていいだろう。fought with my friend の多さに比べて、fought with my boss がそれほど際立って多くないのは、fight という動詞の持つ「激しさ」のためだと考えられる。

■ **quarrel**　▶▶▶ネイティブイメージ「口げんかする」

quarrel の基本イメージは「口げんか」であり、fight のような「本格的な言い争い」ではない。場合によっては少し子供じみた「仲たがい」のようなニュアンスも含まれ、

91

「口論する」「異議を唱える」といった意味になる。quarrel about money（お金のことでけんかする）, quarrel about trifles（ささいなことで口論する）などの言いまわしがよく用いられる。

◆ 用例

☐ The co-owners of the company *quarreled* about every little detail.
（会社の共同所有者たちは、あらゆる些細な事柄に関して言い争っていた）

☐ Stop *quarreling*! You're not little children!
（口げんかはやめなさい！ あなたたちは、もう子供じゃないんだから）

quarrel about little things
（ささいなことで口げんかをする）

👍 Native Speakers Say It This Way! ネイティブはこう使い分ける！

1. I _____ for changing the name of the company.

argued	debated	fought	quarreled
◎	×	○	×

　選択肢の中で、前置詞 for をうしろにしたがえて、「…を擁護する」の意味を表わすことができるのは argue と fight であるが、ニュアンスの違いに注意が必要だ。
　argue はおもに会議などでの話し合いに使われる動詞で、**数時間、数分単位の議論**に対して使われることが多い。そのため、argue を用いると「会議で、社名変更への賛成意見を述べた」のようなニュアンスになる。
　ちなみに argue は冷静な話し合いをいうが、名詞の argument は口げんかを指す場合もある。そのため They ***argued*** about the price.（彼らは価格について議論した）なら話し合いだが、They got into an ***argument*** about the price.（彼らは値段について「激しい口論」をした）だと大げんかを想像する。
　この例文では、**argue for...**（…に賛成を唱える）の言いまわしを使い「社名の

変更に賛意を示した」とすれば、自然な文になる。

argue 以外で、使用可能な動詞は fight である。I *fought* for changing the name of the company. は「私は会社の名前を変えるために戦った」となるが、**fight for...** は「ある程度時間をかけて取り組んできた」というニュアンスを強く含んでいる。たとえば I *fought* for the human rights of minorities. なら、「私は少数民族の人権を守るために戦った」という意味になる。

そのため例文は、「数時間の会議レベルの議論」であれば argue,「長年の懸案事項」と考えれば fight が適切となる。しかし、company（会社）での議論であれば、argue を選ぶのが一般的な発想だろう。

⇨ I *argued* for changing the name of the company.
（社名の変更に対して賛成意見を述べた）

2. We _____ what to do with the extra money for hours.

argued about	debated	fought	quarreled
◎	◎	○	○

選択肢の動詞は、いずれも問題なく使える。そのため「何が最適か」は、ネイティブな感覚で選ぶことになる。文脈や一緒に使われる語、さらには言いまわしとしての定着度など、総合的な判断が必要だ。

「会議での話し合い」であれば、argue を用いるのがもっとも一般的である。for hours（数時間も）という言葉との組み合わせも、まったく自然だ。

debate はあまり親しくない者同士が、論理的に議論を戦わせる際に使う動詞だ。**debate...heatedly**（…について熱い議論を交す）や **debate...to death**（…について徹底的に討論する）などの「白熱した議論」にも用いることができる。例文には for hours とあることから、「数時間にもおよぶ白熱した議論」ととらえることも可能だろう。

fight なら「論争した」、quarrel なら「口論した」となり、これらも意味は通じる。ただし文脈から、例文はビジネスの場での話と考えられる。そのためネイティブは argue と debate を◎と、fight と quarrel を○と判断した。

⇨ We *argued / debated* what to do with the extra money for hours.
（われわれは剰余金の扱いについて、何時間も議論／討論した）

3. When they got divorced, they _____ over everything.

argued	debated	fought	quarreled
○	△	◎	○

　文法的には、いずれの動詞も使用可能だ。しかし、イメージ的に最適なのは **fight** だろう。fight は**友だち同士のちょっとした口げんかから、多くの人が死ぬ戦いまで、幅広い争いごとに使える**。しかし、ネイティブがいちばんにイメージするのは、**力と力の激しい争い**だ。

　ここでは文脈から、**fight over...**（…のことで**激論を交わす／言い争う**）の言いまわしが最適だ。*fight* over everything で「あらゆることで激論を交わした」となり、冷静さを失った激しいやり取りが思い浮かぶ。

　一方、argue は感情的な言い争いではなく、冷静に論理的な話し合いをする際に用いる。**argue over...**（…**について議論する**）の言いまわしもあり、意味的にも問題ない。しかし文脈から、ここでは fight のほうが適切だろう。

　quarrel も fight と同じような意味を持つが、fight が取っ組み合いに近いけんかを指すのに対し、quarrel は口で言い争いをしているような、少し子供じみたニュアンスに聞こえる。quarrel も文法上は問題ないが、口げんかのイメージが強いため、最適ではないだろう。

　debate も意味は通じるものの、文脈的に違和感が残る。

⇨ When they got divorced, they ***fought*** over everything.
（彼らは離婚した時、あらゆることで激論を交わした）

---

4. They're always _____ , but they're still best friends.

arguing	debating	fighting	quarreling
○	×	○	◎

　debate 以外は、どれをあてはめても意味は通じる。しかしネイティブのイメージからすれば、quarrel が最適だ。「いつも口げんかばかりしているけど、でも仲が良いよね」という軽いイメージの文章に聞こえる。

　quarrel は**友だち同士の軽い口げんかのイメージが強く**、Let's not ***quarrel***.（口げんかはやめましょう）や、I don't want to ***quarrel*** with you.（私はあなたと言い

13. 議論する　|　argue / debate / fight / quarrel

争いたくない）のように使う。argue や fight のきついニュアンスを避けるため、quarrel を使う場合もある。

　ほかに argue, fight をあてはめても、英語として自然だ。「私たちはいつも議論しているが…」と解釈すれば argue を、「私たちはいつもけんかしているが…」なら fight を選ぶであろう。

　しかし、そのあと but we're still best friends（それでもやはり親友だ）と続くため、けんかといっても口げんか程度と考えたほうが自然だろう。fight だと本格的なけんかのイメージが強い。

　選択肢に quarrel もあることから、fight よりも quarrel を選んだネイティブのほうが多かった。

⇨ **They're always *quarreling*, but they're still best friends.**
　（彼らはいつも口げんかばかりしているが、それでもやはり親友だ）

14
困らせる

distress / embarrass / humiliate / shame

▶▶▶ひとくちに「困らせる」といっても、「狼狽させる」「困惑させる」「恥ずかしい思いをさせる」など微妙な違いがあり、それぞれ用いる動詞も異なる。その時々に応じて適切な表現ができるように、各動詞の持つニュアンスを確認しよう。

■ distress ▶▶▶ネイティブイメージ「苦しめる」

「苦しめる」「悩ます」など、相手に精神的な苦痛や困難を与える意味の動詞。distress oneself（悩む）, distress one's parents（両親を苦しめる）などの表現がある。

distress one's parents
（両親を苦しめる）

◆ 用例

☐ I was *distressed* by my daughter's decision not to get married.
（結婚はしないという娘の決断に、胸を痛めた）

☐ We were *distressed* by our neighbor's loud music.
（私たちは隣人の大音量の音楽に悩まされた）

We googled it for you! 検索エンジンで調べると…

search

"I ＿＿＿ myself."（困った）と、"He ＿＿＿ me."（彼は私を困らせる）の2つのセンテンスで、ヒット数を検索した。myself に対しては、ダントツで embarrass oneself の言いまわしがヒットした。一方、me を目的語とした場合は、humiliate と embarrass がほぼ同数検出された。

14. 困らせる | distress / embarrass / humiliate / shame

検索ワード	ヒット数	検索ワード	ヒット数
"I distressed myself"	2,050	"He distressed me"	1,870
"I embarrassed myself"	240,000	"He embarrassed me"	124,000
"I humiliated myself"	89,200	"He humiliated me"	146,000
"I shamed myself"	39,700	"He shamed me"	32,000

■ embarrass　▶▶▶ネイティブイメージ「困らせる」

「狼狽させる」「当惑させる」「困窮させる」「邪魔する」など、相手を困らせるような意味で用いる。embarrass oneself（きまり悪くなる）, embarrass...by questions（質問して…を困らせる）, embarrass someone in public（人に公衆の面前で恥をかかせる）などの言いまわしがある。

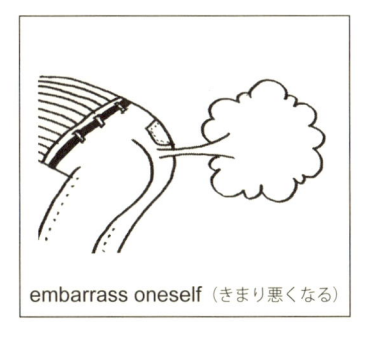

embarrass oneself（きまり悪くなる）

◆ 用例

☐ I'm sorry for *embarrassing* you in front of your coworkers.
（同僚の前で君に恥をかかせてしまって申し訳ない）

☐ She *embarrassed* her subordinate when she said he was forgetful.
（彼女は自分の部下は忘れやすいと言って彼に恥をかかせた）

We googled it for you! 検索エンジンで調べると…

"sorry for ＿＿ you"（困らせてすみません）の形でのヒット数を検索した。embarrass が絶対的に多いが、ほかの動詞での言いまわしも少なからずある。

検索ワード	ヒット数
"sorry for distressing you"	3,100
"sorry for embarrassing you"	31,000
"sorry for humiliating you"	3,550
"sorry for shaming you"	1,430

■ humiliate ▶▶▶ネイティブイメージ 「恥ずかしい思いをさせる」

「屈辱を与える」「恥をかかせる」など、相手に恥ずかしい思いや嫌な思いをさせる意味の動詞。humiliate oneself（恥をかく）, humiliate one's parents（両親に恥をかかせる）, be humiliated to tears（恥をかいて泣かされた）などの表現がある。

humiliate one's parents（両親に恥をかかせる）

◆ 用例

☐ I didn't know what to say. I *humiliated* myself in front of all my friends.
（何を言えばいいかわからなかった。友人みんなの前で恥をかいてしまった）

☐ Bill seems to enjoy *humiliating* his coworkers by making them look bad.（ビルは同僚を悪者に仕立て上げることで、彼らに恥をかかせるのを楽しんでいるようだ）

■ shame ▶▶▶ネイティブイメージ 「屈辱を与える」

「恥ずかしい思いをさせる」「…が恥じて…するようにさせる」「…の面目をつぶす」など、ただ恥ずかしい思いをさせるだけでなく、それで相手の名誉も傷つけるような意味で用いる。Shame on you!（この恥知らず！ みっともない）, shame someone into...（人を辱めて…させる）, shame someone out of...（人を辱めて…をやめさせる）などの表現がある。

shame someone（人に恥をかかす）

◆ 用例

☐ When our boss was caught embezzling money, it *shamed* us all.
（上司が横領で捕まり、私たちの面目は丸つぶれとなった）

☐ Our president *shamed* us at an international conference with his ridiculous speech.
（社長は国際会議でバカげたスピーチをして、私たちに恥ずかしい思いをさせた）

14. 困らせる　|　distress / embarrass / humiliate / shame

👍 Native Speakers Say It This Way! ネイティブはこう使い分ける！

1. It _____ me to see you invest so much money in a business with so little potential.

distressed	embarrassed	humiliated	shamed
◎	×	×	×

　distress は、「苦しむ」「胸が痛む」など内面的に悩む場合に使う動詞だ。
　例文の It distresses me to see you...（あなたが…するのを見ると、私は胸が痛い）はよく耳にする言い方。これは「あなたの行動に悩まされている」と冷静に伝える意味の表現だ。
　自分が被害を受けたことよりも、人が何かをしたことに対する困惑を指す場合が多い。この例文は、ほぼ言いまわし通りの使い方だ。
　It *distresses* me to see you cry.（あなたが泣くのを見ると私は胸が傷む）や、It *distresses* me to see you so upset.（あなたがそんなにうろたえているのを見ると私は胸が痛む）のような言い方で、相手に対する同情を示す。
　embarrass と shame は文法的に間違いではないが、すっと意味が通らない。そのためここでは distress のみが適切となった。

⇨ It *distressed* me to see you invest so much money in a business with so little potential.
（あなたが将来性に乏しいビジネスに、それほど多額に投資しているのは、見ていてとても辛かった）

---

2. I fell off the stage and _____ myself.

distressed	embarrassed	humiliated	shamed
×	○	◎	×

　動詞のあとに oneself があることから、言いまわしが推測できる。
　選択肢の動詞には distress oneself（悩む）, embarrass oneself（きまり悪くなる）, humiliate oneself（恥をかく）などの言いまわしがある。shame は bring shame on oneself で「面目をつぶす」となる。

fell down the stairs（階段を落ちて）に続く文のため、意味的にまず distress oneself は除外される。

「階段を落ちて→恥ずかしい」ならば自然なため、humiliate oneself の言いまわしが最適となる。She *humiliated* herself in front of so many people.（彼女はとてもたくさんの人の前で恥をかいた）と言えば、humiliate oneself のニュアンスが伝わるだろう。

⇨ I fell off the stage and *humiliated* myself.（私は舞台から落ちて恥をかいた）

3. How could you _____ me like that? I thought you were my friend.

distress	embarrass	humiliate	shame
×	◎	◎	―

一見、似た意味に聞こえる embarrass と humiliate だが、「悪意の有無」でニュアンスが異なる。相手が自分に悪意をいだいている場合、humiliate me とよく言う。「私に屈辱を与える、恥をかかせる、嫌な思いをさせる」など、ネガティブなニュアンスを含む。

一方 embarrass me は、ネガティブな意図があるかどうかはわからない。悪意なく「私を困らせる、邪魔する」という場合もあり、意図的ではない可能性もある。

この例文でも、How could you *embarrass* me?（どうして私を困らせるの？）なら、悪意のない相手の行為に困っているようにも聞こえるが、How could you *humiliate* me?（どうして私に恥をかかせるの？）は、相手の悪意ある行為に怒っているように聞こえる。

shame は「辱めて…させる」の意味で用いることが多い動詞で、**Shame on you!** ならば「恥を知れ！」だが、How could you *shame* me? はあまり聞かない。

そのためこの例文では、embarrass と humiliate の両方をあてはめることが可能となる。

⇨ **How could you *embarrass / humiliate* me like that? I thought you were my friend.**
（どうして私をあんな風に困らせるの／恥をかかせるの？ あなたは私の友だちだと思っていたのに）

14. 困らせる | distress / embarrass / humiliate / shame

4. My boss _____ me into getting my hair cut.

distressed	embarrassed	humiliated	shamed
×	×	—	◎

　この選択肢では、shame がいちばん複雑な動詞だ。shame のおもな使い方は、次の３つになる。
　① 侮辱することで人を動かす。shame someone into...（人を辱めて…させる）の言いまわしのように、My teacher *shamed* me into studying harder.（私の先生は私を辱めて一生懸命勉強させた）と使うことができる。
　② 身内の行為によって恥ずかしい思いをする。Our Olympic team *shamed* the entire country.（我が国のオリンピックチームは国全体を辱めた）は、チームがやった行ないで国全体が恥ずかしい思いをするという意味だ。Our Olympic team put the entire country to shame. も、同じ意味になる。
　③ 優れていることを見せつけて面目をつぶす、名誉を傷つける。put someone to shame は、②と同じく「…に恥ずかしい思いをさせる」という意味があるほか、もう１つ「…の面目をつぶす」の意味でも使われる。この shame は名詞用法だが、Mariko has only been working here for a year, but she puts us to *shame*.（マリコはここで１年間しか働いていないが、彼女はわれわれの面目をつぶす［彼女のおかげでわれわれの面目は丸つぶれだ］）は、マリコがあまりに優秀なため、ほかのスタッフの面目が立たないという意味だ。
　ちなみに③の言いまわしは、上の立場の人が下の立場の者への褒め言葉として使うこともある。I've been here for five years, and you've been here for a week, but you put me to *shame*.（私は５年間ここにいる。君はまだ１週間なのに、私を負かしているよ）と相手を立てる表現となり、非常に謙遜した言い方に聞こえる。
　このように shame は状況によって異なるニュアンスを持つため、前後関係から意味を判断しなければならない。
　この例文では、①の shame someone into...（人を辱めて…をさせる）の言いまわしを使うと、意味が通る。受身形で、I was *shamed* into studying.（私は恥じて勉強するようになった）のように言うこともできる。

⇨ My boss *shamed* me into getting my hair cut.
　（上司は私を辱めて髪を切らせた）

15
怖がらせる

frighten / intimidate / scare / terrify

▶▶▶ここに挙げた動詞の過去分詞形の frightened, intimidated, scared, terrified は、形容詞としてもよく使われている。動詞としても形容詞としてもよく耳にするが、日本人にはその使い分けがむずかしいかもしれない。「ネイティブの英語感覚」がよく現われている単語選びとも言える。ぜひ挑戦してみてほしい。

■ frighten   ▶▶▶ネイティブイメージ「ギョッとさせる」

「怖がらせる」「ギョッとさせる」「脅して…させる」など、突如として恐怖心を起こさせる表現。「怖がらせる」の意味ではもっとも一般的な語で、さまざまな度合いの脅しに使える。scare よりもやや口語的な表現。frightened by a snake（蛇に驚く）, frighten someone into submission（…を脅してしたがわせる）, frighten someone out of his wits（…を震え上がらせる）などの言いまわしがある。

frighten someone（人を驚かす）

◆ 用例

☐ I think we *frightened* him by the size of the project.
（その企画の大きさで彼をギョッとさせたと思う）

☐ The sailors were *frightened* by the dark skies.
（船乗りたちは暗い空におびえた）

We googled it for you! 検索エンジンで調べると…

"＿＿＿ by the noise"（騒音に○○する）と、"＿＿＿ by the snake"（蛇に○○する）の相反する2つの表現で、ヒット数を調べた。いずれも frightened がもっとも多いの

15. 怖がらせる | frighten / intimidate / scare / terrify

は納得の結果だ。しかし、騒音に対して2番目に多いintimidateが、蛇に対してはほとんど使われないのは興味深い。

検索ワード	ヒット数	検索ワード	ヒット数
"frightened by the noise"	1,880,000	"frightened by the snake"	722,000
"intimidated by the noise"	1,500,000	"intimidated by the snake"	8
"scared by the noise"	1,480,000	"scared by the snake"	367,000
"terrified by the noise"	708,000	"terrified by the snake"	183,000

■ intimidate ▶▶▶ ネイティブイメージ「脅して怖がらせる」

「(脅しで人を)怖がらせる」「(脅かして人に…を)強要する」「(才能や富などで人に)怖れをいだかせる」などの意味がある。おそろしさからではなく、脅迫のように、何かに脅かされておびえる場合に用いる表現。be intimidated by my boss（上司におびえる）, intimidate an employee（従業員を恫喝する）, intimidate one's rivals（ライバルを脅かす）などの言いまわしがある。

intimidate one's employees
（従業員を怖がらせる）

◆ 用例

☐ The baseball players were *intimidated* by their voice of the coach.
（野球選手たちはコーチの声におびえた）

☐ My boss likes to *intimidate* his subordinates with his angry voice.
（上司は怒声で部下を怖がらせるのが好きだ）

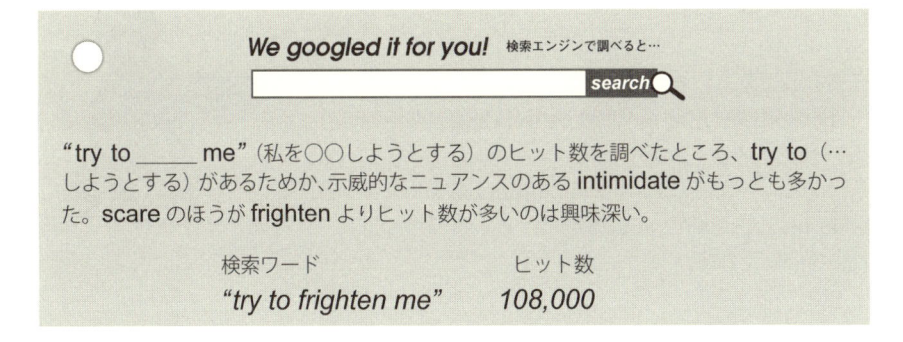

We googled it for you! 検索エンジンで調べると…

"try to ___ me"（私を〇〇しようとする）のヒット数を調べたところ、try to（…しようとする）があるためか、示威的なニュアンスのあるintimidateがもっとも多かった。scareのほうがfrightenよりヒット数が多いのは興味深い。

検索ワード	ヒット数
"try to frighten me"	108,000

"try to intimidate me"	315,000
"try to scare me"	220,000
"try to terrify me"	4,280

■ scare　▶▶▶ネイティブイメージ「おびえさせる」

「怖がらせる」「怖がらせて（…の状態に）する」「脅して追い払う」などの意味がある。突然おびえさせたり、怖がらせたりする表現。恐怖心に対して用いる。be scared by a ghost（幽霊におびえる），scare the audience（観客を怖がらせる）などの言いまわしがある。また、scare easily（すぐに恐がる［怖がりである］）のように自動詞として「怖がる」という意味にもなる。

scare someone（人をおどかす）

◆ 用例
- □ I think the loud music may actually *scare* away customers.
  （大音量で音楽をかけることで、実際は、逆にお客を遠ざけてしまっているのかもしれない）
- □ A huge earthquake *scared* me out of bed.
  （巨大地震に仰天して、私はベッドからはい出した）

■ terrify　▶▶▶ネイティブイメージ「口もきけなくなるほど驚かせる」

「おそれさせる」「怖がらせて…させる」などの意味がある。自制心を失うほどの恐怖を与えるといった、かなり強い意味合いを持つ動詞。恐怖のあまり、口もきけなくなるほど驚いたような時に用いる。be terrified by a mugger（強盗に脅される），terrify someone into...（人を脅かして…させる），terrify someone with tales of...（…の話で人を怖がらせる）などの言いまわしがある。

terrify someone（人を脅す）

15. 怖がらせる | frighten / intimidate / scare / terrify

◆ 用例

☐ The poor cat was *terrified* by a pack of dogs.
（その可哀想なネコは犬の群れに怯えていた）

☐ ABC is trying to *terrify* us into withdrawing from the market.
（ABC 社はわれわれを脅かして市場から引きあげさせようとしている）

👍 Native Speakers Say It This Way! ネイティブはこう使い分ける！

1. I was _____ by the possibility of losing my entire investment.

frightened	intimidated	scared	terrified
◎	×	〇	◎

　frighten は選択肢の中では比較的冷静な言いまわしになる。**Stop intimidating me! / Stop scaring me! / Stop terrifying me!** は、すべて「**脅かさないで！**」の言いまわしとしてよく聞く。突然驚かされて、びっくりした時の応答だ。

　一方、Stop frightening me! はあまり聞かない。たとえば The rabbit was frightened by the loud sound.（ウサギは大きな音に驚かされた）のように、自分ではないものが驚いている様子は表現することがあるが、自分が「主」となる場合に使うと不自然になる。

　時事用語のように、**客観的にほかの物事を解説する際**、frighten はよく使われる。たとえば、The Labour Party was accused of trying to *frighten* the Scots who want independence.（労働党は独立を求めるスコットランド人たちを脅そうとして非難された）などと報道ではいう。さらに、frighten は「怖がらせる」の意味でいちばんよく使われる動詞でもあるため、この例文でもネイティブは最適と判断した。

　もう 1 つ最適となった terrify は、**かなり強い衝撃を受けた際**に用いる動詞だ。しかも**意図的な悪意がありながら、長時間にわたって人を脅かすような**ニュアンスがある。I was *terrified* by the dismal state of affairs.（私はその惨状に恐怖を感じた）なら、そのイメージが伝わるだろう。

　例文を、「全財産を失うかもしれないという可能性に相当なショックを受けた」と考えれば、terrify も適切だ。

scare は「恐い」というより、「おびえる」ニュアンスのほうが強い。そのため、「全財産を失ったらどうしよう」という意味だと考えれば、scare でもいいだろう。

⇨ I was *frightened / terrified* by the possibility of losing my entire investment.
（全投資を失うという可能性に私はおののいた）

---

2. I was _____ by the pushy salesman.

frightened	intimidated	scared	terrified
△	◎	△	△

intimidate はただ驚いて怖がるのではなく、**驚かす人間の人としての大きさ（度量）や強さに「ビビる」ニュアンス**もほのめかす。そのため、**動物に対してはまず使わない**。
　The boy was frightened / scared / terrified by the snake.（少年は蛇におびえた）は自然だが、I was intimidated by the snake. は、少し不自然に聞こえる。
　形容詞的に使われる、His size was *intimidating.* = He was really big.（彼の大きさは恐いほどだ＝彼はとても大きかった）や、Her eyes are *intimidating.* = She looks at people right in the eye.（彼女の目は恐い＝彼女は人を凝視する）などの例文を考えれば、イメージしやすいだろう。intimidate the opposition into silence（反対派を恫喝して黙らせる）, intimidate someone into lying（人を脅してうそをつかせる）のように、intimidate は人に対して使うことがほとんどだ。
　例文も、pushy salesman（押し売り）の気迫に脅されたと考えられるため、intimidate が最適となる。選択肢のほかの動詞に、「脅す」というニュアンスはない。

⇨ I was *intimidated* by the pushy salesman.
（営業マンの押しの強さに、及び腰になった）

---

3. I'm not _____ of uncertainty, but I am scared of stupidity.

frightened	intimidated	scared	terrified
△	×	◎	×

scare は、**瞬間的な恐怖**を表わす。そのため**長く持続せず、すぐにその恐怖が終わ**

15. 怖がらせる | frighten / intimidate / scare / terrify

る場合に使うことが多い。蛇や雷のように、一時的に恐怖を感じる表現には最適だ。そのため子供はよく、Mommy, I'm *scared*.（お母さん、恐いよ）などと言う。

　be scared of... には「…を怖がる」という意味があり、be scared of dogs（犬が恐い）, be scared of heights（高い所が恐い）, be scared of making a speech（演説をするのが恐い）など、一般的な表現としてよく使う。例文でも空所のあとに of があるため、be scared of の句動詞が最適となる。さらに scare off ならば、The ugly sign *scared* off customers.（不快な看板が客を寄せつけなかった）となり、「…を（怖がらせて）追い払う」という意味にもなる。

　frighten の場合も、be frightened of... で「…を（いつも）怖がる」という意味を表せるが、それほど一般的ではないため、ネイティブは△と判断したようだ。

⇨ I'm not *scared* of uncertainty, but I am scared of stupidity.
　（私は不確かなものを怖がりはしないが、愚行をおそれる）

---

4. It _____ me to think about that dangerous factory.

frightens	intimidates	scares	terrifies
○	×	◎	△

　terrify は悪意を持って「怖がらせる」場合に使うが、frighten / intimidate / scare は、相手に悪意がなくても使える。

　恐怖のレベルでは terrify がいちばん高いが、really *scared* とすれば、それと同程度に聞こえる。I'm really *scared* of dogs. = I'm terrified of dogs. で、ともに「私は犬がものすごく恐い」と、ひどく恐怖を感じている様子を表わせる。

　It scares me to think about that... は比較的よく耳にする言いまわしで、「…を考えると恐くなる」という意味だ。that のあとに何も続けず、前文を受けて「それを考えると恐くなる」と言い切ることもよくある。例文はまさにこの言いまわしで、この場合の it は that 以下を受けて「あの危険な工場のことを考えると恐くなる」となる。特別なニュアンスもなく、ただ「恐くなる」という表現なので、もっとも一般的な frighten を使うことも可能だ。

⇨ It *scares* me to think about that dangerous factory.
　（あの危険な工場のことを考えると恐くなる）

16
させる

force / get / have / let / make

▶▶▶使役動詞を苦手とする日本人は多い。それは日本語の「…させる」に相当する英語が複数あり、それぞれどう使い分けるかが把握できていないためだと考えられる。今回は代表的な使役動詞を取り上げ、それぞれのニュアンスを比較しよう。

■ force　▶▶▶ネイティブイメージ「かなり強引に…させる」

「(人に) 強いて…させる」「むりに追いやる」「押しつける」などの意味がある。かなり強引に物事を進めたり、人に強要するイメージの語となる。[force ＋目的語＋ to 不定詞] で「強いて…させる」「…することを余儀なくさせる」、[be forced ＋ to 不定詞] で「…せざるをえない」などと使う。

force someone to resign
(むりやり辞任させる)

◆ 用例

□ Legally, my boss can't *force* me to work on Sunday. (法律上、上司は日曜に私を働かせることはできない)

□ If you do not respond today, we will be *forced* to take legal action.
(本日中にお返事いただけないと、弊社としては法的な処置を取らざるをえません)

We googled it for you! 検索エンジンで調べると…

search

"＿＿＿him to quit"(彼に辞めることを○○する) と、"＿＿＿him to join"(彼に加わるよう○○する) の相反する言いまわしでのヒット数を調べた。quit の場合 let, get, force, have, make の順に、join の場合 make, get, let, have, force の順になった。見事なほど逆の結果になったが、ここからネイティブのニュアンスがつかめるはずだ。

16. させる　｜　force / get / have / let / make

検索ワード	ヒット数	検索ワード	ヒット数
"force him to quit"	758,000	"force him to join"	775,000
"get him to quit"	933,000	"get him to join"	2,430,000
"have him quit"	413,000	"have him join"	1,390,000
"let him quit"	1,240,000	"let him join"	2,260,000
"make him quit"	322,000	"make him join"	8,840,000

*have him quit は「辞めさせる」の意味のほかに、I trained him just to have him quit. のように、「辞めてしまって困る」という意味もある。

■get　▶▶▶ネイティブイメージ 「何かをしてもらう」

「受け取る」「身につける」「…させる」「…される」「勧めて（人に）…させる」などの意味がある。特に強制的なニュアンスがないため、使役動詞としてさまざまな文脈で使える。[get＋目的語＋to 不定詞] で「…させる」、[get＋目的語＋過去分詞] で「…してもらう」の意味になる。

get some new clothes
（新しい洋服を買う）

◆ 用例

☐ I *got* my boss to give me a free ticket to the exhibition.（上司から展覧会の無料チケットをもらった）
☐ We *got* the client to say yes by lowering the price.
　（価格を下げることで、顧客の首を縦に振らせることができた）

■have　▶▶▶ネイティブイメージ 「するように仕向ける」

「持っている」「手に入れる」「…する」「…させる」などの意味がある。make ほど強くない強制で、「…するという状況を作る」「…するように仕向ける」というイメージを与える。[have＋目的語＋動詞の原形（現在分詞）] で、動詞

have someone call（人に電話させる）

を入れかえて幅広い表現ができる。また［have＋目的語＋過去分詞］で、「（頼んで）…してもらう」「…された」の言いまわしにもなる。下の者に命じるような、「上から目線」の言い方に聞こえる。

◆ 用例

□ I'll *have* Mr. Sato call you as soon as he returns.
（戻り次第、佐藤に電話させるようにいたします）

□ Let's *have* our clients send us a report on their current investments.
（顧客に現在の投資に関する報告書を送ってもらいましょう）

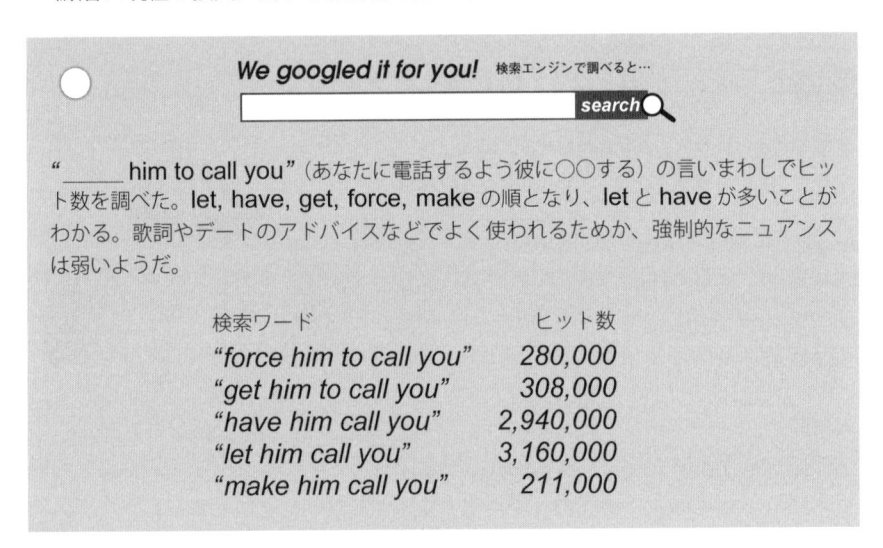

We googled it for you! 検索エンジンで調べると…

"＿＿＿ him to call you"（あなたに電話するよう彼に○○する）の言いまわしでヒット数を調べた。let, have, get, force, make の順となり、let と have が多いことがわかる。歌詞やデートのアドバイスなどでよく使われるためか、強制的なニュアンスは弱いようだ。

検索ワード	ヒット数
"force him to call you"	280,000
"get him to call you"	308,000
"have him call you"	2,940,000
"let him call you"	3,160,000
"make him call you"	211,000

■ let ▶▶▶ ネイティブイメージ「させてあげる」

「…しよう」「…させる」などの意味がある。［let＋目的語＋動詞の原形］で、「（目的語）に…させる」の言いまわしとなる。強制的な意味合いはなく、「本人の希望に応じて」、もしくは「…を許して」というニュアンスがある。

◆ 用例

□ My boss *let* me have a long vacation this year.（上司は今年私に長期休暇を取

let a child come（子供を来させる）

16. させる　｜　force / get / have / let / make

らせてくれた）
☐ We can *let* you have a 15 percent discount on your first purchase.
（はじめてのご購入であれば、15％割引きさせていただきます）

■ make　▶▶▶ ネイティブイメージ「嫌がっても強制的にやらせる」

「作る」「生じさせる」「…になる」「…させる」などの意味がある。[make＋目的語＋動詞の原形]で「(目的語) に…させる」、[make＋目的語＋形容詞]で「(目的語) を…(の状態) にさせる」の言いまわしとなる。強制的なニュアンスが強い。

◆ 用例

☐ His passionate speech made me *make* a stupid decision.
（彼の情熱的な演説が私に愚かな判断をさせた）

make someone work harder
（人をもっと一生懸命働かせる）

☐ My manager *made* me take his clothes to the cleaner's. I'm not his slave!
（部長が私に自分の服をクリーニング屋に持って行かせた。私は彼の奴隷じゃないのに！）

👍 Native Speakers Say It This Way! ネイティブはこう使い分ける！

1. I wanted to study history, but my parents _____ me [to] study law.

forced...to	got...to	had	let	made...to
◎	△	△	×	◎

　force は人だけでなく、物質に対しても使うことが多い。I *forced* open the door.（私はドアをこじ開けた）のように、「むりに…させる」「強引に…させる」という強制的な意味合いを含む。

111

force と make はほぼ同じようなニュアンスの使役動詞だが、force のほうがより強制的な意味合いが強く、暴力的にも聞こえる。そのため、force = physical force（物理的な力、ちから技）と想像するネイティブもいるだろう。**力の強い者が腕力にものを言わせ、強制的に何かをやらせるイメージだ。**

make にも強制的なニュアンスはあるが、force のような「物理的な力」ではなく、**嫌がってもやらせるような「精神的」なイメージだ。**

例文は、力関係的に上の立場である親が、子供にむりやり、法律を勉強させたという文脈になる。「強引に…させる」のニュアンスがあるのは、選択肢で force と make だ。**force なら力ずくで、make なら有無を言わせず強制的に、というイメージ**になる。

ほかに get や have でも「…させる」の意味にはなるが、強引な感じが表現されず、それゆえに少し不自然な文になる。

⇨ **I wanted to study history, but my parents *forced me to* / *made me* study law.** (私は歴史を勉強したかったが、両親は私に強引に法律を勉強させた)

---

2. How can we _____ Mr. Smith to come to the opening ceremony?

force	get	have	let	make
△	◎	×	×	×

get で使役を表わす場合、**目的語のあとは動詞の原形ではなく、to 不定詞が来る。**例文は目的語のあとに to 不定詞があるため、あてはまるのは get か force のみとなる。

get someone to... は、get someone into a position where he would agree to と同意であり、「**承諾させる**」の省略形だと考えられる。たとえば、**I *got* him to agree to go to the hospital.**（私は彼に、病院へ行くことを承諾させた）= **I *got* him to go to the hospital.**（私は彼を病院に行かせた）となる。

偉い人に対して We *got* the president to agree.（私たちは社長の合意を取りつけた）とは言うが、I got the waitress to bring me a cup of coffee. とは、まず言わない。**get someone to...** は「立場的に上の人に対して、何かを承諾させる」際に使うことが多いといえる。

I *got* the doctor to come.（私は医者に来てもらった）や **I *got* my teacher to check the letter.**（私は先生に手紙を確認してもらった）なら、医者や先生を承諾

させ、何かしてもらうという表現になる。

　例文は、「スミスさんをどう承諾させて開会式に来させるか」と解釈すれば自然だ。選択肢でその意味を持つ動詞は get しかない。

　文法的には force を入れることも可能だが、「力ずくで 開会式に来させる」イメージになり、少し違和感を覚える。そのため△となった。

⇨ How can we ***get*** Mr. Smith to come to the opening ceremony?
　（どうやったらスミスさんを開会式に来させられるだろうか）

---

3. Don't worry about that. I'll ＿＿＿＿ my secretary [to] do it.

force...to	get...to	have	let	make...to
△	○	◎	×	△

　have は上下関係にかかわらず、「…させる」の意味で使える動詞だ。I'll ***have*** my boss do it.（私は上司にそれをしてもらうつもりだ）と目上の人に対しても特に問題なく言えるので、幅広く使われている。

　I'll ***have*** someone fix it.（誰かにそれを修理させよう）や、I'll ***have*** my friend help me.（友人に手伝わせよう）のように、目的語を選ばずに気軽に使える。

　have と get の違いは、get は前提として「今は反対している」ことだ。I'll ***get*** him to fix it. は「彼は今やりたくないだろうが、彼にうんと言わせて修理させますよ」というニュアンスになる。一方、have はそのようなニュアンスもなく、比較的自由に使える。

　例文は、「…させる」のもっとも一般的な使い方のため、have はもちろん OK だ。get を使って、今は嫌がっている秘書にやらせてもいいだろう。

　しかし、force だとかなり力ずくに聞こえ、また make だと強制的なイメージが強いため、文脈的に△となる。

⇨ Don't worry about that. I'll ***have*** my secretary do it.
　（そのことは心配しないで。秘書にやらせるつもりです）

4. If you can work on Saturday, I'll _____ you take Friday off.

force	get	have	let	make
×	×	△	◎	×

let は相手が何かをやりたい時、「…するのを許す」という意味で使う動詞だ。そのため、I'll *let* you go to the party.（君をパーティに行かせてあげよう）とは言うが、I'll let you clean the bathrooms.（トイレ掃除をさせてあげよう）のような言い方は不自然に聞こえる。

また、let は上の立場の人が下の人に対して使うため、親が I'll *let* you watch one hour of TV.（1時間テレビを見せてあげます）と何かを許可したり、年長者が I'll *let* you have this for only 20 dollars.（たった20ドルでこれをゆずってあげよう）と言うなら自然だ。

例文は、金曜日に休みたいという希望に対し、「土曜日に働けるならそれを許そう」という文脈のため、let が最適となる。

ほかに「…するのを許す」というニュアンスを持つ動詞はないが、もっとも一般的な have なら使えなくもない。しかし、△程度だろう。

⇨ **If you can work on Saturday, I'll *let* you take Friday off.**
（もし土曜日に働けるなら、金曜日に休みを取らせてあげよう）

---

5. My boss _____ me [to] work overtime today.

forced...to	got...to	had	let	made
◎	△	○	×	○

make は幅広い意味で使えるが、特に「嫌なことをさせる」場合に使う。嫌がっても強制的にやらせるようなニュアンスがあるものの、力ずくのイメージがある force に比べれば軽い。

He *forced* me to rob a bank.（彼は強引に銀行強盗をやらせた）は自然だが、He made me rob a bank. は、make にはそこまでの強制的ニュアンスがないため、不自然に聞こえる。

My boss made me work overtime. だと意味は通じるものの、上司が過剰に圧力をかけたようには感じられない。しかし、My boss *forced* me to work overtime.

なら、本人は相当なプレッシャーをかけられたのが伝わる。

　文脈から、例文は「押しつけた」ニュアンスが強く出る force が最適となる。make も使えるが、強制力は弱くなる。get でも上からものを言うような感じはあるが、少し物足りない感じがする。

　また、have だと意味的には「残業をさせた」となり、強制力はさほど感じない一般的な使役表現となる。意味的に問題ないが、選択肢に最適となる force があるので、○となった。

⇨ **My boss *forced* me to work overtime today.**
　（今日、上司は私に残業を押しつけた）

17
刺激する / 刺激を与える

agitate / arouse / excite / inspire / stimulate

▶▶▶ネイティブは、「刺激」の種類や性質により、動詞を使い分けている。つまり、ただ「刺激を与える」だけなのか、それとも刺激して「興奮させる」のか、また刺激を与えることで「何か行動を促す」のか、その理由により用いる動詞が変わるのだ。

■ agitate ▶▶▶ネイティブイメージ「かき回す」

「突き刺す」のではなく、大きく「かき回す」「かき乱す」タイプの「刺激」を与えるのが、この agitate だ。

いわゆる「学生運動」が盛んだった頃、「扇動する」の意味で「アジる」という日本語が使われていた。この agitate は自動詞の場合、「扇動する」「(政治) 運動をする」という意味を表わす。また他動詞の場合、風や液体を「かき回す」、問題を「論議する」などの意味もあり、agitate oneself（いらいらする、やきもきする）のように、「(人の心を) かき乱す・動揺させる」という表現もできる。

The noise agitated me.
（騒音が心をかき乱す）

◆ 用例

□ The noise from the construction site *agitated* the baby.
（建設現場で出される騒音で、赤ちゃんは落ち着かなかった）
＊「心を乱す」というニュアンス。

□ Do not forget to *agitate* the contents of the flask.
（フラスコの中身を混ぜるのを忘れないように）
＊こちらは「液体をかき回す」というニュアンス。

17. 刺激する / 刺激を与える　｜　agitate / arouse / excite / inspire / stimulate

We googled it for you! 検索エンジンで調べると…

"It doesn't ＿＿＿ me." の形で各選択肢のヒット数を検索してみると、excite と inspire にほぼ二分された。「1人の人物」に対する「刺激」を表わす場合、このどちらかの動詞を使うことが多いようだ。

検索ワード	ヒット数
"It doesn't agitate me."	6,730
"It doesn't arouse me."	37,700
"It doesn't excite me."	833,000
"It doesn't inspire me."	629,000
"It doesn't stimulate me."	23,000

■ arouse　▶▶▶ ネイティブイメージ「刺激して行動に駆り立てる」

「(人を)目覚めさせる」「(好奇心を)刺激する」「(人を行動に)駆り立てる」などの意味を表わす動詞。「眠っていた状態から行動を呼び起こす」ようなニュアンスを持つ。

　arouse one's attention（…の注意を喚起する）, arouse one's interest（…の興味を起こさせる）など、attention や interest, emotion などの「感情」を目的語に取ることも可能だ。

arouse the crowd（群衆を熱狂させる）

◆ 用例

□ The candidate's speech *aroused* the crowd.
　（候補者のスピーチは、群衆を熱狂させた）
□ Marilyn *aroused* men with her irresistible sex appeal.
　（マリリンは悩殺的な魅力で男性たちを刺激した）
　＊このように、arouse は「性欲を刺激する」というニュアンスで使われる場合もある。

We googled it for you! 検索エンジンで調べると…

「興味（interest）をかき立てる」という場合、arouse が使われることが多い。agitate が使われることは、まずないと言っていい。

検索ワード	ヒット数
"it agitated my interest"	0
"it aroused my interest"	25,100
"it excited my interest"	21,700
"it inspired my interest"	23,200
"it stimulated my interest"	12,100

■ excite　▶▶▶ネイティブイメージ「興奮させる」

excite oneself（興奮する）, excite the crowd（群衆を興奮させる）の言いまわしがあるように、「（人や物を）興奮させる」「（感情を）かき立てる」「（暴動を）引き起こす」などの意味を持つ動詞。

stimulate と比べると、より強く「感情的な反応を引き起こす」イメージ。働きかける人物や物のエネルギーをさらに高めるような行為を示す。

excite the crowd with one's performance
（演技によって観衆を興奮させる）

◆ 用例

☐ Steve's announcement *excited* all his fans.
　（スティーブによる声明は、ファンたちを興奮させた）

☐ The noise *excited* the dogs and made them bark all night.
　（その騒音によって、犬たちは興奮してしまい、一晩中吠えた）

■ inspire　▶▶▶ネイティブイメージ「励まして何かをさせる」

inspire awe in...（…に対して畏怖の念を呼び起こす）, inspire with confidence（自信がわく）のように、「人の心」に刺激を与えて、「何か具体的な行動を促す」ニュ

17. 刺激する / 刺激を与える　｜　agitate / arouse / excite / inspire / stimulate

アンスを持つ。そのため、以下の2つの用例のように［inspire ＋ 人 ＋ to do］という構文で用いられることが多い。
「(人を) 鼓舞する、激励する、発奮させる」「(感情を) 起こさせる」などの意味で用いられる。

◆ 用例

□ The movie *inspired* the students to do their best.
（その映画は生徒に最善を尽くすことをあと押しした［ベストを尽くすことの大切さを教えてくれた］）

□ His music *inspired* me to become a musician.
（彼の音楽に刺激されて、私は音楽を始めた）

inspire one to become a musician
（発奮してミュージシャンになる気を起こさせる）

■ stimulate　▶▶▶ネイティブイメージ「刺激する」

stimulus「刺激」の動詞形で、「刺激する」「激励する」「鼓舞する」などの意味がある。
心理学に、「刺激」に対して「反応」が起こる stimulus-response theory「刺激反応理論」があるが、stimulate は刺激に対する何らかの「反応」を前提とした表現。
刺激を与えた結果、何らかの「行動」を起こしたり、「興味」や「関心」を引き起こしたり、あるいは刺激によって「活気づける」という意味を表わす。stimulate one's interest（…の興味を刺激する）, stimulate one's curiosity（…の好奇心を刺激する）などのコロケーションがよく用いられる。

stimulate one's curiosity
（好奇心を刺激する）

◆ 用例

□ The chemical *stimulated* an unexpected response from the subjects.
（その化学物質は、被験者の予想もしない反応を引き起こした［その化学薬品を投与された被験者は、予想外の反応を示した］）
＊ stimulate a response で「（刺激によって）反応を引き起こす」という意味になる。

□ The economy was *stimulated* by a drop in interest rates.
（景気は金利の下落に刺激された［金利が下がったおかげで、景気が活性化した］）

👍 Native Speakers Say It This Way! ネイティブはこう使い分ける！

1. The popular rock band _____ the crowd of young fans.

agitated	aroused	excited	inspired	stimulated
△	○	◎	○	○

　選択肢の動詞は、いずれもあてはめることが可能だ。なかでも excite は幅広く使える語で、**相手の精神状態を刺激して活発にさせる行為**をいい、**ポジティブな意味での刺激**を指す。例文も「人気のロックバンドがファンの若者たちを興奮させた」となり、意味もスムーズに通る。

　excite は、I'm so *excited*!（ワクワクしている）のように、動詞より形容詞で使われることが多い語だ。そのため He excited me! はどことなく不自然だが、He got me *excited*.（彼は私を興奮させた）なら自然に聞こえる。

　動詞の excite は、The announcement *excited* the participants.（その発表は参加者らを興奮させた）のように、客観的な意味で使われることが多い。

　arouse / inspire / stimulate はいずれも文法的に問題なく、意味的にも自然だ。

　arouse だと、aroused the excited crowd（興奮した群衆を熱狂させる）の言いまわしもあり、「（人を行動に）駆り立てる」イメージがある。

　inspire があとに to 不定詞を取らず、ただ「人」を目的語とする他動詞として使われた場合、「（人を）鼓舞する」「激励する」「発奮させる」という意味になる。ここでは「ファンの若者たちを鼓舞した」となり、意味的にも自然だ。

　また stimulate だと、「刺激する」「活気づける」「激励する」「鼓舞する」など、対象を刺激して活気づけるイメージになる。stimulate でも違和感はない。

　しかし日本語の「エキサイトさせる」と同じイメージで、文脈的にもぴったりなのは excite だ。excite に比べると、arouse や inspire, stimulate は少し弱い。そのためネイティブは excite を ◎ と、arouse / inspire / stimulate を ○ と判断した。

⇨ **The popular rock band *excited* the crowd of young fans.**
　（人気のロックバンドがファンの若者たちを興奮させた）

17. 刺激する / 刺激を与える　｜　agitate / arouse / excite / inspire / stimulate

2. I was _____ by her tremendous rag-to-riches story.

agitated	aroused	excited	inspired	stimulated
×	△	△	◎	△

　inspire を受身で使うと「触発された」となり、**ほかから刺激を受けて感動し、それによって自分も何か行動を起こすようなイメージ**になる。そのため、この例文で inspire を用いると、「貧乏から大金持ちになったという彼女のシンデレラストーリーを聞いて発奮し、自分もがんばろうと思った」という意味になる。
　I was ***inspired*** by her to start my own company.（私は彼女に触発され自分の会社を興すことにした）、I was ***inspired*** by the beautiful scenery to write a poem.（私はその美しい景色に触発され、詩を書いた）のように、「触発された結果、起こす行動」は、to 不定詞で表わすことも可能である。
　inspire 以外に、arouse / excite / stimulate も意味的に通じなくはない。とてつもない話に対し、arouse なら「（刺激され）目覚めた」、excite なら「興奮した」、stimulate なら「刺激された」というイメージだろう。
　しかし、単に「興奮した」「刺激された」というよりは、**触発され、自分もがんばって彼女のような大金持ちになろうと思った**」という文のほうが、「ありそうな話」に聞こえるはず。文脈としての自然な流れから、ネイティブは inspire を◎と、excite と stimulate を△と判断した。

⇨ I was ***inspired*** by her tremendous rag-to-riches story.
　（無一文から大金持ちになったという彼女のとてつもない話に、私は触発された［彼女の話に刺激を受け、自分もがんばろうと思った］）

---

3. The movie star was _____ by the reporter's personal questions.

agitated	aroused	excited	inspired	stimulated
◎	△	×	×	×

　ネイティブにとって、agitate はおもに 2 つのイメージだ。
　1 つは、That noise really ***agitates*** me.（その音はすごくいらいらさせる）のように、「いらいらする」つまり「神経をかき乱す」の意味。もう 1 つは、This material needs to be ***agitated*** once every 15 minutes.（この物質は 15 分に 1 度か

121

き回す必要がある）で、何かの物質を「かき回す」イメージだ。

　personal questions とは、「プライベートに関する質問」「立ち入った質問」のこと。そんな質問をされても、「鼓舞」や「興奮」、「触発」されたりすることはまずないだろう。そのため、excite / inspire / stimulate は、いずれも状況にそぐわないので、どのネイティブも選択しなかった。arouse は意味が通らなくもないが、不自然に聞こえる。

　ここでの「刺激」は、「悪い意味での刺激」、つまり**「人を動揺させるような刺激」**である。選択肢の中で、「動揺させる」という意味を持つ動詞は、agitate のみである。

　agitate は、どちらかというとネガティブな意味で使われることの多い動詞。「煽る」というニュアンスが強く、「人の気持ちを動揺させる」「人の心をかき乱す」など、**「自分の行動に他人を巻き込む」**ようなイメージになる。

⇨ The movie star was *agitated* by the reporter's personal questions.
　（レポーターに立ち入った質問をされ、その映画スターは動揺した）

4.　The famous professor's lecture ＿＿＿＿ my interest in archeology.

agitated	aroused	excited	inspired	stimulated
×	◎	△	○	○

　She *aroused* her sleeping son.（彼女は眠っている息子を起こした）のように、arouse には**「目覚めさせる」**という意味がある。ここから転じて、**arouse one's interest**（興味を起こさせる）と「（刺激を与えて眠っているものを）呼び覚ます」の意味でも使われる。

　例文では、この用法の arouse がまさにぴったりだ。「その有名な教授の講義は、考古学への私の関心を呼び覚ました」となり、状況にもあう。

　ここではほかに inspire と stimulate も意味的には通じる。inspire は前述のとおり、ほかから刺激を受けたことをきっかけに、「何らかの行動に移す」ニュアンスがある。例文にあてはめると、「有名な教授の講義によって刺激されたことが、考古学に関心を持つ動機づけとなった」と解釈できる。ただし、arouse が◎だとしたら、○程度だろう。arouse よりは優先度が低い。

　stimulate を用いることもできるものの、この場合「考古学への関心を刺激した」となり、講義によって刺激を受けたことだけを述べた文になる。表現としてやや「薄っぺらい」感じになってしまうため、arouse よりは優先度が低くなる。

17. 刺激する / 刺激を与える | agitate / arouse / excite / inspire / stimulate

excite にも excite one's interest in（興味をそそる）の言い方があるが、「学問的好奇心」に対して用いるのは、不自然だ。excite 本来の意味である「興奮させる」のニュアンスに、「考古学」がどうしてもマッチしない感がある。

そのためネイティブは arouse を◎と、inspire と stimulate は○と、excite は△と判断した。

⇨ **The famous professor's lecture *aroused* my interest in archeology.**
（有名な教授の講義が、私に考古学への関心を呼び覚ました）

---

5. This book about outer space _____ the students to study harder.

agitated	aroused	excited	inspired	stimulated
×	×	×	◎	△

inspire は［inspire ＋ 目的語 ＋ to do］の構文で、「（人を）鼓舞して（…する）気にさせる」という内容を表わす。例文の空所に inspire を用いると、「宇宙に関するこの本は、学生たちの学究心を奮い立たせた」となり、意味的にもっとも自然だ。

inspire は、**感動するなど心を突き動かされた結果**、「何らかの行動を起こす気にさせる」という意味の動詞だ。たとえば、He *inspired* me to become the President of the United States. は、「彼は私の心を突き動かし、アメリカ大統領になろうという気にさせた」となり、「感動」が行動を促したことになる。

inspire と同様、stimulate も、［stimulate ＋ 目的語 ＋ to do］で、「（…を）鼓舞して（…）させる」という意味を表わす。しかし、inspire とはニュアンスが異なるので注意したい。

たとえば、He *stimulated* me to become the President of the United States. は、「彼は私をアメリカ大統領になるよう励ました」という意味になる。ただ「**励ました**」だけで「**私を…になろうという気にさせた**」のニュアンスは含まれないので、適切ではない。この例文もまさに同じような使い方で、stimulate でも間違いではないものの、より文脈に合致し、ポジティブな意味合いを持つ inspire が最適となる。

⇨ **This book about outer space *inspired* the students to study harder.**
（宇宙に関するこの本は、学生たちの学究心を奮い立たせた）

18
示す

demonstrate / indicate / reveal / show

▶▶▶ demonstrate, indicate, reveal, show は、いずれも「示す」という訳語をあてることができるが、「何を」わかってもらう時に「どのような」方法でそれを指し示すかによって、使い分ける必要がある。「示す」「証明する」「明らかにする」など、さまざまな日本語に訳される各動詞のニュアンスをつかみたい。

■ demonstrate   ▶▶▶ネイティブイメージ「実例を示して明らかにする」

「実際にやってみせる」「証明する」など、「実例によって明らかにする」場合に用いられる動詞。どちらかというと、フォーマルな響きがともなう動詞である。

demonstrate a device（道具の使い方を実演する），demonstrate the guilt of...（…の罪を証明する），demonstrate how... work（…がどう動くか実演する）などの言いまわしがよく用いられる。

demonstrate a device
（道具の使い方を実演する）

◆ 用例

☐ Her career *demonstrates* her amazingly versatility.
（その経歴が、彼女が驚くほど多才であると証明している［彼女の経歴を見れば、その多才ぶりは明らかだ］）

☐ This *demonstrates* the need for a better training program.
（このことは、もっときちんとした訓練プログラムが必要であることを示している）

We googled it for you! 検索エンジンで調べると…
search🔍

how it works（それがどのように働くか）を目的語に取る用例を検索してみた。もっ

18. 示す | demonstrate / indicate / reveal / show

とも一般的な動詞である show がいちばん多く、「実証する」というニュアンスの demonstrate が次点となった。

検索ワード	ヒット数
"demonstrate how it works"	969,000
"indicate how it works"	84,600
"reveal how it works"	98,600
"show how it works"	1,240,000

■ indicate ▶▶▶ネイティブイメージ「こちらの考えをわからせる」

「指し示す」「意味する」「表示する」「ほのめかす」など、物事の意味するところや、人の考えを相手に対してわからせる行為を指す。indicate the direction（方向を指し示す）, indicate one's intentions（意思表示をする）, indicate an error（間違いを指摘する）などの表現が用いられる。

indicate the direction
（方向を指し示す）

◆ 用例

☐ She *indicated* that she was thinking about changing jobs.
（彼女は転職を考えていることを明らかにした）

☐ The president *indicated* that he might rename the company.
（社長は社名変更の可能性をほのめかした）

We googled it for you! 検索エンジンで調べると…

indicate を使った言いまわしでネイティブがすぐに思いつくのは、indicate one's intention（意向を示す）だ。この言いまわしがほかの動詞でもどれだけ使われているかを調べた。どの動詞もまんべんなく使われているが、やはり一般的な show が多い。

検索ワード	ヒット数
"demonstrate his intention"	359,000
"indicate his intention"	368,000
"reveal his intention"	1,060,000
"show his intention"	5,680,000

■ reveal ▶▶▶ネイティブイメージ「公にする」

「明らかにする」「暴露する」「公開する」など、今まで隠されていたことをオープンにする意味の動詞。reveal the truth（真実を明かす）, reveal oneself（正体［本性］を現わす）, reveal a bad attitude（悪い態度を示す）などの言いまわしがある。

reveal the truth（真実を明かす）

◆ 用例

□ She refused to *reveal* how she spent the money.
（彼女はお金の使途を明らかにすることを拒否した）

□ ABC is expected to soon *reveal* their new model they've been keeping secret.
（ABC社は、これまで秘密にしていた新モデルをまもなく公開する見込みだ）

We googled it for you! 検索エンジンで調べると…

the new model を目的語に、各動詞がどれだけ使われているかを調べた。show, reveal, demonstrate, indicate となり、reveal も使われるものの、圧倒的に show が用いられていることがわかる。

検索ワード	ヒット数
"demonstrate the new model"	196,000
"indicate the new model"	33,500
"reveal the new model"	281,000
"show the new model"	2,000,000

■ show ▶▶▶ネイティブイメージ「見せる」

「見せる」「明らかにする」「説明する」「表わす」など、人に対して何かを指し示したり、わからせるというニュアンスの表現で、もっとも一般的に使われている。show a chart（図を示す）, show one's face（顔を出す［現われる］）, show...to

18. 示す | demonstrate / indicate / reveal / show

the public（…を公開する）などの言いまわしがある。

◆ 用例

☐ This map *shows* where we need to wait for the bus.
（この地図は、どこでバスを待つ必要があるかを示している）

☐ His poor performance *shows* that he can't do this job.
（そのひどい成績を見れば、彼にこの仕事ができないことは明らかだ）

☐ She hates me and it *shows*.
（彼女は私のことを嫌っている。あの顔にそう書いてある）

＊ it shows は it shows on her face を略したもので、「顔に書いてある」「明らかだ」という意味の慣用表現。

show a chart（図を示す）

👍 *Native Speakers Say It This Way!* ネイティブはこう使い分ける！

1. His sloppy clothes _____ his lack of motivation.

demonstrate	indicate	reveal	show
△	△	○	◎

　sloppy は「ダボダボな」、lack of motivation は「やる気のなさ」という意味。「彼のダボダボな服は、彼のやる気のなさを表わしている」という内容の文を書く時、ネイティブはどの動詞を用いるのだろうか。
　demonstrate は比較的知的な響きのある言葉で、ビジネスなどには適切だが、日常会話ではあまり耳にしない。例文にあてはめると、「やる気のなさを証明する」という、少し堅い表現になる。
　indicate を「人」に対して用いると、**「人の希望や意図を表明する」**という意味になる。この動詞はおもに「わかってもらいたいと思うこと」を明らかにする時に使われるため、his lack of motivation にはそぐわない。

127

reveal は、「隠していたものをオープンにする」時に使う動詞だ。そのため「彼のダボダボの洋服は、やる気のなさを明らかにする」となり、意味は通る。ただし、どちらかというと「意図的」に隠していたものを公にするニュアンスがあるため、ここでは少し状況にそぐわない。

　show ならば、ただ単に「表わす」という意味になり、あらゆる場合に使うことができる。この例文にあてはめても、「**やる気のなさを表わす**」ことがスムーズに伝わる。

　選択肢はすべて「外部に対して何かをわからせる」の意味で使う動詞だが、その「明確さ」のニュアンスが異なる。示し方が「明確→曖昧」の順に並べると demonstrate → reveal → indicate となる。show は clearly show「はっきり示している」や might show「示しているかもしれない」など、明確・曖昧のどちらの場合でも用いることができる。

⇨ **His sloppy clothes *show* his lack of motivation.**
　（彼のダボダボの洋服は彼のやる気のなさを表わしている）

---

2. She _____ her intention to quit in a clear message to the president.

demonstrated	indicated	revealed	showed
×	〇	◎	〇

　demonstrate を除く3つの動詞は、いずれも intention（意向）を目的語に取ることが可能だ。indicate と show を用いると「意向を示す」となり、reveal の場合は「**今まで隠していた意向を公にする**」という意味が表現できる。reveal には、He revealed his secret.（彼は秘密を明らかにした）のように、「**秘密を漏らす**」という独特のニュアンスがあるのだ。しかし、He indicated [showed] his secret. などはあまり耳にしない。
　「示す」の意味なら indicate と show,「明らかにする」なら reveal となる。ネイティブは「意向を明かす」の reveal を◎と、「意向を示す」の indicate と show を〇と判断した。
　さらに言えば、ネイティブにとって reveal と clear は特に愛称のいい組み合わせだ。「明らかにする」という意味をより明確にするために、会話や文書などでもセットで使われることが多い。

18. 示す | demonstrate / indicate / reveal / show

⇨ She **_revealed_** her intention to quit in a clear message to the president.
（彼女は社長に対してはっきりと辞意を明らかにした）

---

3. The speedometer _____ the speed of the car.

demonstrates	indicates	reveals	shows
×	○	−	◎

　さまざまな「示す」の意味を持つ「万能動詞」である show が、ここでも◎ということになった。

　例文「スピードメーターは車の速度を示す」となり、この「示す」は「(**事実を**)**指し示す**」というニュアンスである。選択肢の中で「指し示す」の意味を持つ動詞は、indicate と show の2つ。show より indicate のほうが知的な言い方に聞こえるが、**日常会話では show のほうがより多く使われる**。

　indicate はやや文語的で、ネイティブの会話でもそれほど頻繁に使われる言葉ではない。もっぱら書き言葉として目にする動詞だ。This signal **_indicates_** an error detected by the program itself.（この信号はプログラム自体が検出したエラーを示す）と「測定した数値などを示す、表示する」の意味で用いられ、書類では目にするものの、会話であれば show を使う場合がほとんどだ。

　そのためネイティブは、口頭表現でも文章でも使える show を◎と、書き言葉でよく使われる indicate を○と判断した。

⇨ The speedometer **_shows_** the speed of the car.
（スピードメーターは車の速度を示す）

---

4. He _____ how the new smartphone works in a presentation broadcasted around the world.

demonstrated	indicated	revealed	showed
◎	×	△	○

　demonstrate といえば、誰もがすぐに名詞の demonstration（デモ、実演）を思い浮かべるだろう。ここでは、そのもっとも一般的な「（宣伝のため）実演する」

129

という意味で使われている。**demonstrate ... in a presentation**（プレゼンテーションで…を実演する）は、ビジネスの場ではよく耳にするフレーズだ。

　もちろん show でも自然な英語となるが、ここはやはりストレートに「実演する」の demonstrate を使いたい。

⇨ He ***demonstrated*** how the new smartphone works in a presentation broadcasted around the world.
（彼は世界中に放送されたプレゼンテーションで新しいスマートフォンがどう動くか実演して見せた）

---

5. You'll see signs along the way that ＿＿＿ what direction you should go.

demonstrate	indicate	reveal	show
×	◎	△	○

　direction と indicate は、よくあわせて使われる。そしてここでは動詞のあとにその direction があるので、**indicate the direction**（方向を指し示す）の言いまわしが使えるだろう。

　show でも「方向を示す」となるが、indicate なら「指し示す」とより具体的な意味合いが出せる。

　reveal でも文法的に間違いではないが、「暴く」のニュアンスが強いため、若干不自然さが残る。

⇨ You'll see signs along the way that ***indicate*** what direction you should go.
（道路沿いの標識を見なさい。どの方向に行くべきか示しています）

19
注意する

advise / alert / caution / warn

▶▶▶「注意する」といっても忠告なのか警告なのか、戒めなのか、その注意の度合いによって使う動詞も変わる。いずれも人に対して使うことの多い動詞のため、誤解されることのないよう正しいニュアンスをつかみたい。

■ advise ▶▶▶ネイティブイメージ「忠告する」

「忠告する」「勧める」などの意味がある。上の立場から人に助言する際に用いる。情報を伝える際は、「通知する」「報道する」となる。advise a patient（患者にアドバイスする）, advise a client（顧客に助言する）, advise someone against...（人に…しないよう忠告する）などの言いまわしがある。

advise a patient
（患者にアドバイスする）

◆ 用例

☐ The government *advised* residents not to consume large amounts of fish from the area.
（政府はその地域でとれた魚を大量に消費しないよう住民に通知した）

☐ My doctor *advised* me to lose weight and stop smoking.
（医者に、体重を減らし、タバコをやめるように忠告された）

■ alert ▶▶▶ネイティブイメージ「危険に対して注意を促す」

「警報を出す」「注意する」「警戒態勢を取らせる」などの意味がある。危険が迫った際、注意を促す表現となる。alert the police（警察に通報する）, alert someone to...（人に…の警報を出す）, alert someone to the dangers of...（…の危険性を人に警告する）などの言いまわしがある。

◆ 用例

- The FBI was *alerted* about the terrorist attack five days before it happened.
（実際に発生する5日前に、FBIはテロ攻撃に関する警告を受けていた）
- The computer guy turned off the server without *alerting* anyone.
（コンピュータおたくは誰にも注意せずにサーバーの電源を切った）

alert the police（警察に通報する）

We googled it for you! 検索エンジンで調べると…

"＿＿＿ the client"（顧客に○○する）と、"＿＿＿ the police"（警察に○○する）の相反する言いまわしで、ヒット数を調べた。顧客（client）には advise, alert, warn, caution、警察（police）には alert, advise, warn, caution の順となった。advise と alert のニュアンスがわかる結果だ。

検索ワード	ヒット数	検索ワード	ヒット数
"advise the client"	533,000	"advise the police"	206,000
"alert the client"	107,000	"alert the police"	448,000
"caution the client"	13,300	"caution the police"	64,500
"warn the client"	94,600	"warn the police"	157,000

■ caution　▶▶▶ネイティブイメージ「注意を喚起する」

「警告する」「注意する」「戒める」などの意味がある。alert ほどの緊急性はないが、危険などに注意を促す際に用いる。掲示板などに大文字で CAUTION とあるのは、「注意」の意味で、危険に対する喚起を促している。caution a friend（友人を戒める）, caution someone not to...（人に…しないよう警告する）, caution someone about their future（人に将来を戒める）などの言いまわしがある。

caution a friend（友人を戒める）

19. 注意する | advise / alert / caution / warn

◆ 用例

□ Based on my own experience, I need to *caution* you not to sign any contract with that company.
（私自身の経験から言って、あの会社とはどんな契約も結ぶべきではないと、君に警告しておかなければならない）

□ One of my coworkers *cautioned* me about listening to music at work, but I didn't take him seriously.
（同僚の1人が、私に仕事中に音楽を聞くことを注意したが、それを重く受け止めなかった）

■warn ▶▶▶ネイティブイメージ「危険を警告する」

「警告する」「注意する」「予告する」「警鐘を鳴らす」などの意味がある。危険や、やってはいけないことに対して注意を促す際に用いる。warn someone of an emergency（人に危険を警告する），warn of stock market turbulence（株式市場の大荒れを警告する），warn someone of health risks（健康上のリスクを警告する）などの言いまわしがある。

warn someone（人に警告する）

◆ 用例

□ The police *warned* him that he would be arrested if he didn't stop.
（警察は、止まらなければ逮捕する、と彼に警告した）

□ The label *warned* that the drug could have serious side-effects.
（ラベルには、その薬は重篤な副作用のおそれがある、との注意書きがあった）

👍 Native Speakers Say It This Way! ネイティブはこう使い分ける！

1. My friend _____ me not to sign the contract without consulting with a lawyer first.

advised	alerted	cautioned	warned
◎	×	○	○

　advise は、専門家や上の立場の人が「警告する」際に、よく使われる。

　忠告をする、つまりいうなれば相手のためになるニュアンスがあり、単純な事柄に対してではなく、**いささか複雑な状況で用いられる**。そのため He advised me to turn off the lights. はネイティブには不自然に聞こえ、He *advised* me to use electricity instead of gas.（彼はガスの代わりに電気を使うよう私に勧めた）のような込み入った状況であれば、自然だ。

　さらにこれを否定形にした **advise someone not to...** は、「人に…しないよう忠告する」となり、忠告よりも「警告」に近い意味合いとなる。He *advised* consumers not to use unauthorized herbal weight loss medicine.（彼は消費者に認可されていないハーブの減量薬を使わないよう警告した）などと使われ、強く注意を喚起する表現となる。He strongly *advised* consumers not to...（彼は消費者に…しないよう強く警告した）ならば、さらに強い警告に聞こえるだろう。

　例文にはこの言いまわしが使えるため、advise が最適となる。

　ほかに warn を使って、He *warned* me not to sign the contract.（彼は私に契約を結ばないよう警告した）とすることも可能だ。しかし、この場合、「私が警告したにもかかわらず、彼はサインしてしまい、結局、うまくいかなかった」というニュアンスも含まれてしまう。

　選択肢ではほかに、caution でも意味は通じるだろう。しかし caution は標識などでよく使われるように、どちらかというとソフトな警告になる。そのためここでは advise が◎と、caution と warn が○と判断された。

⇨ My friend *advised* me not to sign the contract without consulting a lawyer first.
　（友人は、先に弁護士に相談することなしに契約を結ばないよう、私に忠告した［友人は、はじめに弁護士に相談してから契約を結ぶよう、私に忠告した］）

19. 注意する | advise / alert / caution / warn

2. Please _____ us immediately if you detect any irregularities in the machinery.

advise	alert	caution	warn
△	◎	×	○

alert は terrorist alert level（テロの警戒レベル）, earthquake alert system（地震警報システム）, tsunami alert system（津波警報システム）など、将来的な危険に備えるよう「警報を出す」だけでなく、何かが起こった場合の注意喚起にも使われる語だ。

Please *alert* us immediately if you receive our order confirmation and it differs from your original order.（注文の確認を受け取って、それが本来の注文内容とは異なる場合、即座にお知らせください）のような言いまわしは、消費者に注意を促す言い方として、よく耳にする。

例文はまさにこれと同じ用法で、**Please alert us immediately if you...**（もし…したら即座にお知らせください）となる。

また warn にも悪いことを知らせる意味があるため、ここで使うことが可能だ。しかし、warn を使えるのは、「悪いことが起こる前」に限定されるため、Please warn me if the project goes well. はあまり普通の使い方ではない。

advise は上の立場から助言するような意味合いが強いため、使えなくはないが、△だろう。

ちなみに選択肢にはないが、alarm someone は「人を不安にさせる、心配させる」という意味になる。**I alarmed him.**（彼を不安にさせた）のように使い、**I didn't mean to alarm her.**（私は彼女を不安にさせるつもりはなかった）の言いまわしは非常によく使う。覚えておくといいだろう。

⇨ Please *alert* us immediately if you detect any irregularities in the machinery.
（もし機械に何らかの異常を見つけたら、即座に知らせてください）

3. I _____ him against investing all his money in one thing, but he didn't listen to me.

advised	alerted	cautioned	warned
○	×	◎	◎

　caution は、「悪いことが起こるかもしれないので…しないように」と警告する意味合いが強い動詞だ。「…に気をつけて」に近いニュアンスだが、上からものを言うような、押しつけがましい響きはさほどない。
　「…するな」の命令形よりも、控えめに「気をつけて」と声をかけるような表現なので、日常会話でもよく使われる。I *cautioned* him against taking risks.（彼に危険を冒さないように注意した）など、注意を促すフレーズになる。**caution someone against...** で「人に…しないよう注意する」となり、この例文にも適用可能だ。
　一方、warn は強く「危ない！」と注意を喚起する表現だ。例文のように目的語のあとに against を取って、**warn someone against** とすると、「人に…しないよう警告する」という意味になり、caution よりもはるかに強い牽制に聞こえる。
　さらに warn でよく使うのは **warn someone not to...**（人に…しないよう釘を刺す）の言いまわしだ。I *warned* him not to vote in the election.（私は彼に選挙で投票しないよう釘を刺した）というように、強い警告に使う。
　選択肢ではほかに、advise も使える。**advise someone against...** で「人に…しないように勧める」という忠告の言いまわしになる。ただし文脈から、この例文にはもっと強い表現のほうがふさわしいだろう。そのため advise は○となった。

⇨ I *cautioned / warned* him against investing all his money in one thing, but he didn't listen to me.
（彼に全財産を1つのことに投資しないよう注意したが、耳を貸さなかった）

19. 注意する　|　advise / alert / caution / warn

4. I _____ the company that I would stop working if they didn't pay me.

advised	alerted	cautioned	warned
△	△	△	◎

warn は強い警告の際、よく口にする言葉だ。**悪いことが起こる可能性が高い場合、あらかじめそれに対する注意喚起として使われる**。一般的な使い方に、I *warned* him not to go too far.（私は彼にあまり遠くへ行かないように注意した）や、I *warned* her against driving without a license.（私は彼女に免許なしで車を運転しないよう強くくぎを刺した）などがある。

それ以外に、決まり文句的な言いまわしで、**I warned someone that I would...**（[人が…したら] …すると注意したのに [それでも人は…をやった]）もよく耳にする。

注意したにもかかわらず、相手がそれを無視して何かをした際に言うフレーズで、I *warned* him that I would call the police if he didn't stop.（止まらなければ警察を呼ぶと彼に警告したのに [彼は止まらなかった]）のように使われる。「しょうがないなあ…」に近い、諦めのニュアンスが少しある。

例文はこの言いまわしを使ったもので、直訳は「約束通りに支払わなければ、私は仕事を辞めると会社に警告した」だが、「それでも会社は支払わなかった」という含みがある。

同様に **I warned you.** は、直訳すると「あなたに注意しました」だが、転じて「ほら、言ったでしょう」となる。このネイティブ的なニュアンスは、覚えておくといいだろう。

一方、I advised you. / I alerted you. / I cautioned you. は、文法的に間違いではないものの、いずれもあまり自然な言いまわしではない。

⇨ **I *warned* the company that I would stop working if they didn't pay me.**
（給料が支払われなければ、仕事を辞めると会社に警告した [それでも会社は支払わなかった]）

20
作る

| create / fabricate / make / manufacture / produce |

▶▶▶「作る」といえば、いちばんに思い浮かぶのは make だろう。ネイティブもそれは同じだが、それ以外の動詞はどう使い分けるのか？ それには、何をどれだけ、どこでどのように作るのかが関係する。その違いを見ていこう。

■ create　▶▶▶ネイティブイメージ「新しく作り出す」

「(新しいものを) 作る、創造する、開発する」「(物事を) 引き起こす」など、ゼロから何かを生み出すような建設的な表現になる。create a masterpiece（名作を生み出す）, create...out of nothing（無から…を作り出す）, create a better relationship（より良い関係を築く）などは、あらゆる状況で幅広く使われる。

create a masterpiece
(名作を生み出す)

◆ 用例
□ God *created* the earth in six days and rested on the seventh day.
（神は6日で世界を作り7日目は休まれた）
□ It took years for scientists to *create* a model of the atom.
（科学者が原子核のモデルを作り上げるのに数年かかった）

We googled it for you!　検索エンジンで調べると…

"＿＿a piece of art"（芸術作品を作る）と、"＿＿a device"（道具を作る）の2種類の言い方のヒット数を調べた。a piece of art を目的語とする場合、manufacture と fabricate はまず使わないと考えていいだろう。また a device を目的語とする場合、fabricate は使わない。この結果から、fabricate のニュアンスがわかるだろう。

20. 作る | create / fabricate / make / manufacture / produce

検索ワード	ヒット数	検索ワード	ヒット数
"create a piece of art"	512,000	"create a device"	966,000
"fabricate a piece of art"	369	"fabricate a device"	369
"make a piece of art"	173,000	"make a device"	153,000
"manufacturer a piece of art"	2	"manufacture a device"	169,000
"produce a piece of art"	145,000	"produce a device"	449,000

■ fabricate   ▶▶▶ ネイティブイメージ「加工する」

「(製品を)加工する」「(部品などを)組み立てる」「(本当ではないことを)ねつ造する」など、手で加工して何かを作る、手を加えてでっち上げるなどの表現に用いる。fabricate a tool (道具を加工する), fabricate a chemical (化学製品を作る), fabricate an alibi (アリバイをでっち上げる) のように使う。

fabricate a tool（道具を加工する）

◆ 用例

☐ We *fabricated* the microchips using a UV polymerization technique.
 (UV 重合技術を使って、マイクロチップを組み立てた)

☐ The diode was *fabricated* with a lithography process.
 (ダイオードはリトグラフを作る過程で作られた)

■ make   ▶▶▶ ネイティブイメージ「作り上げる」

「作る」「(…の状態に)する」「成功する」など、何かを作り上げる意味で用いられるもっとも一般的な動詞。make lunch (昼食を作る), make a movie (映画を製作する), make laws (法律を制定する) などの言いまわしがある。

make lunch（昼食を作る）

◆ 用例

☐ We *made* a schedule for our trip to

London.（ロンドンへの旅行の予定を立てた）
□ This furniture is *made* by hand in Indonesia.
　（この家具はインドネシアで手作りされたものだ）

We googled it for you! 検索エンジンで調べると…

"＿＿＿ a law"（法を作る）の形でヒット数を検索したところ、多いものから make, create, produce, manufacture, fabricate の順となった。make がいちばん多いのはわかるが、create と produce もかなりのヒット数があった。

検索ワード	ヒット数
"create a law"	433,000
"fabricate a law"	841
"make a law"	1,910,000
"manufacture a law"	2,540
"produce a law"	72,600

■ manufacture　▶▶▶ネイティブイメージ「製造する」

「(機械を使ってものを) 製造する」など、大規模に何かを作り出したりする表現に用いる。工場で大量にものを製造したり、機械や部品を作るようなイメージの動詞。manufacture home appliances（家電製品を製造する）, manufacture parts in large quantities（部品を大量生産する）などの言いまわしがある。

manufacture computers
（コンピュータを製造する）

◆ 用例

□ ABC *manufactures* computers mainly for the European market.
　（ABC 社は、おもにヨーロッパ市場向けにコンピュータを製造している）
□ The factory has the capacity to *manufacture* 30,000 parts a day.
　（その工場は１日に３万個のパーツを製造する能力がある）

20. 作る　｜　create / fabricate / make / manufacture / produce

■produce ▶▶▶ネイティブイメージ「生み出す」

「(新しいものを)作り出す、製造する」「生じさせる」「引き起こす」など、新しく成果を生み出す表現に用いる。produce...in large quantities（…を大量生産する）, produce...on a commercial basis（…を商品化する）などの言いまわしがある。

produce...in large quantities
（大量に製造する）

◆ 用例

□ Japan *produces* more automobiles than any other country.
（日本はほかのどの国よりも多くの自動車を製造している）

□ Most of these parts were *produced* by a factory in Thailand.
（これらの部品のほとんどはタイの工場で作られた）

👍 Native Speakers Say It This Way!　ネイティブはこう使い分ける！

1. It took 20 artists to _____ this enormous masterpiece.

create	fabricate	make	manufacture	produce
◎	△	○	×	×

　西洋人が create と聞くと、創造主である神が世界を作る際の動詞 create をすぐに連想するだろう。名詞の the Creator（創造主）には「神」の意味もあり、そこから派生して create には、**かなりの努力や技術を要する「物凄いもの」**を作るイメージがある。
　そのため、He ***created*** a wonderful plan.（彼はすばらしい計画を立てた）や、I've been ***creating*** music for over 50 years.（私は50年以上も作曲を続けている）などとは言うが、He created a small problem. や He created a little plan. はどことなく不自然に聞こえる。この例文も enormous masterpiece（巨大な傑作）とあるので、create のイメージにぴったりだ。

同じく「作る」のもっとも一般的な動詞 make も、ここで問題なく使える。ただし create を◎としたら、make は○程度だろう。

一方、fabricate と produce も文法的に間違いではないが、それぞれのニュアンスから自然に使われるとは言えない。

fabricate は「組み立てる」のニュアンスが強いため、部品から１つひとつ組み立てるような作品であればいいだろう。しかしこの文では、△と判断された。

⇨ It took 20 artists to ***create*** this enormous masterpiece.
（この巨大な傑作を作るのに 20 人のアーティストを必要とした）

---

2. This detailed prototype was ＿＿＿＿ using precision equipment.

created	fabricated	made	manufactured	produced
○	◎	○	△	△

選択肢はいずれも文法的に問題なく、程度の差はあるものの、基本的にどれを入れても意味は通じる。しかし、ニュアンスの差で、fabricate が◎となった。

ここでは precision equipment（精密機器）とあるので、工場での組み立て作業のことだと考えられる。しかも detailed prototype（精緻な試作品）とあるため、**細かな加工作業を必要とする作業**のように思える。fabricate なら、**そのイメージにぴったり**だ。

create も可能だが、どちらかというと新規に「開発する」「作る」というニュアンスが強い。また manufacture は機械を使った大型製品の製造を、produce は大量生産を連想させる語だ。

「作る」の万能動詞 make ももちろん使えるが、detailed（精緻な）があるため、fabricate のほうがより**微妙なニュアンスも出せる**だろう。

状況に最適な fabricate があるため、それよりも少し異なるニュアンスを持つ create と make は○と、manufacture と produce は△と判断された。

少し余談だが、fabricate に近い語に fabric や fashion がある。fashion には今でも「作る」という意味が残っており、This part was ***fashioned*** using precision equipment.（この部分は精密機器を使って作られた）と言うことも可能だ。

⇨ This detailed prototype was ***fabricated*** using precision equipment.
（この精緻な原型は精密機器を使って組み立てられた）

20. 作る　｜　create / fabricate / make / manufacture / produce

3. Instead of buying a pencil holder, I just _____ my own.

created	fabricated	made	manufactured	produced
△	△	◎	×	×

　make のイメージは「簡単に作る」「手で作る」だ。非常に使い勝手のいい動詞で、さまざまな表現に使える。
　例文は、「鉛筆立てを買わずに、自分で作った」という意味になると考えられる。「買わずに、簡単に手作りできる」という発想からも、make がぴったりだ。
　create を使うことも可能だが、形容詞 creative（創造的な）の意味にもあるように、create はゼロから新しい発想のものを作り上げるようなニュアンスがある。He *created* the world's first bionic lower-limb system.（彼は世界初となる、生体工学に基づく人工下肢［義足］を作り上げた）のようなイメージだ。
　そのためこの例文には、make がふさわしいだろう。

⇨ Instead of buying a pencil holder, I just *made* my own.
　（鉛筆立てを買わずに、自分で作った）

---

4. This little factory _____ three types of industrial tools.

creates	fabricates	makes	manufactures	produces
×	△	○	○	◎

　make / manufacture / produce の3つは、ほとんどのネイティブも、きちんとした定義の違いを把握していないだろう。直感に近い、ちょっとしたニュアンスの違いで使い分けているにすぎない。
　manufacture は工場のように「大規模な製造」に対して使われるが、produce はより「**小規模な製造**」や、「**新しいものの製造**」に関して用いられる。一方、make は意味を限定していないため、さまざまな意味で使える。
　manufacture は「ほぼ工業製品に限定」されるが、produce は「**工業製品にも非工業製品にも**」使える。たとえば ABC *produces / makes* cheese.（ABC 社はチーズを製造している）とは言うが、manufacture は不自然だ。manufacture であれば、This factory *manufactured* oil storage containers.（この工場は石油貯蔵コンテナを製造した）のように用いる。

143

この例文が工業製品を指していると考えれば、manufacture と make が最適と判断できる。しかし、little factory となっているため、小規模生産の工場と思われる。そうなると produce が最適だ。industrial tools（工具）という目的語からも manufacture では大きすぎるので、やはり produce が適当だろう。

⇨ This little factory ***produces*** three types of industrial tools.
（この小さな工場は３種類の工具を製造している）

5.　How many cars were _____ last year in Japan?

created	fabricated	made	manufactured	produced
×	×	○	◎	○

　大量の工業製品を指すなら、manufacture が最適だ。本来は「手で作る」という意味だったが、工業化にともない、今ではもっぱら「**機械での製造**」をいう。自動車は機械で大量生産されるため、「製造」というニュアンスを持つ manufacture がここでは最適だ。
　しかし、「製造」ではなく「生産」に主眼を置いた場合、「生産する」の意味を持つ produce を使う。produce は農産物や収穫物、製品、生産物など、幅広い目的語に対して使える動詞だ。
　例文は何台の自動車が作られたかが問題となっているため、「製造」とすれば manufacture が、「生産」とすれば produce を使うのが最適となる。
　一方、make はある意味、曖昧に使えるため、ここでも問題なく使える。

⇨ How many cars were ***manufactured*** last year in Japan?
（去年、日本で何台ぐらい自動車が作られたのだろうか？）

21
努める

attempt / endeavor / make an effort / try

▶▶▶「努める」だとなじみがないかもしれないが、「…しようとする」と言い換えれば、日常頻繁に使う表現だとわかるはず。try は一般的だが、そのほかの動詞の使い分けまでは、あまり意識したことがないはずだ。ここに挙げる動詞の微妙な差異に注目してほしい。

■ attempt ▶▶▶ ネイティブイメージ「企てる」

「…しようと努力する」「企てる」「試みる」「(危険なものに)挑む」などの意味がある。結果的に失敗となるニュアンスが含まれることが多い。try よりも形式張った言い方で、努力よりも何かを「手がけた」ことに重点を置いた表現となる。attempt to climb Mt. Everest(エベレストへの登山に挑戦する)のように、大変なことに挑戦する場合によく使う。attempt an experiment (実験を試みる)、attempt to stop smoking (禁煙を試みる) などの言いまわしがある。

attempt to reach the top
(頂上への到達を試みる)

◆ 用例

□ I *attempted* to persuade my mother.(私は母を説得しようとした)
□ He has *attempted* to climb Mt. Fuji once before.
（彼は前に一度富士山に登ろうとしたことがある）

We googled it for you! 検索エンジンで調べると…

search 🔍

"＿＿＿ to climb"(登山をしようと○○した) の形でヒット数を調べた。ダントツで try、2番目以降は attempt, make an effort, endeavor の順になった。attempt to climb は言いまわしとして定着しているが、実際には try を使うほうが多いようだ。

検索ワード	ヒット数
"attempted to climb"	432,000
"endeavored to climb"	10,300
"made an effort to climb"	21,600
"tried to climb"	1,910,000

■ endeavor ▶▶▶ ネイティブイメージ「尽力する」

「努力する」の意味で、何かを達成しようと一生懸命に力を尽くす際に用いる。会話ではあまり使わず、ビジネス文書などでよく使われる。やや堅い印象を与える語。endeavor to develop...（…の開発に努力する）, endeavor to maintain public order（秩序維持に尽力する）などの言いまわしがある。

endeavor to get in shape
（身体を鍛えようと努力する）

◆ 用例

☐ He *endeavored* his entire life to find a cure for cancer.
（彼は生涯をがん治療法の発見に捧げた）

☐ The prime minister *endeavored* to strengthen the economy with limited success.
（首相は経済の強化に注力したものの、大した成果は上がらなかった）

■ make an effort ▶▶▶ ネイティブイメージ「一生懸命努力する」

「努力する」「励む」「踏ん張る」などの意味がある句動詞。ただ「努力する」というよりも、「一生懸命」なイメージがある。make an effort to do something（…するよう努力する）, make an effort to be liked（好かれるよう努力する）, make an effort to smile（むりに作り笑いをする）などの言いまわしがある。

hardly make an effort
（ほとんど努力しない）

21. 努める | attempt / endeavor / make an effort / try

◆ 用例

☐ We need to *make an effort* to keep our computers functioning as long as possible.（できるだけ長い時間、コンピュータが作動していられるよう、気を使わなければならない）

☐ He never even *made an effort* to form good relationships with his co-workers.（彼は同僚と良い人間関係を築く努力さえまったくしなかった）

We googled it for you! 検索エンジンで調べると…

"＿＿＿ to do his best"（最善を尽くすよう○○した）の言いまわしでヒット数を調べた。これもいちばん多かったのは try で、2番目以降は attempt, endeavor の順になった。make an effort to do one's best とはまず言わないと考えていいだろう。

検索ワード	ヒット数
"attempted to do his best"	377,000
"endeavored to do his best"	34,400
"made an effort to do his best"	8
"tried to do his best"	6,800,000

■ try ▶▶▶ ネイティブイメージ「やってみる」

「努力する」「やってみる」「(人に)あたってみる」「試してみる」などの意味がある。成功をめざして何かに挑戦する際に使う。「やってみる」を表わす動詞でいちばんよく使われる。attempt, endeavor, make an effort には「善意のこと」をやろうとする含みがあるが、try は良いことに対しても悪いことに対しても使える。try one's best（全力を尽くす）、try one's skill（自分の腕前を試す）、try to do...（…しようとする［しかし成功しなかった］）などの言いまわしがある。

try to lose weight
(体重を減らそうとする)

◆ 用例

☐ The government *tries* to help entrepreneurs by providing them with

resources and funding.
（政府は財源および資金を提供することで起業家を援助しようとしている）
☐ He *tried* to sneak secret documents out of the factory.
（彼は工場から秘密文書をこっそり持ち出そうとした）

👍 Native Speakers Say It This Way! ネイティブはこう使い分ける！

1. ABC _____ to use its connections in China to obtain a stable supply of rare earth elements, and they were partially successful.

attempted	endeavored	made an effort	tried
◎	○	△	○

　選択肢の中で、特に try と attempt は似た表現の動詞だ。ともに「**やってみるものの、うまくいかない**」というニュアンスがある。

　たとえば I *attempted / tried* to finish on time.（私は時間通りに終わらせようとした）は、あとに but I couldn't. と続けなくても、相手は「…を終わらせようとしたが、できなかった」と理解できる。

　何かをやって成功した場合、ネイティブは特に attempt や try などの動詞をわざわざ使いはしない。ABC used its connections in China to obtain a stable supply of precious materials.（ABC 社は貴重な材料の安定供給を確保するため、中国内におけるコネを利用した）などと、単にその事実を伝えるだけだ。

　try と attempt の違いを言えば、「**attempt は内容的に大きなものに対して使う**」ことだろう。

　I *tried* to sharpen the pencil.（私は鉛筆を削ろうとした）は問題ないが、I attempted to sharpen the pencil. は大げさに聞こえる。しかし I *attempted* to climb Mt. Everest. / I *tried* to climb Mt. Everest.（私はエベレストに登ろうとした）ならば、いずれも自然だ。

　さらに、I tried.（がんばったのに）や I tried it.（やってみたけど）は自然だが、I attempted. や I attempted it. はネイティブには不自然に聞こえる。

　例文はビジネスに関する話題で、比較的大きな規模の話のため、attempt が最適と

21. 努める | attempt / endeavor / make an effort / try

なる。しかし、try を使うことはもちろん可能だ。

endeavor に「やってみるものの、うまくいかない」という含みはないが、意味は通じるだろう。

make an effort は「努力」に力点が置かれた表現のため、使えなくはないものの、例文の文脈からは少し違和感を覚える。

⇨ ABC *attempted* to use its connections in China to obtain a stable supply of rare earth elements, and they were partially successful.
（ABC 社は、レアアースの安定供給を確保するために、中国との関係を利用しようと企てて、部分的には成功した［しかし、ほとんど失敗した］）

---

2. We have continuously _____ to upgrade our technology. This has made us a leader in the industry.

attempted	endeavored	made an effort	tried
△	◎	△	△

attempt や try と endeavor との違いは、endeavor には「いいことをやってみる」というニュアンスがあることだ。He *attempted / tried* to rob a bank.（彼は銀行強盗をしようとした）は OK だが、He endeavored to rob a bank. は不自然だ。

また、endeavor は duty（責任、義務）を連想させる語で、「責任をはたす」という含みがある。そのため、He endeavored to help the old lady stand up. とは言えないが、He *endeavored* to help the old man find his son.（彼はその老人が息子さんを捜すのを手助けしようとした）は、「責任感から手助けしようとした」というイメージになる。

同じ「努力する」の表現でも、**責任感のある前向きな表現には、endeavor が最適**だ。例文のポジティブな文脈から、選択肢では endeavor がいちばんふさわしい。

attempt や try、make an effort も文法的に間違いではないが、あとに続く文に残念なニュアンスがないために不自然と判断された。

⇨ We have continuously *endeavored* to upgrade our technology. This has made us a leader in the industry.
（われわれは技術の向上に弛まぬ努力を続けた。そして業界のリーダーになった）

3. When salespeople aren't rewarded, they are less likely to _____ to expand sales.

attempt	endeavor	make an effort	try
△	△	◎	○

　make an effort は、ネイティブにすれば「ギリギリなんとか努力と見なされる程度の努力」をイメージさせる表現だ。たとえば We will **make an effort** to reduce greenhouse gas emissions. は、「弊社は温室効果ガスの排出を減らすために、ほんの少し努力します」といったニュアンスになる。
　We will make a big effort... なら、「私たちは…を一生懸命努力します」となり、自然な言いまわしだ。または not を使って That company didn't (even) **make an effort** to reduce greenhouse gas emissions.（あの会社は温室効果ガスの排出を減らすために、努力［さえ］しなかった）とすれば、「まったく努力しなかった」という意味になる。
　そのため We will need to make an effort to... は「がんばってたくさん努力しないと」ではなく、「**ちょっとは努力しないと**」という意味合いだ。間違えて覚えている人が多いので、注意が必要だ。
　例文は、「販路を拡大しようという努力を少しもしなくなるだろう」という意味合いならば、すっきりと意味が通る。それに該当する表現は、make an effort だ。
　ほかの attempt や endeavor, try でも、「販路を拡大するための努力をする」となるため、これらを使うことも可能だ。しかし、上に述べたような微妙なニュアンスから、make an effort が◎と、残りは○と判断された。

⇨ When salespeople aren't rewarded, they are less likely to **make an effort** to expand sales.
（販売員に報償が与えられないと、販路を拡大しようという努力をしなくなるだろう）

21. 努める | attempt / endeavor / make an effort / try

4. I'll _____ to arrange the schedule so that everyone can attend the meetings.

attempt	endeavor	make an effort	try
○	△	△	◎

try to eat と try this の違いには、気をつけてほしい。

大きなステーキを出されて **Try** to eat this. と言われたら、それは「これを食べてみて」ではなく、「これを（食べられるなら）食べてみろ」という挑戦的な意味になる。

一方 **Try** this. と言われたら、それは「これを食べてごらん（好きなら全部食べていいよ）」といういねいな響きのある言い方になる。

ほかに、**Try** to drink this medicine. は「（おいしくはないかもしれないが）がんばってこの薬を飲みなさい」だが、**Try** this medicine. なら「（この薬は効くかどうかわからないが）飲んでみたら」という意味だ。ちなみに、Attempt this. や Attempt this medicine. などの表現は、使われることはない。

例文は、「スケジュールを調整してみる」という意味になると推測できる。「…してみる」に相当する動詞は、選択肢では try と attempt が適切だ。

try は成功をめざしてさまざまなことに挑戦する時に用いられる動詞のため、ここでも◎となる。しかし attempt は try よりも形式張った言い方で、気軽に「…してみる」というより、「…することを試みる」のように、やや堅い表現に聞こえる。意味的にも問題ないが、そのため◎ではなく、○となった。

endeavor と make an effort も意味は通じるが、ニュアンス的に自然な言いまわしとはならない。そのため△と判断した。

⇨ I'll ***try*** to arrange the schedule so that everyone can attend the meetings.
（誰もが会議に参加できるよう、私がスケジュールを調整してみます）

22
手に入れる

acquire / earn / gain / get / obtain

▶▶▶日本語の「手に入れる」は、「身につける（習得する）」「獲得する」など、さまざまな目的語に対して「自分のものにする」という表現で使える。英語の場合、手に入れるまでの努力の有無や、入手までに費やした時間、また何を手に入れるかによって、それぞれ動詞を使い分ける必要がある。

■ acquire　▶▶▶ネイティブイメージ「価値あるものを手に入れる」

　acquire a foreign language（外国語を習得する）のように、学問や技術、特性を長時間かけて「習得する」「身につける」などの意味がある。なお、言語習得について言う場合は、learn a language（言語を学ぶ）というよりは、acquire a language で「ネイティブレベルに達する（母語として習得する）」というニュアンスが表現できる。

　acquire land（土地を手に入れる）など、「権利や財産を獲得する」という意味もある。会社を「合併する」にも acquire を使うように、「本などの具体的な物」を入手するというより、知識や財産など、内容として価値あるものを得る場合に用いる。

acquire skills（技術を身につける）

◆ 用例

□ We *acquired* the rights to publish his book in Japanese.
　（彼の本を日本語で出版する権利を獲得した）
　＊法的な文書など、フォーマルな場面で acquire を使うことが多い。

□ She *acquired* a lot of bags from her boyfriends.
　（彼女はボーイフレンドたちからたくさんのバッグを手に入れた）

22. 手に入れる　|　acquire / earn / gain / get / obtain

■ earn　▶▶▶ネイティブイメージ「努力して手に入れる」

ある程度時間をかけて努力をし、ほしいと願っているものをなんとか手に入れるようなニュアンスを持つ動詞。earn a reputation for...（…で評判となる）、earn a degree in...（…で学位を得る）のように、「努力や行動で名声や評判を得る」ほか、earn a living（生活費を稼ぐ）など、「お金を稼ぐ」「もうける」といった意味で使われる。

earn money（お金を稼ぐ）

◆ 用例

☐ Bill *earned* enough money delivering newspapers to start a cafe.
（ビルは新聞配達をして、カフェを開くのに十分なお金を稼いだ）

☐ She worked hard and *earned* a doctorate in medicine.
（彼女は一生懸命がんばって、医学博士の学位を得た）

We googled it for you! 検索エンジンで調べると…

acquire / obtain は「お金の出所を曖昧にする」ニュアンス。earn は「一生懸命働いて稼ぐ」イメージ。gain はたとえば株など、「比較的楽に稼ぐ」イメージがある。いちばんヒット数の多い get は、苦労の度合いに関係なく、単に「お金を得る」という意味で使う。

検索ワード	ヒット数
"I acquired a lot of money."	5
"I earned a lot of money."	79,500
"I gained a lot of money."	385,000
"I got a lot of money."	20,800,000
"I obtained a lot of money."	8,930

■ gain ▶▶▶ネイティブイメージ「必要なものを手に入れる」

gain a profit（利益を得る），gain wisdom（知恵を得る），gain one's end（目標を達成する）など，さまざまなものを「手に入れる」行為を指す。広範囲に役立つもの、必要なものを手に入れる際に使う動詞。
「努力や競争によって、苦労して手に入れる」という意味が基本だが、gain weight（体重が増える），gain speed（速度が増す）など単に「増える」の意味でも用いられる。

gain respect（尊敬を得る）

なお、gain には「曖昧さ」があることも覚えておきたい。We gained new employees. と言った場合、「関連会社からの異動」なども含まれる可能性がある。「外から新規に雇い入れた」という場合には、gain ではなく、hire を用いるのがいいだろう。

◆ 用例

☐ We *gained* 20 new students this year.
（今年、新たに20人の生徒が加わった）

☐ Countries without natural resources have difficulty *gaining* financial aid.（自然資源のない国はなかなか金融扶助が得られない）

We googled it for you! 検索エンジンで調べると…

search🔍

"They ___ permission"（許可を得る）に相当する英語を検索すると、次のような結果が得られた。obtain permission や gain permission の用例が多いのは、permission（許可）は「苦労して手に入れる」ものだったり、「必要だから手に入れる」ものだからだろう。

検索ワード	ヒット数
"They acquired permission."	3,470
"They earned permission."	71
"They gained permission."	18,000
"They got permission."	2,180,000
"They obtained permission."	160,000

22. 手に入れる　｜　acquire / earn / gain / get / obtain

■ get　▶▶▶ネイティブイメージ「簡単に手に入れる」

あらゆる状況で気軽に「手に入れる」の意味で使える動詞。get a phone call（電話をもらう）、get permission（許可を得る）、get a cold（風邪を引く）など、手に入れる過程での努力や意志は特に関係なく、「比較的苦労せずに入手する」場合に用いる。

そのため、たとえば get a chance は、「苦労してチャンスを手に入れる」というよりも、「チャンスが向こうから転がり込んでくる」というニュアンスが強い。

get a chance（チャンスを手に入れる）

◆ 用例

☐ I *got* a chance to study engineering in Hawaii.
（ハワイで機械工学を勉強する機会を手にした）

☐ I *got* an opportunity to make a lot of money.
（私は大金を手にするチャンスを得た）

We googled it for you! 検索エンジンで調べると…

"I / He ___ a law degree"（私／彼は学位を取得した）に相当する英語表現を検索してみた。I acquired... や I obtained... の用例が少ないのは、これらの言い方に「威張っている」「誇示している」ような響きが感じられるからだろう。そのため、主語がI以外であれば、問題なく用いることができる。「自分」について用いる場合は、「努力」「苦労」という含みを持たない get を使うことがいちばん多い。earn には「がんばって取った」と、相手をほめるニュアンスがあるので、I以外の人に対して用いるならば、これがもっとも適切な動詞である。

検索ワード	ヒット数	検索ワード	ヒット数
"I acquired a law degree."	86	"He acquired a law degree."	14,900
"I earned a law degree."	14,800	"He earned a law degree."	585,000
"I gained a law degree."	106	"He gained a law degree."	13,700
"I got a law degree."	109,000	"He got a law degree."	86,700
"I obtained a law degree."	6,250	"He obtained a law degree."	104,000

■ obtain ▶▶▶ ネイティブイメージ「苦労して手に入れる」

　obtain a patent（特許を得る），obtain a promotion（昇進する）など、長年手に入れたいと願っているものを努力して獲得する際に用いる。物質的なものというより、許可や資格、学位など、入手するためにある程度の意志や取り組みを必要とする目的語に対して使う。ob- は「…に向かって」という意味の接尾辞。tain は「持っている」という意味なので、「手に入れられるよう…に向かって努力する」というニュアンスが根底にある。

obtain a degree（学位を取得する）

◆ 用例

☐ He finally *obtained* a master's degree after five years.
（彼は5年後、ついに修士号を取った）

☐ I *obtained* some valuable information from her.
（私は彼女から貴重な情報を手に入れた）

👍 Native Speakers Say It This Way!　ネイティブはこう使い分ける！

1. Young people should try to ＿＿＿＿ skills that will help them find work.

acquire	earn	gain	get	obtain
◎	×	○	△	○

　acquire wealth（富を手に入れる），acquire skills（技術を身につける）の言いまわしがあるように、acquire には「**大事な物を手に入れる**」ニュアンスがある。しかし、どのように入手するかの制限はなく、**acquire...through hard work**（一生懸命にやって…を手に入れる）でも、**acquire...through luck**（幸運なことに…を手に入れる）のどちらでも使える。入手するまでに費やした時間の長短にかかわら

22. 手に入れる | acquire / earn / gain / get / obtain

ず用いるが、**比較的長い年月を必要とする場合が多い。**

　一般に、skill（技術）を身につけるにはある程度の年月を必要とするため、この例文では acquire が最適とされた。

　一方、gain は能力や知識を習得するより、努力して「勇気や経験などを得る」という意味で使われることが多い。同じく obtain も、おもに「許可や資金、特許などを苦労してなんとか手に入れる」という表現で使われる。そのため、acquire より使用頻度は落ちるものの、ネイティブはこの2つの動詞も状況に応じて用いる。

　また英語として間違いではないが、get を使うと、大して苦労もせずに技術を習得したような、ややネガティブな印象を与えてしまう。

⇨ Young people should try to ***acquire*** skills that will help them find work.
（若者は、就業に役立つような技術の習得に努めるべきだ）

---

2. Paul _____ enough money working after school to travel around the world.

acquired	earned	gained	got	obtained
△	◎	×	○	△

　目的語が enough money のため、「（お金を）稼ぐ」に相当する語が入ると推測できる。選択肢でそれにあてはまるのは earn だ。

　earn はただお金を手に入れるというより、**ある程度の努力をして、ビジネスや商取引によりお金を稼ぐ場合**に用いる。「働いて稼ぐ」イメージがあり、決まり文句の You ***earned*** it. は、「その分の仕事はしたから」「そのくらいのことをした」という意味合いになる。**earn one's daily bread**（生活費を稼ぐ）、**earn overtime pay**（残業手当を稼ぐ）などの言いまわしもあり、「自ら努力して稼いだ」というニュアンスを強く表現できる。

　get は「入手する」の意味でいちばん一般的な語なので、もちろんこの状況で用いることも可能だ。ただし get だと、「簡単にお金を手に入れた」というニュアンスになってしまうため、最適とは言えない。

　acquire や obtain も文法的には OK だが、どちらも「お金を手に入れる」場合はあまり用いられない動詞である。

⇨ Paul *earned* enough money working after school to travel around the world.（ポールは放課後働いて、世界中を旅するのに十分なお金を稼いだ）

3. She _____ the respect of the community with her honesty.

acquired	earned	gained	got	obtained
△	◎	◎	△	×

　gain は、何か具体的に「ほしいものを手に入れる」イメージが強い。そのため *gained* an enemy（ヒット数 48,200）でも意味は通じるが、*gained* a friend（ヒット数 136,000）のほうがより自然に聞こえる。
　例文の目的語は the respect なので、「尊敬を集める」という意味を作るのがもっとも自然である。earn the respect of なら、「正直に努力してついに周囲から尊敬されるようになった」というイメージ。「自らの努力の成果」というニュアンスの表現になる。
　また、gain をあてはめて gain a person's confidence（人の信頼を得る）とすると、努力は関係なく、自分にとって価値あるもの（＝尊敬）を手に入れることができた、というイメージになる。
　get は文法的には問題ないが、相手に「それをくれ」とこちらから要求するようなニュアンスがある。そのため、respect と一緒に使うのは適当ではない。
　acquire も、respect のような「感情」に対してではなく、お金や貴重品など、何らかの価値ある具体物に対して使う動詞だ。earn the respect, gain the respect のいずれも意味が自然に通るため、ネイティブも両方を選んだ。

⇨ She *earned / gained* the respect of the community with her honesty.
（彼女は正直者なので、みんなから尊敬されていた）

4. I _____ 30 inquiries about the construction project.

acquired	earned	gained	got	obtained
△	×	×	◎	△

　この例文では、入手にいたるまでの努力や経緯には重点が置かれていないため、

22. 手に入れる　|　acquire / earn / gain / get / obtain

ただ単に「入手」を意味するのであれば、get が最適と思われる。
　get はあらゆる状況で「入手」の意味を表現できる、もっとも一般的な動詞だ。get sick（病気になる）や get well（良くなる）のように、「…な状況を手に入れる」の意味でも使える。
　この例文では 30 inquiries（30 の質問）が目的語となっており、「手に入れる」というより「受け取る」のほうがしっくりくる。選択肢で「受け取る」の意味を持つのは、get だけだ。そのため、ほぼすべてのネイティブが get を選んだ。
　ちなみに、「質問をする」の場合、**make inquiries** と make を用いる。

⇨ **I *got* 30 inquiries about the construction project.**
　（その建設計画に関する問い合わせが 30 件あった）

---

5. It took him three months to _____ a work permit in Canada.

acquire	earn	gain	get	obtain
△	×	×	○	◎

　obtain は、**必要なものを獲得する際に用いる語**。**obtain a visa**（ビザを入手する）、**obtain permission**（許可をもらう）など免許や資格を取得する際によく使われ、口頭表現ではなく、文書で目にすることが多い。
　ただ単に「手に入れる」のではなく、「必要なものを努力して取得する」意味合いが強くなる。そのため簡単には入手できない、得がたいものを目的語にすることが多い。work permit（労働許可）もまさにそのたぐいの目的語で、**obtain a work permit** で「労働許可を取得する」となる。
　get はもちろん、ここでも使用可能だが、obtain のほうが「取得するのに 3 ヶ月もかかった」ニュアンスを出せるだろう。
　acquire でも意味は通じるが、acquire はおもに知識や財産を目的語にすることから、ここでは△となった。

⇨ **It took him three months to *obtain* a work permit in Canada.**
　（彼はカナダでの労働許可を取得するのに 3 ヶ月かかった）

23
探す

hunt for / look for / search for / seek

▶▶▶ネイティブは、「探す」に関しては 1 語の単語 seek よりも、句動詞の hunt for や look for, search for を使って表現することが多い。つまり、より簡単な動詞を使って句動詞として言い表わそうとするが、その際どの句動詞を使うかは、その目的や内容によって異なる。

■ hunt for　▶▶▶ネイティブイメージ「必死に探しまわる」

「探す」「尋ねる」「捜索する」などの意味がある。ある程度の期間をかけて、必死にそこら中を探しまわるような意味で使われる表現。かなり「執着心」を強く感じさせる。hunt for deer（鹿を狩る）, hunt for clues（手がかりを探す）, hunt for profit（利潤を追求する）などの言いまわしがある。「就職活動」を意味する job hunting も、「必死になって探しまわる」というニュアンスがある。これもまさに hunt の基本イメージがよくわかる表現だ。

hunt for deer（鹿狩りをする）

◆ 用例
- I've been *hunting for* a new apartment for three months.
 （3ヶ月間、新しいアパートを探している）
- Police are *hunting for* the suspect, who has been charged with murder.（その殺人容疑者を、警察は探している）

We googled it for you!　検索エンジンで調べると…

"＿＿＿＿ the answer"（解答を○○する）の形でヒット数を調べたところ、多いもの

23. 探す | hunt for / look for / search for / seek

から look for, search for, hunt for, try to find, seek の順となった。look for と search for は言いまわしとしておなじみだが、hunt for のヒット数の多さにも注目すべきだろう。

検索ワード	ヒット数
"hunt for the answer"	29,000,000
"look for the answer"	82,200,000
"search for the answer"	44,000,000
"seek the answer"	357,000

■look for　▶▶▶ネイティブイメージ「目的のものを手に入れようと探す」

「探す」「見つける」「期待する」「(面倒などを)進んで受け入れる」などの意味がある。すでに目的とするものがあり、それを見つけ出す際に用いる動詞。何かを得ようとして、それを一生懸命探し求めるイメージがある。look for an answer (答えを探す), look for a sympathy (同情を期待する), look for trouble (余計なことをする) などの言いまわしがある。

look for an answer (探す)

◆ 用例

□ Could you help me? I'm *looking for* a blue umbrella.
　(ちょっといいですか？ 青い傘を探しているんですが)
□ Let's *look for* a nice hotel on the Internet.
　(インターネットでいいホテルを探そう)

We googled it for you!　検索エンジンで調べると…

search

"＿＿＿ a job" (仕事を○○する) の形でのヒット数を調べた。「仕事を探す」の言いまわしではダントツで search for だが、そのほかの動詞もかなりの頻度で使われているのがわかる。

検索ワード	ヒット数
"hunt for a job"	1,320,000

161

"look for a job"	3,040,000
"search for a job"	56,400,000
"seek a job"	532,000

■ search for ▶▶▶ネイティブイメージ 「あとを追って探しまわる」

「捜索する」「探求する」という意味の句動詞。問題の原因や欠陥、ほしくても手に入らないものなど、なかなか見つからないものを探し求めるイメージがある。search for a cure（治療法を探す）, search for a flaw（欠陥を探す）, search for a pinch hitter（代わりの人を探す）などの言いまわしがある。

search for a cure（治療法を探し求める）

◆ 用例

☐ The detectives are still *searching for* the bank robbers.
（刑事たちはまだ銀行強盗を捜索中だ）

☐ Scientists have been *searching for* the cure for cancer.
（科学者らはがんの治療法をずっと探し求めている）

■ seek ▶▶▶ネイティブイメージ 「探し求める」

「（人やものを）探し求める」「（富や名声などを）手に入れようとする」「（…しようと）努める」などの意味がある。自分がほしいものを手に入れるために、がんばって努力するイメージの動詞。seek advice（アドバイスを求める）, seek a close relationship（親密な関係を求める）, seek a comment（意見を求める）などの言いまわしがある。

seek advice（アドバイスを求める）

◆ 用例

☐ People all around the world *seek* peace and freedom.
（世界中の人びとが自由と平和を求めている）

☐ The President *sought* to help people in poverty.

23. 探す | hunt for / look for / search for / seek

（大統領は生活の苦しい人びとを助けようとした）
*seek to do で「…しようと努力する」という意味になる。

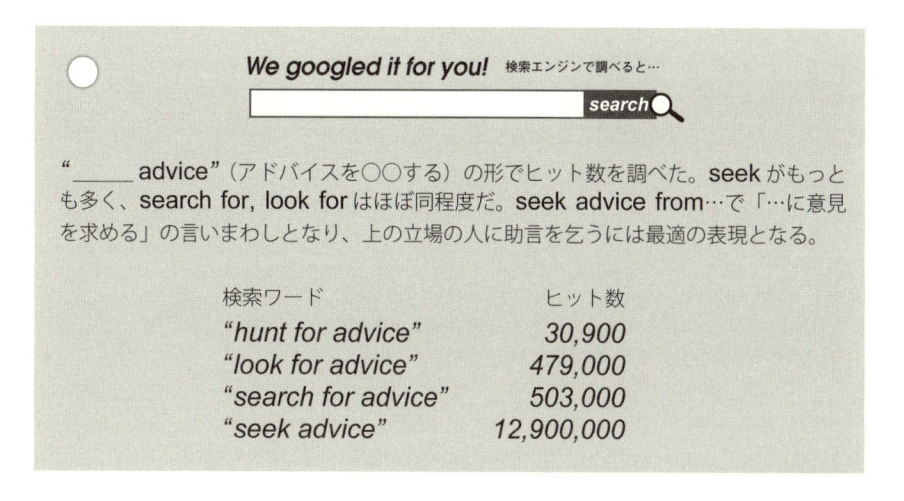

We googled it for you! 検索エンジンで調べると…

"＿＿＿ advice"（アドバイスを○○する）の形でヒット数を調べた。**seek** がもっとも多く、**search for, look for** はほぼ同程度だ。**seek advice from**…で「…に意見を求める」の言いまわしとなり、上の立場の人に助言を乞うには最適の表現となる。

検索ワード	ヒット数
"hunt for advice"	30,900
"look for advice"	479,000
"search for advice"	503,000
"seek advice"	12,900,000

👍 **Native Speakers Say It This Way!** ネイティブはこう使い分ける！

1. In order to survive, we had to ＿＿＿ animals to kill and eat.

hunt for	look for	search for	seek
◎	○	△	×

hunt といえば、イギリス人はキツネをイメージする。hunt はイギリス英語だと、「キツネ狩りをする」の意味がある。

一方アメリカ人が hunt と聞けば、「狩猟と仕事」をイメージする。**hunt for deer**（鹿狩りをする）や **hunt for a job**（就職口を探す）を連想するはずだ。例文は animals が目的語のため、hunt for が最適だ。

look for とよく似ているが、hunt for は本来「狩り」を意味する表現であるため、**逃げる動物や就職口など、手に入れにくいものに対して用いられる**。

したがって、I'm *hunting for* my keys. では、少し大げさになる。「鍵を探して

163

います」ではなく、「あちらこちらずっと鍵を探しまわっている」と聞こえてしまう。

　一方、look for はほしいものを探す際に使う句動詞で、**look for a better future**（より良い未来を模索する）、**look for a constructive relationship**（協力的な関係を期待する）など、前向きなニュアンスで使われる。例文で使っても意味は通るが、hunt for が最適となるため、look for は○だろう。

　search for は、ただ「探す」というより「探求する」という意味合いが強い。難病の治療法を探すように、そう簡単には見つからないものを追い求めるイメージになる。この例文でも意味は通るが、かなり大げさとなるため、△となった。

⇨ In order to survive, we had to ***hunt for*** animals to kill and eat.
（生き残るために私たちは動物を探し、殺して食べなくてはならなかった）

---

2. I've _____ everywhere [for] my passport, but I can't find it.

hunted for	looked for	searched for	sought for
△	○	◎	×

　選択肢ではおそらく look for がいちばん曖昧で、ほぼどんな文にも使える。I *looked* hard *for* my passport.（私はパスポートを一生懸命探した）や、I *looked* everywhere *for* my passport.（私はパスポートを見つけようといろいろな所を探した）でも、「一生懸命探す」と表現することができる。

　さらに **I looked around for...**（私は…を探してあたりを見まわす）なら「軽く探す」ニュアンスになる。I *looked* around *for* my keys for a few minutes.（私は数分間、カギを探してあたりを見まわした）も自然な文だ。

　しかし、たとえば店で商品を探すのに I'm ***looking for*** a scarf. と言うが、この〈look for ＋商品〉は、「探す」より「…はどこですか」という疑問文に近いニュアンスになる。このように、「ものを探す言いまわし」として、look for は非常によく使われる。

　一方、なかなか見つからないものを探すなら、search for も使える。**search for a spouse**（結婚相手を探す）、**search for a missing person**（行方不明者を捜す）など、一生懸命に探す雰囲気が出るだろう。

　hunt for にもくまなく探す意味があり、文法的にも OK だが、hunt（狩り）のイメージが強いため、かなり大げさに聞こえてしまうので、ここでは△となった。

23. 探す | hunt for / look for / search for / seek

⇨ I've ***searched*** everywhere ***for*** my passport, but I can't find it.
(私はパスポートを見つけようとあらゆる場所を探したが、見つけられない)

3. He moved to the city to _____ wealth and fame.

hunt for	look for	search for	seek
×	○	△	◎

　seek は、どちらかといえば文学的な言葉。気軽に I'm seeking my keys. などと表現することは、まずありえないだろう。しかし、小説の一節ならば He moved to the city to ***seek*** wealth and fame.（彼は富と名声を求めてその街に引っ越した）と言うこともできるだろう。

　seek freedom（自由を求める）や **seek wisdom**（知恵を求める）などは、「旅に出かけて何かを探す」ロードムービー的な雰囲気がある。身近にはないものを、遙か遠くに探しに行くイメージだ。このように、seek には「そうやすやすと手に入らないすばらしいもの」を追い求めるニュアンスがある。

　一方で、**seek to do...** だと He's not ***seeking*** to do anyone any harm.（彼は誰にも害を加えようとしていない）のように、「…しようとする」「…したい」という意味になる。単に want to do... と表現するよりも、少し形式張って言っているように聞こえる。

　例文は、**見はてぬ夢を追い求めるニュアンス**が出る seek が最適となる。単に「求める」なら、look for ももちろん OK だ。seek のような前向きなイメージはないが、「探しまわる」を強調するなら、search for も使えなくはないだろう。

⇨ He moved to the city to ***seek*** wealth and fame.
(彼は富と名声を求めてその街に引っ越した)

24
話す

address / say / speak / talk / tell

▶▶▶「話す」に使う address, say, speak, talk, tell は、中学生レベルで習う日常語だ。しかし、その使い分けをきちんと理解している人は、意外に少ないように思う。どんな相手に、どんな内容を、どのように伝えるか、それぞれのニュアンスをつかんでほしい。

■ address ▶▶▶ ネイティブイメージ「演説する」

「(人に) 話しかける」「(人を) …と呼ぶ」「申し込む」「(問題などを) 扱う」などの意味がある。形式張った言葉で、日常の会話ではあまり使わない。演説のようなフォーマルな場でのスピーチに使うイメージがある。address an audience（聴衆に演説する）, address a warning to...（…に警告する）, address a conference（会議で演説する）などの言いまわしがある。

address the nation（国民に演説する）

◆ 用例

□ She was chosen to *address* the UN General Assembly on the refugee issue.（難民問題について国連総会で演説するために、彼女が選ばれた）
□ The Secretary-General of the UN *addressed* the students at their graduation ceremony.（国連事務総長は卒業式で生徒に話しかけた）

We googled it for you! 検索エンジンで調べると…

"the president _____ me."（大統領は私に○○した）と "the president _____ the crowd."（大統領は群衆に○○した）のヒット数を調べた。上の立場の人間が、個人に話しかける時と集団に話しかける時で、使う動詞がどのように違うかがわかる。

はずだ。ここから、集団に話しかける場合は **say** と **talk** がまず使われないことから、この２つの動詞が少人数のあいだで使われる動詞だとわかるだろう。

検索ワード	ヒット数
"the president addressed me"	3,340
"the president addressed the crowd"	11,600
"the president said something to me"	130,000
"the president said something to the crowd"	0
"the president spoke to me"	18,800
"the president spoke to the crowd"	94,000
"the president talked to me"	8,670
"the president talked to the crowd"	6
"the president told me"	1,410,000
"the president told the crowd"	134,000

■ say　▶▶▶ネイティブイメージ「思ったことをそのまま言う」

「言う」「話す」「表わす」などの意味がある。日常、頻繁に耳にする言葉で、どちらかといえば取るに足らない内容を、ふいに口に出すような際に使う。また、引用など人の発言をそのまま伝える時にも用いる。say hello to...（…によろしくと伝える），say to oneself（独り言を言う），say something to...（人に…を言う）などの言いまわしがある。

say something to a friend
（友人に何か言う）

◆ 用例

☐ If you see Mary, don't *say* anything about this project.
（メアリーに会っても、このプロジェクトのことは何も言うなよ）

☐ He *said* something, but I couldn't hear him very well.
（彼は何か言ったが、よく聞こえなかった）

We googled it for you! 検索エンジンで調べると…

"he said he likes" "he said he liked" "he says he likes" の3つのフレーズのヒット数を比較してみた。「言った」のは「過去」のことであるから、「文法的に正しい」形は、he said he liked である（過去形の said との「時制の一致」によって、like も過去形になっている）。

しかし、もっともヒット数が多かったのは、he said he likes だ。実は、he said he liked... は、「彼は好きだと言っていたけど、今はそうじゃない」という意味に解釈されてしまう可能性がある。これを避けるため、ネイティブたちは、「あえて」時制の一致のルールを破っているのだろう。

検索ワード	ヒット数
"he said he likes"	21,100,000
"he said he liked"	14,300,000
"he says he likes"	9,660,000

■ speak　▶▶▶ネイティブイメージ「情報を不特定の人に伝える」

「話す」「演説する」「伝える」「表わす」などの意味がある。相手に情報を伝えるのが主目的のため、一方的に話す場合にも用いる。フォーマルなものから日常会話まで、また少人数から不特定多数の大人数まで幅広く使える。speak to…（…に話しかける），speak for...（…に賛成意見を述べる），speak of A as B（A のことを B と言う）などの言いまわしがある。

speak into a microphone
（マイクで話す）

◆ 用例

☐ He *spoke* to all the employees in the company.
（彼は会社の全従業員に話しかけた）

☐ I *spoke* to the president of the company on the phone yesterday.
（昨日、会社の社長と話をした）

24. 話す ｜ address / say / speak / talk / tell

We googled it for you! 検索エンジンで調べると…

"_____ his friends"（友人に○○した）と、"_____ the citizens"（市民に○○した）の2種類でヒット数を調べた。his friends の場合、tell, say, speak, talk, address の順、the citizens の場合、speak, talk, tell, address, say となった。この違いから、ネイティブ感覚がわかる。

検索ワード	ヒット数
"addressed his friends"	1,250,000
"addressed the citizens"	74,000
"said something to his friends"	3,810,000
"said something to the citizens"	2
"spoke to his friends"	3,460,000
"spoke to the citizens"	14,200,000
"talked to his friends"	2,300,000
"talked to the citizens"	2,300,000
"told his friends"	7,670,000
"told the citizens"	158,000

■ talk　▶▶▶ ネイティブイメージ「しゃべる」

「話す」「しゃべる」「相談する」「噂話をする」などの意味がある。不特定多数に話をするのではなく、相手を認識した上で話すため、打ち解けた少人数での会話に使われることが多い。フォーマルというより、くだけた内容のほうが多い。talk about...（…について話す、話題にする）, talk to...（…に話しかける）, talk someone out of...（人を説得して…をやめさせる）などの言いまわしがある。

talk about the weather
（天気について話す）

◆ 用例

☐ I need to *talk* to you about something kind of important.
（ちょっと大事な話があるんだけど）

☐ I stayed up all night *talking* with my former coworkers.
（前の職場の同僚と夜通し語り合った）

■ tell ▶▶▶ ネイティブイメージ 「情報を相手に伝える」

「告げる」「話す」「伝える」「命じる」などの意味がある。相手を認識した上で情報などを伝える際に使う。tell someone to...（人に…するように言う），tell A from B（AとBを区別する），tell on...（…に言いつける、…に悪影響をおよぼす）などの言いまわしがある。

tell the truth（本当のことを言う）

◆ 用例

☐ Could you *tell* me how many times this defect has occurred?
（この欠陥が何回起こったかわかる？）

☐ *Tell* me about your company. I'd like to know more.
（あなたの会社について教えて。もっと知りたいな）

We googled it for you!　検索エンジンで調べると…

"＿＿＿ me"（私に○○した）の形でヒット数を調べたところ、多いものから tell, talk, speak, say, address の順となった。身近な人から話しかけられた際、ネイティブはどの動詞を使ってそれを表現するかの参考になるだろう。

検索ワード	ヒット数
"addressed me"	335,000
"said something to me"	2,110,000
"spoke to me"	21,900,000
"talked to me"	69,700,00
"told me"	838,000,000

24. 話す | address / say / speak / talk / tell

> **Native Speakers Say It This Way!** ネイティブはこう使い分ける！

1. The president _____ the nation and talked about the challenges in his annual State of the Union message to Congress.

addressed	said	spoke to	talked to	told
◎	×	○	△	×

　address にはさまざまな意味があるが、「話す」の場合、**大勢の前でフォーマルに話をする**イメージがある。しかも、壇上から不特定多数の大人数に向けて一方的に話しかける図だ。アメリカ人なら、すぐに **address the nation**（国民に向けて演説する）を連想するだろう。

　例文は、「大統領は年頭教書の演説をした」という文のため、間違いなく address が最適だ。これが He addressed me. なら「私に声をかけた」となり、単に「話しかけた」というより、フォーマルな言い方になる。

　speak にも「一方的に話をする」イメージがあるため、speak to the nation でも意味は通じる。しかし、かなりリラックスした印象となるため、この例文では○程度だろう。

　talk を使って talk to the nation とすれば、もっとくだけた雰囲気になり、「国民とざっくばらんに話をする」ように聞こえる。意味は通じるが、ここでは△だ。

　小説では Bill *addressed* his friends and told them he was getting married.（ビルは友人に話をし、結婚することを告げた）といった表現を目にすることもあるかもしれないが、これだとかなりかしこまった感じになる。address を日常的に「話す」の意味で使うことは、まずないと考えていいだろう。

⇨ The president *addressed* the nation and talked about the challenges in his annual State of the Union message to Congress.
（大統領は年頭教書で国民に向けて演説をし、課題について話した）

2. He's been late several times. Maybe I should _____ something to him.

address	say	speak to	talk to	tell
×	◎	×	×	×

say は「何か一言、特に内容を深くは考えず口に出す」イメージの語だ。相手はいるものの、思わず口にしてしまったような、軽い雰囲気がある。

報道でも "...," he said. とよく使い、子供に何か言わせる時には **Say please.**（お願いって言いなさい）などと言う。say は**頻繁に使う、非常に日常的な動詞だ**。

そのため決まり文句が多いのも、say の特徴だといえる。**I didn't say anything.**（何も言ってない），**Say what you like.**（何を言おうと），**Say something.**（何か言いなさい），**Say no more.**（その先は言わないで）など、山ほどある。

例文は **say something to...**（…に何か言う）の言いまわしを使っているため、say が◎となる。選択肢で、ほかにこの言いまわしを使える動詞はない。余談だが、..., he said と書き言葉で使う場合、ほとんどが「…と彼は言った」の意味しかない。しかし、話し言葉では注意が必要だ。

たとえば He *said* he was busy. は「彼は忙しいって言ったんだって」、つまり「**そう言ってるけど、実際には違うかもね**」というニュアンスになるのだ。これは He said he was busy... のあとに、but I don't believe him. が来ると考えられるためである。ネイティブにすれば、これは自然な話の流れなのだが、日本人の感覚ではむずかしいかもしれない。

一方、tell を使った He told me he was busy.（彼は忙しいと私に言った）に、そのようなニュアンスはあまりない。

また、168 ページの "We googled it for you!" をご覧いただきたいが、たとえば He *said* he <u>liked</u> his job.（彼は仕事を好きだと言った）と言った場合、said は過去形なので「前は仕事を好きだと言ったけれど、今は嫌いだ」となることもある。He *said* he <u>likes</u> his job. も、多少その可能性はある。誤解を避けるには、He *says* he <u>likes</u> his job. と言えば「彼は好きだと言ったし、今でも好きだろう」となる。

これらはあくまでも話し言葉の問題で、文を書く時はあまり気にする必要はない。しかし、ネイティブにも判断はむずかしく、会話の前後関係から判断するのがいいだろう。

⇨ He's been late several times. Maybe I should *say* something to him.
（彼は何回も遅刻している。彼に何か言うべきなのかもしれない）

24. 話す　address / say / speak / talk / tell

3. She _____ in a low voice, so I thought something was wrong.

addressed	said	spoke	talked	told
×	×	◎	○	×

　speak は、相手が 1 人でも大勢でも、また簡単な内容でも重要なことでも、あらゆる状況で使える動詞だ。ただし、おたがいに「話し合う」のではなく、一方的に話す場合が多い。相手を意識せず、自分が話すことに焦点を置いた言い方だ。
　選択肢のうち address はかなり特徴のある動詞だが、ほかの 4 つの区別はむずかしいかもしれない。speak と 1 つずつ比較して、ニュアンスの違いを見ていこう。
　say と speak は、話し手である自分に焦点が置かれている点は共通するが、話の内容や対象が異なる。say は取るに足らない内容が多いが、speak は**重要な情報の伝達**にも使える。また**公の場で話をする**なら、say ではなく speak だ。
　talk と speak は、talk がおたがいに話し合うイメージがあるのに対して、speak は**一方的に話をする印象**がある。また、talk なら打ち解けた話だが、speak だと**フォーマルな話の場合**もある。
　また tell と speak は情報を相手に伝える点では似ているが、tell は不特定多数ではなく、相手を認識した上で話す。そのため、tell は相手に直接伝達する印象があるのに対し、speak は**相手が聞いていようがいまいが、一方的に伝えるニュアンス**がある。
　例文は、「何か異常事態が起こったので、彼女は声をひそめて話をした」という文脈になる。彼女が一方的に重要な話をしたと考えれば、最適なのは speak だ。
　しかし、2 人が親密な関係で内緒話をしたと考えれば、talk でもいいだろう。

⇨ She ***spoke*** in a low voice, so I thought something was wrong.
（彼女が低い声で話すので、何か問題があるのだと思った）

4. Let's _____ about that issue after this meeting.

address	say	speak	talk	tell
×	×	△	◎	×

　talk の基本イメージは、話し相手を認識しての会話だ。
　I *talked* to him about my problems.（私は彼に悩みを相談した）や、He *talked* to me about everything.（彼は私にどんなことでも話した）のように、**talk to someone about…**（人と…について話をする）の言いまわしは、非常によく使う。
　もし talk を使って一方的に話すならば、スピーチのように、He *talked* about the economy.（彼は経済について話した）などと言う。
　talk to と talk with の違いについては、ネイティブ同士でもよく議論になる。しかし、簡単に言えば、talk to は短い会話が多いため、簡単な内容になることだろう。一方 talk with だと、本腰を入れて話し込む、重要な相談事のように聞こえる。
　I *talked* to him at the party.（私は彼とパーティで話をした）や、I *talked* with him at length during the conference.（私は彼と会議のあいだ、長々と話をした）ならばイメージしやすいだろう。
　talk to は 2 人一緒にいるものの、1 人が中心となって話している様子が、talk with は 2 人で楽しく会話をしている感じがする。そのため I talked to her for hours. より、I *talked* with her for hours.（私は何時間も彼女と話をした）のほうが、自然に聞こえる。しかし、実際はどちらを使っても、修正されるほど不自然には聞こえない。
　例文は、「話し合おう」に相当する語が入ることから、talk が最適となる。「その問題についての考えを述べよう」とすれば speak でも間違いではないが、やや不自然に聞こえる。そのため、talk が◎と、speak が△と判断された。
　余談だが、わずかにアメリカ英語では talk with を好み、イギリス英語では talk to が好まれる傾向があるようだ。

⇨ Let's *talk* about that issue after this meeting.
　（この会議のあと、その問題について話し合おう）

24. 話す | address / say / speak / talk / tell

5. I didn't _____ him about our plans, so I don't know why he knows.

address	say anything to	speak to	talk to	tell
×	○	○	○	◎

tell は、1人もしくは複数に話をする際に使うが、たいていは「具体的な1つのこと」を伝える時だ。何かを言ったという事実より、**言った内容そのものが重要**となる。

He said he was busy.（彼は忙しいと言った）の場合、He said の「言った」が目立つように聞こえる。「彼は忙しそうだ」のようなニュアンスで、単に「何かを言った」ということに焦点が置かれる。しかし、He ***told*** me he was busy.（彼は私に忙しいと言った）は、he was busy の「忙しい」が目立つように聞こえる。

これは say の場合、取るに足らない内容が多いが、tell の場合、**情報を伝達する目的で話をする**からだ。

say と tell の場合、直接話法と間接話法の問題もある。詳しい説明は省くが、簡単に言えば、発言内容をそのまま直接伝えるなら、say ＋引用符（" "）、間接的に伝えるなら、say / tell someone that... などとなる。

新聞などの報道では、直接的な引用となる "...," he said を多く使うが、**日常会話では、間接的な言い方となる he told をよく耳にする**。

「tell ＋引用符ならばいいのか？」と思うだろうが、He told me, "I'm busy." では不自然。tell の場合、He ***told*** me he was busy. が自然だ。

例文は、「計画について彼に話さなかった」となる。tell ならば、**相手を認識した上で情報を伝える**から、最適の◎と判断される。say anything to / speak to / talk to なら意味は通じるが、それぞれのニュアンスから最適とは判断できない。

⇨ I didn't ***tell*** him about our plans, so I don't know why he knows.
（私たちの計画について彼に話をしなかったので、なぜ彼が知っているのか私にはわからない）

25
否定する / 拒否する

deny / decline / refuse / reject

▶▶▶ 否定表現もニュアンスにより、ただ単に「認めない」から「拒否する」「断る」「却下する」など幅広い言いまわしがある。使い方によっては相手に失礼な表現となる可能性もあり、注意が必要だ。それぞれのイメージを把握し、的確に使い分けよう。

■ deny ▶▶▶ネイティブイメージ「認めない」

「（事実ではないと）否定する」「（価値などを）認めない」「（要求を）拒否する」など、相手の発言やほかの物事を否定する表現に用いる。しかし、ただ否定するだけで、正反対のことが正しいと主張するわけではない。deny doing anything wrong（何も悪いことはしていないと言う）, deny a request（要求を拒否する）, deny any link with（…との関係を否定する）などの言いまわしがある。

deny doing anything wrong
（何も悪いことはしていないと言う）

◆ 用例

□ They *denied* all connection with the crime.
（彼らはその犯罪との関係をすべて否認した）

□ He *denied* a request to run for President.
（大統領選出馬への要請を拒んだ）

We googled it for you! 検索エンジンで調べると…

search

"＿＿＿ my request"（私の依頼を断る）と、"＿＿＿ my invitation"（私の招待を断る）の2種類の異なる表現で、ヒット数を調べた。my request に対しては、多い順に deny, reject, refuse, decline となり、my invitation に対しては、decline, reject, refuse, deny となった。request には deny が、invitation には decline

がもっとも多い。「依頼」と「招待」で、断る姿勢の違いが垣間見える。

検索ワード	ヒット数	検索ワード	ヒット数
"deny my request"	625,000	"deny my invitation"	18,600
"decline my request"	71,600	"decline my invitation"	56,100
"refuse my request"	113,000	"refuse my invitation"	31,500
"reject my request"	282,000	"reject my invitation"	31,800

■ decline　▶▶▶ネイティブイメージ「ていねいに断る」

「(申し出や招待などを)辞退する、断る、拒否する」など、公式に何らかの申し出を断る際に使う動詞。「減少する」「衰える」の意味もある。refuse よりも穏やかなニュアンスの言葉で、丁重に断る時に用いる。文書で使われることが多い。decline comment on...（…に関するコメントを拒否する）, decline dessert（デザートを断る）, decline one's invitation（…の招待を断る）などと使う。

decline dessert（デザートを断る）

◆ 用例

□ He *declined* discussing it any further.
（彼はそれについてさらに論ずることを拒否した）
□ I *declined* his invitation to go out drinking.
（私は飲みに行こうという彼の誘いを断った）

■ refuse
▶▶▶ネイティブイメージ「断固拒否する」

「嫌がる」「拒絶する」「許さない」など、強い姿勢で何かを断る場合に使う。「拒否」の姿勢を示すのに、もっとも一般的に使われる動詞。refuse to eat bell peppers（ピーマンを食べるのを拒否する）, refuse a proposal（申込を拒絶する）などの言いまわしがある。

refuse to eat bell peppers
（ピーマンを食べるのを拒否する）

◆ 用例

☐ She *refused* to give up her seat.
（彼女は席を譲るのを拒否した）

☐ They were *refused* admittance to the game.
（彼らはその試合への入場を拒まれた）

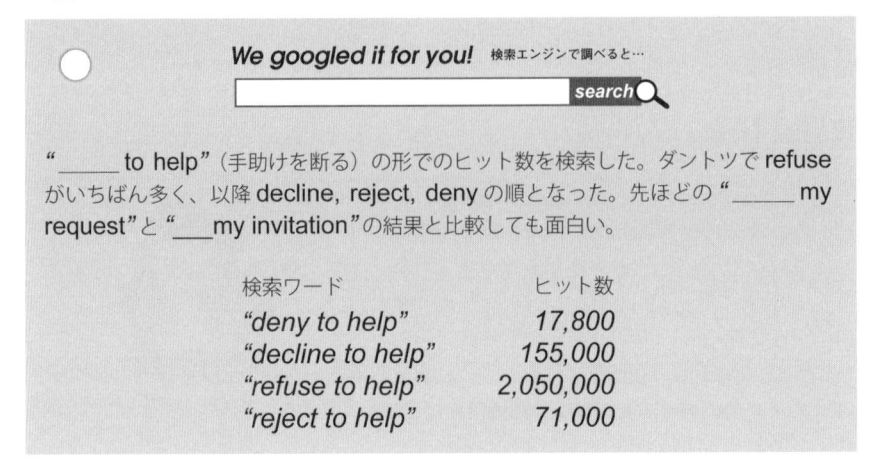

We googled it for you! 検索エンジンで調べると…

"＿＿＿ to help"（手助けを断る）の形でのヒット数を検索した。ダントツで refuse がいちばん多く、以降 decline, reject, deny の順となった。先ほどの "＿＿＿ my request" と "＿＿ my invitation" の結果と比較しても面白い。

検索ワード	ヒット数
"deny to help"	17,800
"decline to help"	155,000
"refuse to help"	2,050,000
"reject to help"	71,000

■ reject ▶▶▶ネイティブイメージ 「断固拒否する」

「（要求や提案、訴えを）拒絶する、拒否する」「（法案などを）却下する、棄却する」「（不適切なものを）不合格とする」など、refuse よりも断固たる姿勢で拒絶を伝える際に使う。reject one's marriage proposal（結婚の申込を拒否する）, reject a case（訴訟を棄却する）, reject a job applicant（就職希望者を不採用にする）などと用いる。

reject his marriage proposal
（彼のプロポーズを拒否する）

◆ 用例

☐ He quickly *rejected* her proposal.
（彼は即座に彼女の提案を拒否した）

☐ The jury *rejected* the accused's entire testimony.
（陪審は被告人のすべての証言を却下した）

25. 否定する / 拒否する　｜　deny / decline / refuse / reject

👍 Native Speakers Say It This Way!　ネイティブはこう使い分ける！

1. She _____ that she was in the room when the crime took place.

denied	declined	refused	rejected
◎	×	×	×

deny は、人から悪い行ないを責められ、それを否定する際に使う動詞。He couldn't *deny* that he cheated on the test.（彼はテストでカンニングしたことを否定できなかった）や、He *denied* having said such a thing.（彼はそんなことを言ったことはないと言った）など、人からかけられた嫌疑を否認する場合に用いる。

例文は、that 以下の内容（その犯罪が発生した時、彼女が部屋にいたこと）を彼女が「否定した」とすれば、意味がスムーズに通る。

各動詞のおもな意味を見ていくと、decline（断る）と refuse（拒否する）、reject（拒絶する）は、人の意見などをまったく受けつけない「はねのける」表現となる。しかし deny だけは、相手の意見を聞いたものの、それを認めない**「否定する」表現**だ。

そのためこの例文では、deny のみが◎となった。

deny には、報告書などでよく目にする **It can't be denied that...（…は否定できない [くらいの証拠がある]）** のフレーズもある。It can't be *denied* that the earth is getting warmer.（地球が暖かくなっているのは否定できない）、It can't be *denied* that we need to devote more resources to this problem.（この問題にもっと多くの資金をつぎ込む必要があるのは否定できない）とも使われる。

ほかに、She claimed she wasn't in the room when the crime took place.（その犯罪が発生した時、彼女は部屋にいなかったと主張した）も、同じような意味になる。

⇨ She *denied* that she was in the room when the crime took place.
（その犯罪が発生した時、彼女は部屋にいたことを否定した）

2. The disgraced actor _____ to answer questions from the reporters.

denied	declined	refused	rejected
×	○	◎	×

　decline（辞退する）は、人からの申し出や招待を、適切かつていねいに断る動詞だ。一方 refuse（拒否する）は、**相手を拒むように強く断るニュアンス**を持つ。選択肢の「断る」動詞をていねいなものから順に挙げると、decline＞refuse＞reject となる。

　いちばん穏やかな言い方が decline で、次が「**拒否**」のニュアンスを表わす refuse、さらに強く相手を退けるような断固たる言いまわしが「却下する」の reject である。

　例文は、to 不定詞以下の answer questions from the reporters（レポーターからの質問に答える）のを「断る」「拒否する」にあたる言葉が入ると考えられる。

　ていねいに「断る」ならば decline で、The disgraced actor *declined* to answer questions from the reporters.（醜態をさらした俳優は、レポーターからの質問に答えるのを断った）となる。

　しかし、decline よりも強く「**拒否**」の**姿勢を示す**時は、refuse が用いられる。**refuse an interview**（取材を拒否する）の言いまわしもあり、また例文にパパラッチのようなイメージがあるためか、ここでは強いニュアンスを持つ refuse を選んだネイティブが多かった。

　両者のニュアンスの違いを比較してみよう。

　He *declined* to answer the reporter's polite question.（彼はレポーターのていねいな質問に答えるのを断った）

　He *refused* to answer the reporter's rude question.（彼はレポーターの失礼な質問に答えるのを拒否した）

　decline を使えば、ていねいな断りになり、refuse 用いれば、拒否の姿勢を示すことができる。

　一方、reject は「却下」「拒絶」に近いイメージがあるため、この例文で使うには強すぎると言える。

⇨ The disgraced actor *refused* to answer questions from the reporters.
　（醜態をさらした俳優は、レポーターの質問に答えるのを拒否した）

25. 否定する / 拒否する　｜　deny / decline / refuse / reject

3. Thank you for your kind offer, but I will have to _____ .

deny	decline	refuse	reject
×	◎	×	×

文脈から、ここは「否定する」「拒否する」ではなく「断る」が適切だ。選択肢で「断る」の意味があるのは decline だけである。そのため◎は１つとなった。

しかも decline を使えば「ていねいさ」も出せるので、**申し出や招待を辞退するにはうってつけの言葉になる**。

I'm sorry to say that I'm obliged to ***decline***. （残念ですがお断りいたします）や I will have to ***decline***. （お引き受けしかねます）は「フォーマルなお断りの言いまわし」なので、覚えておくといいだろう。

⇨ Thank you for your kind offer, but I will have to ***decline***.
（申し出はありがたいのですが、お断りしなくてはいけません）

---

4. Mark _____ my offer to loan him money to start a business.

denied	declined	refused	rejected
×	○	◎	○

decline はていねいに断るイメージがあり、この状況でも使うことができる。Mark ***declined*** my offer to loan him money to start a business. （起業するためのお金を借すという私の申し出を、マークは断った）となり、自然な言い方だ。

しかし、**断固たる態度で「（せっかくの好意的な申し出を）拒否した」**とマークを批判的にとらえるなら、Mark ***refused*** my offer to loan him money to start a business. （起業するためのお金を借すという私の申し出を、マークは拒否した）と表現することもできる。

そして、さらに厳しい態度を取るならば、Mark ***rejected*** my offer to loan him money to start a business. （起業するためのお金を借すという私の申し出を、マークは拒絶した）としてもいい。reject には、頭ごなしに申し出をはねつけるようなニュアンスがあり、The king ***rejected*** the request. （王様は要求を却下した）といった形で使われる。

ここでは「お金を貸してほしい」と下手に出てお願いしたことから、「断固た

る態度で拒否した」と考えたネイティブが多かったようだ。refuse が◎として、reject と decline が○として判断された。

⇨ Mark *refused* my offer to loan him money to start a business.
（マークは彼が起業するのにお金を貸そうという私の申し出を拒否した／却下した）

26 減る

decline / decrease / drop / lower / reduce

▶▶▶「減る」の表現は数量や大きさ、程度などに用いられ、それぞれ内容によって「減少する」「下降する」「衰える」などと言い分けられる。decline, decrease, drop, lower, reduce は数値に関わる表現が多いため、言い間違えに注意したい。

■ decline ▶▶▶ネイティブイメージ「衰える、断る」

「傾く」「下落する」「衰える」「断る」など、右下がりな状態、または拒否の姿勢を示すのに用いる語。傾向として下落するものをいう。decline over the years（年々減少する）, decline rapidly（急速に低下する）, decline gradually（徐々に低下する）などの言いまわしがある。

declining interest rates（金利の低下）

◆ 用例

☐ Many believe the birthrate has been *declining* due to the economic situation.（出生率の減少は経済状況によるものだと、多くの人が信じている）
☐ The number of participants has *declined* by 32 percent since May.（参加者数は5月から32％減少している）

■ decrease ▶▶▶ネイティブイメージ「下降する」

原義は「下へと成長する」。そこから「減る」「下げる」を意味する語として使われるようになった。現象として、数量や程度が徐々に減るような場合に用いる。decrease one's salary（給料を減らす）, decrease by 20 percent（20％

decrease one's salary
（給料を減らす）

減る), decrease with time（時が経つにつれて減少する）などの表現がある。

◆ 用例

□ It's believed that the format change *decreased* web traffic.
（フォーマットの変更で、ウェブトラフィックが減少したと考えられている）

□ Salaries are being *decreased* due to the recession.
（不景気ゆえに給料が減らされている）

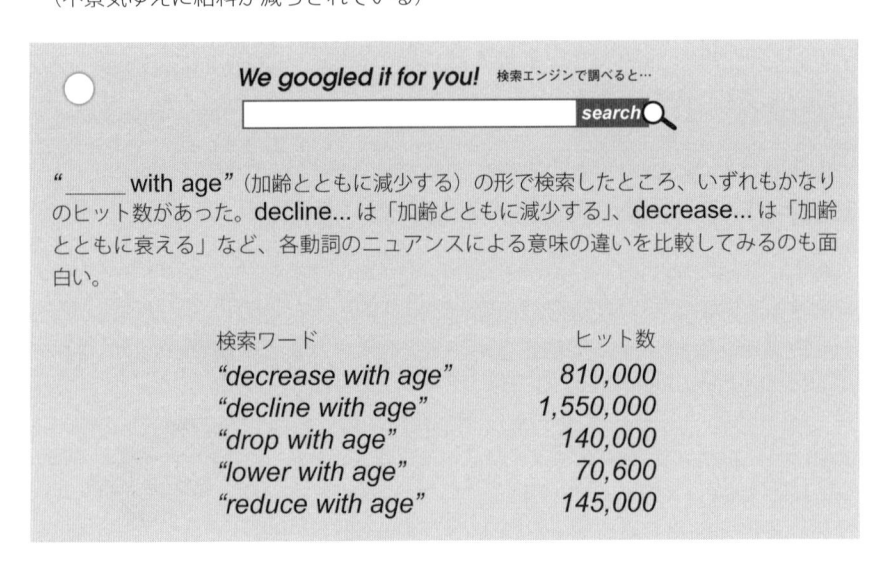

We googled it for you! 検索エンジンで調べると…

"＿＿＿ with age"（加齢とともに減少する）の形で検索したところ、いずれもかなりのヒット数があった。decline... は「加齢とともに減少する」、decrease... は「加齢とともに衰える」など、各動詞のニュアンスによる意味の違いを比較してみるのも面白い。

検索ワード	ヒット数
"decrease with age"	810,000
"decline with age"	1,550,000
"drop with age"	140,000
"lower with age"	70,600
"reduce with age"	145,000

■ drop ▶▶▶ネイティブイメージ「まっすぐ降下する」

「落ちる」「たれる」「倒れる」「散る」などの意味がある。しずくや花などが、まっすぐ落下するイメージの動詞。drop to the bottom of the class（クラスでビリになる）, drop to the lowest level ever（過去最低レベルに下がる）などと使う。

◆ 用例

□ It's obvious that the work ethic has *dropped* in the last few weeks.
（労働倫理が数週間で低下したのは明らかだ）

dropping sales（売れ行きの激減）

26. 減る | decline / decrease / drop / lower / reduce

☐ When the outbreak of war was announced, stocks *dropped*.
（開戦が発表されると、株式市場は下落した）

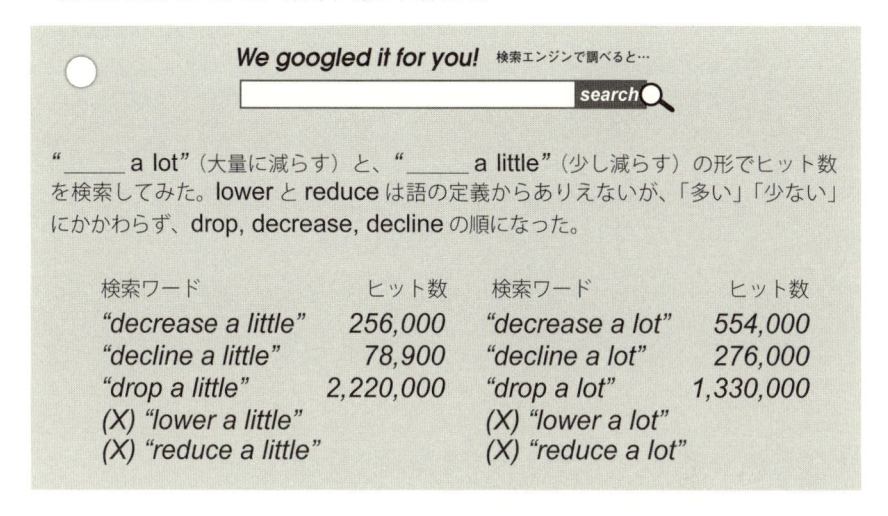

We googled it for you! 検索エンジンで調べると…

"＿＿ a lot"（大量に減らす）と、"＿＿ a little"（少し減らす）の形でヒット数を検索してみた。lower と reduce は語の定義からありえないが、「多い」「少ない」にかかわらず、drop, decrease, decline の順になった。

検索ワード	ヒット数	検索ワード	ヒット数
"decrease a little"	256,000	"decrease a lot"	554,000
"decline a little"	78,900	"decline a lot"	276,000
"drop a little"	2,220,000	"drop a lot"	1,330,000
(X) "lower a little"		(X) "lower a lot"	
(X) "reduce a little"		(X) "reduce a lot"	

■ lower ▶▶▶ ネイティブイメージ「下げる」

「下げる」「降ろす」「安くする」など、物理的、なおかつ価値的に高いところから低いところへ下げる意味がある。物価や価値、程度、音量などさまざまなものに対して使える。lower the price（価格を下げる）、lower the blinds（ブラインドを下げる）、lower the flag（旗を下げる）などの言いまわしがある。「下げる」の意味でもっともよく使われる。

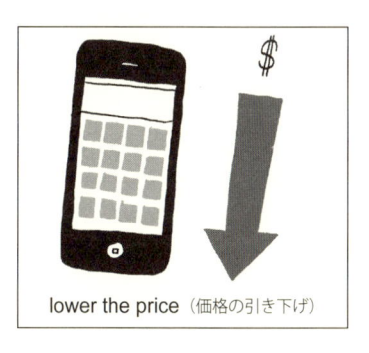

lower the price（価格の引き下げ）

◆ 用例

☐ We want to *lower* our risks by collecting as much information as possible.（できるだけ情報をたくさん集めて、リスクを軽減したい）

☐ If we *lower* the temperature in the factory, productivity will decline.
（工場内の温度を下げれば、生産力が下がるだろう）

We googled it for you! 検索エンジンで調べると…

"＿＿＿ the temperature"（温度を下げる）でヒット数を調べた。decline が×なのは当然として、そのほかの動詞は、ほぼ問題なく使われているようだ。

検索ワード	ヒット数
"decrease the temperature"	593,000
(X) "decline the temperature"	
"drop the temperature"	331,000
"lower the temperature"	2,910,000
"reduce the temperature"	1,980,000

■ reduce　▶▶▶ネイティブイメージ 「意識的に減らす」

「(数量を) 減らす」「(費用を) 下げる」「(ものを…の状態に) 変える」「征服する」など、さまざまな意味がある。「分解する」「換算する」といった意味で、化学、生物、医学の各分野でも使われている。いずれにしろ、意識的に減らすイメージがある。reduce the speed(スピードをおとす)、reduce expenses（費用を切り詰める)、reduce taxes（減税する）などの言いまわしがある。

reduce the speed（スピードを下げる）

◆ 用例

☐ You can *reduce* your weight by exercising and eating less.
（エクササイズをして、食事の量を減らすことで、体重は減らせる）

☐ His careless spending sharply *reduced* the profits of the company.
（彼の軽卒な支出が原因で、会社の利益は激減した）

26. 減る | decline / decrease / drop / lower / reduce

> **Native Speakers Say It This Way!** ネイティブはこう使い分ける！

1. We need to _____ our defect rate to maintain our reputation.

decrease	decline	drop	lower	reduce
△	×	△	◎	○

　選択肢の中で、lower と reduce は日常生活でもよく耳にする動詞だ。特にこの2つは用法も似ているため、ネイティブにもその違いを説明するのはむずかしい。どちらを用いても問題ない場合が多いが、微妙な表現の違いがある。

　lower は high / normal / low など、下げるレベルがある程度はっきりしている場合に用いることが多い。**lower the volume**（音量を下げる），**lower one's blood pressure**（血圧を下げる）のように、数値的な目安を表わす表現とともに使われる。この例文には defect rate（欠陥率）があるため、lower を一緒に使うのがいちばん自然と判断されたようだ。

　一方 reduce は、意図的に何かを減らして状態を変える場合に用いられる。**reduce the death rate**（死亡率を下げる）や、**reduce the unemployment rate**（失業率を下げる）のように使うため、defect rate に用いても自然だ。

　ほかに decrease を使っても文法的に問題はないが、この動詞は本来は「無意識的現象」として減るような場合に用いる。例文には We need to...（私たちは…する必要がある）とあるため、少し不自然に聞こえてしまう。

　drop には程度を下げる意味合いもある。しかし、defect rate に使うには少し違和感が残る。

　そのため、ネイティブは lower を◎と、reduce を○と、decrease と drop を△と判断した。

⇨ **We need to _lower_ our defect rate to maintain our reputation.**
（私たちは評判を維持するために欠陥率を下げる必要がある）

2. His performance has _____ since the beginning of this year.

decreased	declined	dropped	lowered	reduced
△	◎	○	×	×

　decline は他動詞の場合「断る」だが、自動詞の場合「傾く」「衰える」のように、傾向として下落するものをいう。**急に減るのではなく、徐々に減っていくようなイメージだ。**

　よく耳にする Stocks are *declining*.（株価が徐々に下落している）や Her health *declined*.（彼女の健康状態は衰えた）なら、少しずつ下がっていく様子がイメージできるだろう。

　例文の主語は His performance（彼の業績）であることから、「業績が下がる」つまり「業績が悪くなる」ことだと推測できる。「悪化する」の意味を持つ動詞は、選択肢で decline だけだ。

　drop には、活動などが「落ち込む」という意味がある。drop を使えば「今年の初めから落ち込んでいる」となり意味は通じるが、最適とは言えない。

　また、decrease には「減少する」の意味があり、ここで使っても文法的に問題ないが、主語の His performance との組み合わせが不自然な感じになってしまうため、△だと判定された。。

⇨ **His performance has *declined* since the beginning of this year.**
（彼の業績は今年の初めから悪化している）

---

3. Discretionary spending has been _____ for three decades.

decreasing	declining	dropping	lowering	reducing
○	○	◎	×	×

　drop は支えていたものがなくなり、ほぼ真下に落下するイメージだ。**a drop of water**（水滴）のように、少しずつポタポタと落ちる感じを伝える。

　ネイティブにとって drop は**使い勝手のいい単語で、会話にも非常によく登場する**。decrease や decline はメディア英語であり、日常会話にはあまり登場しない。しかし、drop は**ほぼいつでもどこでも使える**。

　そして、たとえば新聞などでは、The President's popularity is *dropping*.（大

26. 減る　| decline / decrease / drop / lower / reduce

統領の人気は低下している）と言ったほうが、The President's popularity is decreasing / declining. より強く人目を引くと思われる。しかし、逆に言えば、この drop は少し大げさに聞こえてしまうため、論文などの客観的な文書ではあまり使われない。

　人が主語の場合はもちろんだが、Interest rates *dropped*.（金利が下がった）や、The bond market *dropped*.（証券市場が落ち込んだ）のように、無生物主語でもよく使われる。

　例文はまさにその無生物主語で使われたもので、drop steadily で絶えず少しずつ下がりつづけるイメージとなる。**少しずつ低下するニュアンス**を持つ動詞、すなわちここでは drop が最適となる。

　decrease でも意味は通じるが、drop を◎とすれば、decrease は○だろう。decline は「減る」というよりは「下降する」なので、△と判断された。

　また The temperature will *drop* to 0 degrees tomorrow.（明日、気温は0度まで下がるだろう）など気温の低下に drop をよく使うが、Please *drop* the temperature. は不自然な表現となる（186 ページの検索結果を参照）。

　人に対して drop を使う場合、「急に気を失って床に倒れる」意味もある。He put his hand over his heart and *dropped* to the floor. は、「彼は胸に手を当て床に倒れた」となる。

　ちなみに、株が暴落する場合は、crash や collapse, nosedive などもよく使われる。覚えておくといいだろう。

⇨ Discretionary spending has been ***dropping*** steadily for three decades.
（裁量支出は 30 年間、絶えず下がりつづけている）

---

4. This technology will _____ the impact on the environment.

decrease	decline	drop	lower	reduce
○	×	×	○	◎

　reduce は、**意識的に数量を減らす場合**に使われる動詞だ。**大きさ・数量・程度・費用など、あらゆるものに対して用いられる**。

　reduce the environmental impact（環境への影響を減らす）, reduce the impact on...（…への影響を和らげる）などの言いまわしがあるため、ネイティブは reduce を最適と判断した。

There are several things that can be done to *reduce* the impact of an earthquake. (地震の影響を和らげるために、いくつかなされるべき事柄がある) など、近年の環境汚染や自然災害に関する文章でも、reduce はよく使われている。

一方、lower は数量や程度を「下げる」意味で使われるため、あまり文学的ではない語。感情のやり取りではなく、実利的な世界で頻繁に使われる。「下げる」という他動詞としての働きは decrease と似ているが、decrease は確実に目に見えるだけの量が減るイメージなのに対し、lower は少しずつ減るイメージだ。

例文は、言いまわしからの連想もあり reduce が◎として、decrease と lower が○として判断された。

⇨ **This technology will *reduce* the impact on the environment.**
（この新技術が環境への影響を減らすだろう）

---

5. If ABC won't _____ their price, then we should look for a different supplier.

decrease	decline	drop	lower	reduce
△	×	○	◎	○

「価格を下げる」に該当する言いまわしは、**lower the price** もしくは **reduce the price** だ。ほかに cut the price もあるが、いずれも日常的に使われる決まり文句である。

ネイティブも混同して使っているが、この２つには明確な違いがある。本来は、**lower the price は売る側が「価格を引き下げる」**で、**reduce the price は買い手側が「価格を下げてもらう」**だ。lower は「(物価などを) 安くする、下げる」、reduce は「(費用などを) 下げる」であり、この２つの言いまわしの本当の意味は異なる。しかし、ほぼ同じ意味で使われていると言っていいだろう。

どちらがより多く使われるかといえば、lower the price だ。価格は、あくまで最終的には店側が決めるものだからだろう。

さらに、たとえば「価格を上げる」は raise the price だが、その対となる言いまわしは lower the price だ。raise (上げる) の反対語は lower となるためで、それも lower のほうが一般的な理由になるかもしれない。

一方、reduce はあらゆる状況で使える動詞だが、どちらかといえば「悪いこと」を減らす意味合いがある。**reduce one's anxiety**（不安感を減らす）, **reduce the**

26. 減る | decline / decrease / drop / lower / reduce

the payment deficit（赤字収支を減らす）など、ネガティブなことを軽減する言いまわしになる。そのため、I need to *reduce* my weight.（体重を減らす必要がある）といった言い方もされる（でもよく使うのは、I need to lose weight. のほうだ）。

日常語の drop には、「価値が下がる」の意味もある。**drop the price of...**（…の値段を下げる), **drop the price of gasoline**（ガソリンを値下げする）の言いまわしもあり、この例文で用いても意味は通る。ただ少しずつ下げるようなニュアンスがあるため、最適とは言えないだろう。

ほかに decrease も使えないことはないが、ネイティブは lower を◎と、reduce を○と、decrease を△と判断した。

⇨ **If ABC won't *reduce* their price, then we should look for a different supplier.**（ABC 社が価格を下げないならば、別の業者を探すべきだ）

---

5. ABC decided to _____ the number of managers to save money.

decrease	decline	drop	lower	reduce
◎	×	×	△	○

「数を減らす」に相当する語が入るため、decrease と reduce が候補となる。ともに **decrease / reduce the number of...**（…の数を減らす）の言いまわしがあり、どちらも適切だ。

decrease と reduce の違いを見ると、decrease は**徐々に減らすニュアンス**があるのに対し、reduce は意識的に減らす表現となる。「コスト削減のため」という文脈から、ネイティブは少しずつ徐々に管理職の数を減らしていく様子をイメージしたと考えられる。そのため decrease が◎、reduce が○と判断された。

lower も意味は通るが、人数を減らす表現にはそぐわない。

⇨ **ABC decided to *decrease* the number of managers to save money.**
（ABC 社はコスト削減のため、部長の数を減らすことを決めた）

27
ほのめかす

hint / imply / insinuate / suggest

▶▶▶「ほのめかす」とは、言葉であからさまに言わず、それとなく相手に自分の意志を伝えることを指す。hint, imply, insinuate, suggest などでその意味が表現できるが、どんな内容を伝えるか、またどうやってそれを伝えるかによって、用いる動詞を選ぶ必要がある。

■ hint ▶▶▶ネイティブイメージ「わかってもらえるよう間接的に言う」

「ほのめかす」「それとなく言う」「ヒントを与える」などと訳され、相手にそれなりのヒントを与え、自分の気持ちや考えをわかってもらいたい時に用いる。間接的にある程度わかってもらいたいと伝えるようなニュアンスがあり、ポジティブなイメージで使われる。hint that someone wants to eat（誰かが食事をしたいとそれとなく言う）などの言い方がある。

hint that one wants to eat
（食べたいことをそれとなく伝える）

◆ 用例

□ She *hinted* that she wanted to get something to eat.
（彼女は何か食べる物がほしいとほのめかした）

□ The client didn't say anything directly to me, but he *hinted* that the price was a little too high.
（クライアントは直接私に何も言わなかったが、値段が少し高すぎるとほのめかした）

We googled it for you! 検索エンジンで調べると…

search 🔍

言いまわし例で調べてみた。"＿＿ that he likes me"（彼は私を好きだと○○した）

27. ほのめかす | hint / imply / insinuate / suggest

ではimply, hintがほぼ二分した。このように、like（好き）をともなう言いまわしでは、implyとhintしか使わないと言っていいだろう。

検索ワード	ヒット数
"hinted that he likes me"	13,700
"implied that he likes me"	15,400
"insinuated that he likes me"	5
"suggested that he likes me"	5

■ imply ▶▶▶ネイティブイメージ「間接的にわからせる」

「暗示する」「ほのめかす」「（意味を）暗に含む」など、あからさまではないものの、論理的な結果としてわかるということを、間接的に伝えるイメージの動詞。ポジティブ、ネガティブどちらの意味でも使える。imply that someone is hungry（お腹が空いていることをほのめかす）などと言う。

imply that he's hungry
（おなかが空いていることをほのめかす）

◆ 用例

□ I know you don't hate me, but that's what you *implied*.
（私を嫌いではないのはわかっているが、あなたの態度はそう示している）

□ He *implied* that the project might be canceled.
（彼はその計画は中止されるだろうとほのめかした）

■ insinuate ▶▶▶ネイティブイメージ「不愉快なことを遠まわしに言う」

「遠まわしに言う」「匂わす」「（思想などを人に）少しずつしみ込ませる」などの意があり、表立って言えない不愉快なことを、遠まわしに言うイメージの語。ネガティブな意味のことをはっきり言えず、じれったいニュアンスがある。insinuate that someone did something wrong（人に「あなたは間違っている」と遠まわしに言う）などと使う。

insinuate that someone did something wrong
（人に「あなたは間違っている」と言う）

◆ 用例
□ He *insinuated* that I didn't know how to manage people.
（私が人の管理の仕方を知らないと彼はほのめかした）
□ Please don't *insinuate* that because I'm female I'm not good at making decisions.
（私が優柔不断なのは、私が女だからだ、と暗に言うのはやめて）

■ suggest ▶▶▶ネイティブイメージ「間接的に自分の意見を知らせる」

「(人に計画や考えを)提案する」「暗示する」「示唆する」など、相手に意識的、もしくは無意識的に自分の考えを気づかせるような場合に用いる。ややかしこまった言い方で、suggest an idea（アイデアを提案する）は、ビジネスシーンでもよく使う言いまわし。

suggest an idea（アイデアを提案する）

◆ 用例
□ She sounded like she was trying to *suggest* holding the meeting on Friday.
（彼女は金曜日の会議開催を提案しようとしているようだった）
□ He didn't say it directly, but he kind of *suggested* canceling the project.
（彼はそれを明言しなかったが、その計画はほぼ中止だと示唆した）

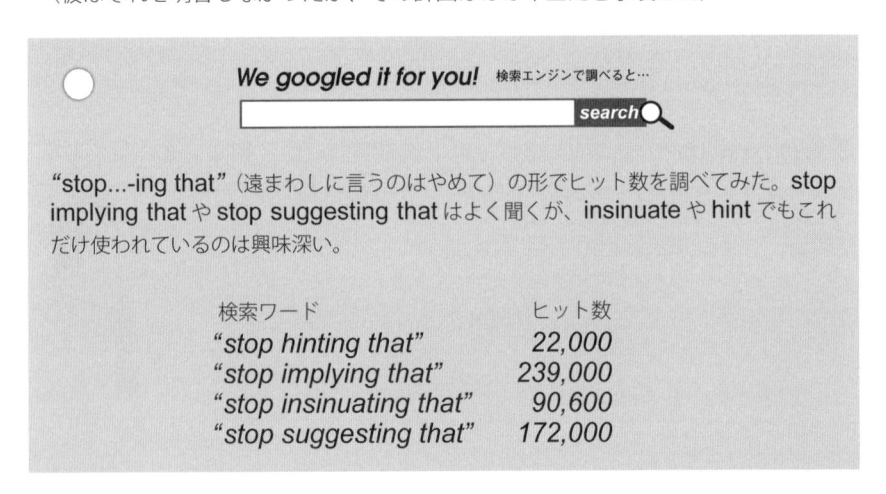

We googled it for you! 検索エンジンで調べると…

"stop…-ing that"（遠まわしに言うのはやめて）の形でヒット数を調べてみた。stop implying that や stop suggesting that はよく聞くが、insinuate や hint でもこれだけ使われているのは興味深い。

検索ワード	ヒット数
"stop hinting that"	22,000
"stop implying that"	239,000
"stop insinuating that"	90,600
"stop suggesting that"	172,000

27. ほのめかす | hint / imply / insinuate / suggest

👍 Native Speakers Say It This Way! ネイティブはこう使い分ける！

1. She _____ with her eyes to me that she wanted to leave the room.

hinted	implied	insinuated	suggested
◎	△	△	△

選択肢はいずれも文法的にあてはまる。

　hint は、相手に自分の意志をわからせたい時に使う動詞。「ヒントを言う」のように、声に出して言う場合はもちろんのこと、言葉にしない場合も使える。例文はまさにその例だ。

　hint with one's eyes（目で訴える）は、言葉でなく、目で相手に自分の意志を伝える方法だ。He *hinted* with a kind smile.（彼は優しく微笑みながら訴えた）なども同じ用法である。

　一方、imply や insinuate、suggest は、with her eyes とともに使うことはできない。こうした動詞は声に出してほのめかすことしかできないため、言葉以外の方法で相手に自分の意志を伝えるような場合は使用不可だ。そのため、ここでは hint が最適となる。

⇨ She *hinted* with her eyes to me that she wanted to leave the room.
（彼女はその部屋を出たいと私に目で訴えた）

---

2. I talked with my boss today, and he _____ that I should take a long vacation.

hinted	implied	insinuated	suggested
○	△	△	◎

ここも、選択肢はどれを入れても文法的に問題はない。

　suggest には「提案する」「示唆する」などの意味があり、「長期休暇を取るべきだと提案した／示唆した」のどちらもよく使われる。suggest はビジネスシーンでよく使われる表現のため、その点でもこの例文にふさわしい。

　一方 hint も、自分の思いが相手にはっきりわかるよう伝える場合に用いる。...he

hinted that I should take a long vacation.（彼は長期休暇を取るべきだとほのめかした）となり、英語としても自然だ。しかし、最適と思われる suggest があるため、hint は意味も通じるものの、◎というよりは、やはり○だろう。

　imply ははっきりと言わずに、何かをほのめかすような時に用いる動詞。ここでは助動詞 should（…すべき）があるため、「…すべきだとほのめかす」では、意味的に少しぎこちなくなる。

　insinuate も imply 同様「ほのめかす」程度で、相手にはっきりわかるようには伝えない。そのため「…すべきだと遠まわしに言う」と、ややぎこちない表現になる。

⇨ I talked with my boss today, and he ***suggested*** that I should take a long vacation. （今日、上司に相談したら、長期休暇を取るように提案された）

3. Are you ＿＿＿＿ that I don't know how to do my job?

hinting	implying	insinuating	suggesting
△	○	◎	○

　...that I do not know how to do my job?（私が仕事のやり方をわかっていないと暗に言っているの？）と、嫌味を言っているようなニュアンスの疑問文である。

　話者が不快に感じていることから、間接的に言ったにもかかわらず、結果的に（相手が何を言おうとしていたか）理解していると判断される。**相手に不愉快なことをほのめかすなら** insinuate だ。例文に insinuate をあてはめると、仕事の仕方がわかっていないと相手が遠まわしに言ったことに対して、**不快感を露にした表現に**なる。

　I'm not ***insinuating*** you're lying.（あなたがうそをついていると言っているわけではないですよ）のように、insinuate は**ネガティブな内容を匂わせる語**のため、言い合いの際によく使われる。

　一方、imply と suggest はともに、相手に遠まわしに自分の意見を知らせる場合に用いる。

　Are you ***implying*** that I'm a fool?（私が愚かだって暗に言っているわけ？）、Are you ***suggesting*** that a woman should stay silent?（女性は静かにしているべきだと言うのですか？）など、**現在形の疑問文だと「…だと暗に言っているのですか？」と嫌味を言っているように聞こえる。**

imply や suggest だと、insinuate ほど怒っている雰囲気はなく、少し嫌味に言っている程度のニュアンスに聞こえる。例文を嫌味程度にとらえれば imply と suggest が、**かなり怒っている**とすれば insinuate が適切だ。ネイティブは insinuate を◎と判断した。

hint も文法的には問題ないが、ネガティブな内容にはそぐわない。遠慮した言いまわしや、相手のことを慮るような文でなら、hint も使えるだろう。

⇨ Are you *insinuating* that I don't know how to do my job?
(私が仕事のやり方をわかっていないとあなたは暗に言っているわけ?)

---

4. It sounded like he was trying to _____ that we change our logo.

hint	imply	insinuate	suggest
◎	△	△	○

he was trying to... とあることから、自分の気持ちをわかってもらいたいのだということが理解できる。hint なら、**間接的に自分の考えを伝えるニュアンスがある**ため、例文のイメージにあう。「弊社がロゴを変えるよう、彼はそれとなく言っているようだった」となる。

「提案する」の意味もある suggest もまた、「弊社のロゴの変更を、彼が提案しようとしているようだった」となり、文脈は通る。

He *suggested* that we change our logo. は明確な提案だ。ここでは It sounded like he was trying to suggest that... と表現するが、これはズバッと提案するというより、遠まわしに勧めるような言い方になる。

ネイティブは、意味は通るもののややぎこちない suggest より、hint を最適と判断した。

⇨ It sounded like he was trying to *hint* that we change our logo.
(弊社のロゴを変えるよう、彼はそれとなく言っているようだった)

28
間違って使う / むだにする

misuse / squander / throw away / waste

▶▶▶日本語の「誤って用いる」「むだにする」に相当する英語は、複数存在する。よく耳にするのは waste,「軽卒な雰囲気」があれば squander,「うっちゃって捨てる」なら throw away,「間違った目的で使う」なら misuse となる。実際にどう使い分けるのか、実例とともに見ていこう。

■ misuse ▶▶▶ネイティブイメージ「悪用する」

use(使う)に「誤った」「悪い」を表わす接頭辞 mis- を付けたもので、「誤用する」「不正使用する」「酷使する」などの意味がある。間違った目的で何かを利用する際に用いる。misuse the money(お金を悪用する), misuse words(言葉の使い方を間違える)といった言いまわしがある。

misuse the money(お金を悪用する)

◆ 用例

□ He *misused* all the money his rich uncle gave to him.
（彼はお金持ちの伯父さんからもらったお金をすべて悪用した）
＊「乱用する」というニュアンス。

□ She *misused* her authority as the governor.
（彼女は州知事としての立場を悪用した）
＊「不正に利用する」というニュアンス。

We googled it for you! 検索エンジンで調べると…

「誤ったお金の使い方をする」は、以下のようにいずれの表現を使うことも可能だ。否定の命令文は、どれも「お金の使い方をアドバイスしている」ように聞こえる。なお、

28. 間違って使う / むだにする | misuse / squander / throw away / waste

Don't throw away your money. および Don't waste your money. は、「そんなものを買わないほうがいいよ」(Don't throw away your money on this. / Don't waste your money on this.) という意味合いで使われることが多い。

検索ワード	ヒット数
"Don't misuse your money."	33,800
"Don't squander your money."	99,100
"Don't throw away your money."	780,000
"Don't waste your money."	9,290,000

■ squander　▶▶▶ネイティブイメージ「よく考えずにむだ使いする」

squander money（お金を浪費する）, squander one's opportunity（機会をむだにする）など、お金や時間、力などの「価値あるものを浪費する」場合に用いる。豪遊したり、軽率に使ってしまうようなイメージの語。

squander money（むだ使いする）

◆ 用例

☐ He *squandered* his profits on booze.
（彼は大酒を飲んで、せっかくの儲けを使いこんでしまった）

☐ He *squandered* his talent in a rock band.
（彼はせっかくの才能を、あるロックバンドにむだに注ぎ込んでしまった）

We googled it for you!　検索エンジンで調べると…

「才能のむだ使い」という時は、以下のように squander / throw away / waste が用いられる。misuse が使われることはまずないと言っていいだろう。

検索ワード	ヒット数
"He misused his talent."	1,520
"He squandered his talent."	12,200
"He threw away his talent."	34,500
"He wasted his talent."	56,200

■ throw away ▶▶▶ネイティブイメージ 「残念ながらなくしてしまう」

「打ち捨てる」「むだに費やす」「取り逃がす」など、「せっかくのものを残念ながら失ってしまう」イメージがある。throw away an opportunity（機会を棒に振る）, be thrown away on...（…にむだに費やす）, throw money away（湯水のごとくお金を使う）などのフレーズがよく用いられる。「使い方」よりも、「なくなってしまうこと」を強調する表現。

throw money away
（湯水のごとくお金を使う）

◆ 用例

□ It was a good shirt, but I *threw* it *away* anyway.
（いいシャツだったけど、捨てちゃった）

□ Don't *throw away* your life by joining the military.
（軍隊に入って人生をむだにすごすな）

■ waste ▶▶▶ネイティブイメージ 「大切なものをむだにする」

「むだにする」で、もっとも一般的な動詞。waste time（時間をむだにする）, waste money（むだ使いをする）などの言いまわしがあるように、お金や時間、チャンスなど、「自分にとって大切なものをむだに使ってしまう」イメージがある。「（お金や時間を）浪費する」「（好機を）逸する」「（体力を）消耗する」などの意味もある。

waste time（時間をむだにする）

◆ 用例

□ Why did you *waste* your money on this old shirt?
（なぜこんな古いシャツにお金を使ったの？）
＊「買わなければよかったのに」という気持ちが込められている。

□ I *wasted* a whole day trying to fix my computer.
（パソコンを修理しようとして、丸1日むだにしてしまった）

28. 間違って使う / むだにする | misuse / squander / throw away / waste

We googled it for you! 検索エンジンで調べると…

「時間をむだにする」と言う時は、どの動詞を使うことも可能である。**Don't waste your time.** は「時間をむだにするな」より、「そんなむだなことはするな」「やめておけ」というニュアンスで使われることが多い。たとえば、**Don't waste your time on this movie.** なら「こんな映画、見ないほうがいいぞ」、**Don't waste your time at that museum.** なら「そんな美術館、行ってもしょうがないよ」というニュアンスになる。

検索ワード	ヒット数
"Don't misuse your time."	233,000
"Don't squander your time."	451,000
"Don't throw away your time."	765,000
"Don't waste your time."	32,700,000

👍 Native Speakers Say It This Way! ネイティブはこう使い分ける！

1. Don't _____ the money you won in the lottery.

misuse	squander	throw away	waste
△	◎	△	◎

　文法的にはどの動詞表現を選んでも問題ないが、ニュアンスの違いには気をつけたい。ネイティブが好んで使うのは、squander と waste である。

　squander money と **waste money** は、ともに「お金を浪費する」という決まり文句。時間やお金などの「大切なもの」を浪費する場合、squander と waste を用いることが多い。

　ネイティブにとっての squander は、「親から譲り受けた莫大な財産をむだに使って無一文になる」、または「天賦の才能を無為に使い人生までおかしくなる」というイメージだ。squander の場合、そのもの自体が消えてなくなることが多い。

　misuse だと「悪用する」となり、例文は「くじで当てたお金を悪い用途に使うな」

201

という意味になる。文法的には問題ないものの、いまひとつ現実味のない文になってしまうので、ネイティブが使うことはほとんどないはずだ。

またthrow awayは、「どこかへやってしまう」「なくしてしまう」というイメージが強い動詞。「くじで当てたお金を（むだ使いして）なくさないように」となり、「失う」に主眼が置かれた表現となる。

⇨ Don't *squander / waste* the money you won in the lottery.
（くじで当てたお金をむだ使いするな）

---

2. He used to be a promising musician, but he _____ his talent.

misused	squandered	threw away	wasted
△	◎	△	◎

his talent（才能）を「浪費した」に相当する動詞が入ると考えられる。選択肢の中で「**浪費する**」の意味を持つ動詞は、squanderとwasteだ。どちらの動詞も、1のように「お金のむだ使い」だけでなく、この例文のような「**才能のむだ使い**」についても用いることができる。

いずれも「**大切なものを浪費する**」の意味もあるが、squanderは **squander money in gambling**（ギャンブルでお金を浪費する）のように、「派手に使う」「むやみやたらと浪費する」などの軽はずみなニュアンスがある。

そのため、この例文では、wasteだと単に「**才能をむだ使いした**」となり、squanderだと「**才能を軽々しくむだ使いした**」となる。

throw awayは文法的に問題ないものの、throw away one's talentの言いまわしはやや不自然だ。また、ネイティブがmisuse one's talentというコロケーションを用いることは、あまりない。

よって、ここではsquanderとwasteが最適な選択肢となる。

⇨ He used to be a promising musician, but he ***squandered / wasted*** his talent. （彼はかつて将来有望なミュージシャンだったが、その才能をむだ使いしてしまった）

28. 間違って使う / むだにする | misuse / squander / throw away / waste

3. I wish I hadn't _____ all my old LP records.

misused	squandered	thrown away	wasted
×	△	◎	△

「古いLPレコードを全部〇〇しなければよかった」という文になることから、空所には「**捨てる**」にあたる動詞が入る。選択肢で該当するのは、throw away のみだ。

　throw away には、**価値のある（あった）ものを意識的に捨てるニュアンス**が強い。I ***threw away*** a valuable book.（私は価値のある本を捨てた）なら、イメージしやすいだろう。

　さらに「むだに使う」だけでなく、「**廃棄する**」という意味もある。ただ「捨てる」というより、**整理して不要なものを処分するニュアンスがある**。Clean out your room and ***throw away*** everything you don't need.（部屋をきれいにして、不要なものは全部捨てなさい）と使う。この例文でも、throw away なら荷物を整理してあまり聴かなくなったLPレコードを捨てたという意味が伝わり、自然だ。

　squander と waste をあてるのも文法的には可能だが、まず日常で耳にすることのない表現となる。レコードに対してこれらの動詞を用いるのは、不自然だ。

⇨ I wish I hadn't ***thrown away*** all my old LP records.
（古いLPレコードを全部捨てなければよかった）

---

4. Don't _____ your time talking to her. She can't help you.

misuse	squander	throw away	waste
△	△	△	◎

目的語が your time であることから、決まり文句の **waste one's time**（時間を浪費する）を連想し、多くのネイティブが waste を選んだ。名詞の waste を用いた、**waste of time**（時間のむだ）という表現もよく知られているように、「時間」に対してもっともよく用いられるのは waste である。

　動詞の waste は「**むだにする**」意味合いが強く、まだ価値があるのに捨てるような表現にも、waste がよく使われる。**waste water**（水をむだ使いする）や **waste money**（お金を浪費する）などとよく言う。

名詞の waste は「価値のないゴミ」を意味し、industrial waste（産業廃棄物）や toxic waste（有害ごみ）など、環境に悪いもののイメージが強い。

　squander にも「浪費する」の意味があるが、「贅沢に、もしくは軽率に使ってしまう」ニュアンスがある。「彼女になんか話しかけて、軽々しく自分の時間をむだにするなよ」というやや不自然な文意になるため、わざわざこの動詞を使うネイティブはいないはずだ。

　また、throw away の場合は「失う」の意味が強くなる。そのため「自分の時間をなくすなよ」と、これまた不自然な文章となってしまう。

⇨ Don't *waste* your time talking to her. She can't help you.
　（彼女と話しても、時間のむだだよ。彼女は君を助けてはくれないよ）

---

5. The accountant was caught _____ money that belonged to his clients.

misusing	squandering	throwing away	wasting
◎	△	×	△

　文脈から「お金を悪用する」の意味になると考えられる。「悪用する」といえば、misuse だ。misuse the money（お金を悪用する）の言いまわしが使える。

　misuse は「悪用する」だけでなく、「誤用する」「乱用する」の微妙に異なる意味合いでも使える。misuse medication なら「薬を誤って服用する」だろうが、misuse important data だと「重要なデータを悪用する／誤用する／乱用する」のいずれとも取れる。どのニュアンスかは、目的語と文脈から判断するしかない。

　例文は「捕まった」ことから、「悪用する」が最適となり、misuse が◎だ。

　ほかに squander や waste でも意味は通じなくはないが、違和感が残る。そのためネイティブは△と判断した。

⇨ The accountant was caught *misusing* money that belonged to his clients.
　（その経理担当者は、顧客から委託されていたお金を悪用し、逮捕された）

29
まねする / 偽造する
copy / fake / falsify / forge / imitate

▶▶▶日本語の「まねをする」は、「(良い例として) 見習う」というポジティブな意味にもなれば、「勝手にまねをする」のようなネガティブな意味になることもある。英語の場合、厳密な動詞の使い分けが必要である。

■ copy　▶▶▶ネイティブイメージ「そっくりにまねする」

「模写する」「まねる」などとされる。日本語でもすでにおなじみの「コピー」が「複製 (複写)」を意味するように、そっくりにまねすることをいう。「ものまね」のイメージもあるため、ネイティブはややネガティブな思いをいだくこともあり、良い意味でも悪い意味でも使われる。
　copy a document (書類を複写／コピーする), copy one's method (やり方をまねする) などの言いまわしがある。

copy documents
(書類をコピーする)

◆ 用例

□ She could *copy* her boss's voice almost perfectly.
　(彼女は上司の声をほぼ完璧にまねすることができる)
　＊このように、「声色をまねる」にも copy を用いることができる。

□ He *copied* and sold Picasso paintings. (彼はピカソの絵を模写して売った)

■ fake　▶▶▶ネイティブイメージ「だますために偽造する」

　fake は、「偽物」の意味の名詞、もしくは「偽物の」という意味の形容詞として使われることが多い。動詞の fake は、おもに口語で使われることが多く、正式な文書などではあまり用いられない。

動詞の fake は fake illness（仮病を使う），fake a kidnapping（誘拐事件をでっちあげる）のように，「何かのふりをする」，また「人をだます目的で偽物を作る」などの表現に用いるが，いずれもネガティブなニュアンスがあり，口語的な軽い響きをともなう。

fake a cold（風邪のふりをする）

◆ 用例

☐ He tried to *fake* a cold to get out of work.
（彼は風邪を引いているふりをして、仕事をサボろうとした）
＊この fake は「仮病を使う」という意味。

☐ She *faked* her resume to get her dream job.
（彼女は履歴書をねつ造して、自分が夢見る仕事に就こうとした）

We googled it for you! 検索エンジンで調べると…

painting を目的語に取る用例を調べた。「模写する」という意味の copy のヒット数がやはりいちばん多いが、後述する forge や imitate のヒット数の多さも見逃せない。

検索ワード	ヒット数
"copied the painting"	8,350
"faked the painting"	97
"falsified the painting"	5
"forged the painting"	2,220
"imitated the painting"	4,420

■ falsify
▶▶▶ネイティブイメージ「事実を曲げる」

この falsify は、形容詞の false「誤った」に、動詞を作る語尾の -ify が付いたもの。falsify records（記録を改ざんする），falsify a report（報告を偽る）など、「書類や記録、事実などを偽る」という場合に用いる。

falsify data（データを改ざんする）

29. まねする / 偽造する | copy / fake / falsify / forge / imitate

ややフォーマルな表現で、「本来正しくあるべきものを偽って伝える」というニュアンスで使われる。そのため、法律文書などで用いられることが多い。たとえば falsified driver license なら「偽造免許証」の意味になる。

◆ 用例

☐ The judge suspected that the evidence had been *falsified*.
（その証拠は偽造されたものではなかったかと判事は疑った）

☐ The old millionaire's will was *falsified* by his son.
（その年老いた億万長者の遺言書は、息子によって改ざんされた）

We googled it for you! 検索エンジンで調べると…

"suspected of ...ing documents"（文書を…したという容疑をかけられて）にあてはまる動詞の用例を調べてみた。「文書をまねする」、つまり「文書を偽造する」という場合は、forge が使われることが多い。suspected「容疑をかけられて」という言葉にもマッチしているため、forge のヒット数がもっとも多い結果になった。なお、falsify は「改ざん」「変造」というニュアンスであるため、documents ではなく、「中身」自体、すなわち data（データ）を目的語に取るほうが自然な感じになる。

検索ワード	ヒット数
"suspected of copying documents"	5
"suspected of faking documents"	1,560
"suspected of falsifying documents"	4,340
"suspected of forging documents"	16,000
"suspected of imitating documents"	0

■ forge
▶▶▶ネイティブイメージ「**偽造する**」

forge a check（小切手を偽造する）, forge someone's signature（署名を偽造する）のように、「小切手や紙幣、サインなどを偽造する」「うそをでっちあげる」といった意味で用いられ、公文書や署名など、公的なものの偽造を指すことが多い。forge は「犯罪行為」というニュアンスをともなう動詞でもある。

forge someone's signature
（人のサインを偽造する）

◆ 用例

☐ The police suspected that the signature was *forged*.
（警察は、そのサインが偽造されたものではないかと疑った）

☐ He *forged* the documents to deceive the investors.
（彼は投資家を欺くために、書類をねつ造した）

We googled it for you!　検索エンジンで調べると…

以下の検索結果を見ても明らかなように、forge one's signature（…の署名を偽造する）は、1つの「セットフレーズ」として定着していると言ってもいい。copy はもっとも一般的な動詞なので copy one's signature のヒット数がいちばん多かったが、「メールの署名（自動でメール本文の末尾に入るもの）をコピー（してどこかにペースト）する」という意味の用例が目立っていた。

検索ワード	ヒット数
"copied my signature"	251,000
"faked my signature"	39,000
"falsified my signature"	6,160
"forged my signature"	168,000
"imitated my signature"	15,400

■ imitate　▶▶▶ ネイティブイメージ　「上手にまねする」

imitate には、基本的に「悪い含み」はない。そのため、たとえば「僕のまねをしてみて」であれば、Try to imitate what I do. と言えばよい（Try to copy what I do. でも構わない）。しかし、Try to fake [falsify / forge] what I do. とは言えない。

The student imitated the master's technique.（教え子は、師匠の技術をまねた）のように、「勉強」や「修行」の意味合いで使われることが多い。「ものまね」という意味にもなり、He's a skilled imitator. は「彼はものまねが上手だ」、He can imitate anyone. は「彼はあらゆる人のものまねができる」という意味になる。

imitate someone（人のまねをする）

29. まねする / 偽造する　|　copy / fake / falsify / forge / imitate

◆ 用例

□ I tried to *imitate* him, but he's too good for me.
（彼のまねをしようとしたが、あの人は私と比べるとあまりに優秀すぎて、できなかった）
＊「2人の能力が、あまりに違いすぎた」ということ。

□ See if you can *imitate* his best techniques.
（彼の最高の技術をまねしてみなよ）
＊一流選手や、一流のシェフなどの技術を「自分のものにする」というイメージ。

👍 Native Speakers Say It This Way!　ネイティブはこう使い分ける！

1. I heard that he was _____ my signature.

copying	faking	falsifying	forging	imitating
○	×	△	◎	×

　forge はおもに、「法に抵触する」ような、「小切手や書類などの偽造」に対して使われる動詞だ。signature（サイン）とともに用いられ、**forge someone's signature**（サインを偽造する）の言いまわしもある。そのためここでも、forge が最適となった。

　一方、copy は「模倣する」「まねをする」という意味だが、これはネイティブも普通の意味として受け取る。そのため、この文も、「彼が私のサインをまねしていると聞いた」、もしくは「彼が私のサインをコピーしていると聞いた」と、自然に理解される。

　falsify でも文法的には OK だが、「人のサイン」というより、おもに書類のような「記録」に対して使われる動詞のため、ここでネイティブは△とした。

⇨ I heard that he was *forging* my signature.
（彼が私のサインを偽造していると聞いた）

2. The researcher was suspected of _____ research data.

copying	faking	falsifying	forging	imitating
×	△	◎	△	×

　falsify は「本来正しくあるべきものに手を加える、改ざんする」という意味で使われる。法律関係で使うことが多く、違法に何かを書いたり作成したりする場合に使う。日常会話というより、オフィシャルな場面でよく使われる動詞だ。
　falsify the data（データを偽造する）、**falsify records**（記録を偽る）など、記録に残すべき大切なものに意図的に手を加えるようなニュアンスがある。ただ単に「記録を書き換える」のではなく、「記録を改ざんする」など、少し悪意のある表現に聞こえる。例文には suspect（疑う）という動詞もあることから、ネガティブなイメージのある falsify が最適と判断された。
　fake だと、「研究データを偽る」「うそのデータを報告する」といった内容になり、falsify より少し軽い響きになる。
　forge に「偽造する」の意味があるが、この例文の目的語は data（データ）のため、falsify を最適と判断したネイティブが多かったようだ。

⇨ **The researcher was suspected of *falsifying* research data.**
（その研究員は研究データを改ざんしたとの嫌疑をかけられた）

---

2. It doesn't really hurt. She's just _____ .

copying	faking	falsifying	forging	imitating
×	◎	×	×	×

　fake は動詞より、名詞の「偽物」のイメージが強い。動詞では、**fake an illness**（仮病を使う）や **fake a cold**（風邪のふりをする）のように、「（人が）…のふりをする」の表現でよく使う。
　A: George can't come today because he's sick.（ジョージは病気だから今日は来られない）/ B: He's *faking* it.（彼は病気のふりをしているんだ）のように、「病気のふりをしている」、つまり「仮病」というニュアンスで使われることが多い。
　He says he loves me, but I can tell he's *faking* it.（彼は私のことを愛していると言うけど、彼はふりをしているだけよ）のようにも使える。話し言葉のイメー

29. まねする / 偽造する | copy / fake / falsify / forge / imitate

ジが強い語だ。そのため、例文のような口語体の軽い表現には、fake が最適と判断される。forge は、お金や書類の偽造に対して使われることがほとんどのため、「痛みのあるふりをする」という意味では使用不可だ。そのため、ここはネイティブも全員 fake を選んだのである。

⇨ It doesn't really hurt. She's just **faking**.
（本当に痛くはないよ。彼女は痛いふりをしているだけだ）

---

3. She was arrested for _____ historical documents.

copying	faking	falsifying	forging	imitating
△	△	○	◎	×

forge は「小切手や書類などの偽造」を意味し、例文1でも説明したように、よく signature（サイン）の偽造にも使われる動詞だ。例文に forge を入れると、書類だけでなく、その書類に記された署名も偽造したようなイメージになる。そのためネイティブも、この動詞を最適と判断した。

fake だと、「歴史文書を偽造して逮捕された」となる。意味的には自然だが、fake はくだけた表現で、歴史文書のような重要書類に使われることはまずない。

falsify a report（報告を偽る）の言いまわしもあるように、falsify は書類や記録の改ざんに使われる。そのため、この例文で使うことも可能だ。

copy だと、「歴史文書をコピーして逮捕された」となり、意味的にも通るが、これはよほど価値のある書類の場合のみだろう。

ベストな選択は forge だが、falsify も英語として自然な表現になる。

⇨ She was arrested for **forging** historical documents.
（彼女は歴史文書を偽造して逮捕された）

---

4. Watch me carefully and try to _____ exactly what I do.

copy	fake	falsify	forge	imitate
○	×	×	×	◎

imitate と copy はともに「まねをする」の意味で使うが、2つの違いは何だろ

うか。否定形にした場合、**Don't copy me!**（まねするな！）は警告として使うことがあるが、**Don't imitate me!**（まねをしないで）にそのような含みはあまりない。ネイティブは copy に対してはネガティブなイメージがあるが、imitate は単なる「まね」ととらえ、あまりネガティブなイメージをいだかないと言っていいだろう。

　imitate には「悪質」より、「**（まねをする）才能**」というイメージがある。そのため He can *imitate* almost any singer.（彼はほぼあらゆる歌手のものまねができる）や、He likes to *imitate* the great painters.（彼は偉大な画家のまねをするのが好きだ）のように使われることが多く、人をだます意味合いはあまりない。

　この例文は、「同じようにやってみて」と良い意味でものまねするように言っている。そのニュアンスに最適なのは、imitate だ。

⇨ **Watch me carefully and try to *imitate* exactly what I do.**
（よく見て、私とまったく同じようにやってみて）

5.　She has very little real talent, so all she can do is ＿＿＿ other artists.

copy	fake	falsify	forge	imitate
◎	×	×	×	○

　ネイティブは子供の時から「**copying＝よくないこと**」と教えられるため、copy にはどうしても「**悪質**」**なイメージ**がつきまとう。もちろん、copy machine（コピー機）のように、**ただ単に「そっくりに複写（まね）する」という意味**でも使われるが、ネガティブな意味での copy も忘れてはいけない。

　そのため、copycat は「（侮蔑的な意味での）模倣者」を意味し、He got caught *copying*. なら「試験でカンニングがばれた（＝悪いこと）」となる。

　例文はまさに**ネガティブな意味での「ものまね」**なので、copy が最適となる。imitate にも「まねをする」の意味はあるが、良い意味で使われることがほとんどのため、最適とは言えない。

⇨ **She has very little real talent, so all she can do is *copy* other artists.**
（彼女には本当の才能がほとんどないため、彼女ができることといえば、ほかの芸術家のものまねだけだ）

30
守る

defend / guard / preserve / protect / save

▶▶▶「守る」とひとくちにいっても、何から守るのか、またどのようにして守るかで使う動詞は変わる。日本語の「守る」にも、ただ危険から「身を守る」だけでなく、そのままの状態を「維持する」「保護する」、また「救う」の意味がある。ネイティブがそれぞれの動詞に対していだく感覚を、ぜひつかんでほしい。

■ defend ▶▶▶ ネイティブイメージ「攻撃から守る」

「(敵の攻撃などから) 守る」、「(人を) 擁護する」「弁護する」など、おもに人を攻撃などから守る際に用いる動詞。外からの危害に対して抵抗し、それを排除して身の安全を図るようなニュアンスがある。defend one's country（国を守る）, defend...against enemies（敵から…を守る）, defend one's ideas（自分の意見を弁護する）などの言いまわしがある。

defend one's country（国を守る）

◆ 用例

☐ There are several things you can do to *defend* yourself against crime.
（犯罪から身を守るために自分でできることがいくつかある）

☐ The president's main job is to *defend* the company.
（社長の第一の仕事は、会社を守ることだ）

We googled it for you! 検索エンジンで調べると…

"＿＿＿ yourself"（自分を○○する）の言いまわしでヒット数を調べた。多いものから save, protect, defend, guard, preserve の順になった。「身を守ること」に対

するネイティブの意識を垣間見るような結果だ。

検索ワード	ヒット数
"defend yourself"	7,490,000
"guard yourself"	304,000
"preserve yourself"	74,300
"protect yourself"	30,600,000
"save yourself"	54,800,000

■ guard ▶▶▶ネイティブイメージ「危険から身を守る」

「(危険や損害から) 守る」「(囚人などを) 監視する」「(怒りなどを) 抑制する」など、危険などから身を守る表現に用いる。guard the palace (宮殿を守る)、guard one's life (命を守る)、guard against catching a cold (風邪を引かないよう用心する) などの言いまわしがある。

guard the palace (宮殿を守る)

◆ 用例

□ It's my job to *guard* the booth during the exhibition.
(展覧会のあいだ、ブースを見守るのが私の仕事です)

□ My dog is trained to *guard* the sheep from wolves.
(うちの犬は狼から羊を守るよう訓練されている)

We googled it for you! 検索エンジンで調べると…

"＿＿＿ her life" (彼女の生命を守る) のヒット数を調べたところ、すべての動詞が日常的に使われていることがわかる。ヒット数とともに、各動詞のニュアンスを比較してみるのも面白い。

検索ワード	ヒット数
"defend her life"	5,220,000
"guard her life"	1,030,000
"preserve her life"	1,590,000
"protect her life"	29,900,000
"save her life"	17,900,000

30. 守る　|　defend / guard / preserve / protect / save

■preserve ▶▶▶ネイティブイメージ「元の状態に保つ」

「保存する」「貯蔵する」「(性質や状態を)維持する」「(損害や危険から)守る」など、対象物を元の状態に保つ意味がある。preserve food (食品を保存する), preserve one's health (健康を保つ), preserve...from extinction (…を絶滅から保護する) などの言いまわしがある。

preserve food (食品を保存する)

◆ 用例

☐ The old house has been *preserved* and is now a museum.
（その古い家は保存され、今は博物館となっている）

☐ It's difficult to *preserve* your sanity when you work in this office.
（この会社で働いていて、正気を保つのはむずかしい）

■protect ▶▶▶ネイティブイメージ「防ぐ」

「(攻撃や危害から)守る」「(被害がないよう)防ぐ」「(関税などで国内のものを)保護する」などの意味がある。外からの危害に対して、何か防御に役立つものを使って守るというイメージ。protect the house (家を守る), protect...against damage (損傷から…を守る), protect...from a financial crisis (金融危機から…を守る) などの言いまわしがある。

protect the house (家を守る)

◆ 用例

☐ It's important to *protect* your house against crime.
（家を犯罪から守ることは重要だ）

☐ You'd better do something to *protect* your laptop before heading to the airport.
（空港へ向かう前に、ノートパソコンが破損しないように、何かしたほうがいい）

■ save ▶▶▶ネイティブイメージ「大事なものを助ける」

「(人や命を) 救う」「(面目を) 保つ」「(データを) 保存する」などの意味がある。人や命、財産、名誉など、大切なものを危険から救うイメージの動詞。save time (時間を節約する), save one's life (人の命を救う), save one's name (名誉を守る) などの言いまわしがある。

◆ 用例

□ The President said his new policy would *save* 20,000 jobs.
（大統領によれば、新政策を実行することで2万人が失職を免れるそうだ）

□ After the disaster, stronger efforts were made to *save* energy.
（その惨事のあと、より一層エネルギーの節約に力が注がれた）

save time (時間を節約する)

👍 Native Speakers Say It This Way! ネイティブはこう使い分ける！

1. ABC hired three lawyers to _____ them in court.

defend	guard	preserve	protect	save
◎	×	×	△	×

　ネイティブの感覚では、defend はおもに次の3つの意味で使う。① defend one's country（国を守る）, ② defend oneself（自分の身を守る）, ③ defend a suspect（容疑者を弁護する）で、いずれも自分自身の身に関わる大事な表現だ。
　ただ「守る」のではなく、**敵からの攻撃に抵抗して身の安全を保つニュアンス**がある。I *used* a gun to defend my family.（私は家族を守るために銃を使った）なら、武器を持って押し入った強盗に立ち向かい、家族を守ったイメージになる。
　例文は、会社に押しかけてきた消費者はつかみかかる一歩手前まで怒っており、彼らから身を守るために会社は弁護士を雇った、と解釈できる。

30. 守る ｜ defend / guard / preserve / protect / save

protect にも「（攻撃や危害から）守る」という意味があるが、楯や警棒など防御に役立つものを用いて守るようなイメージだ。security guard（ガードマン）を雇うなら protect でいいだろうが、ここで雇ったのは lawyer（弁護士）のため、defend が◎となる。

⇨ ABC hired three lawyers to ***defend*** them in court.
（ABC 社は裁判で彼らを守るため3人の弁護士を雇った）

---

2. The office building needs to be _____ around the clock.

defended	guarded	preserved	protected	saved
×	◎	×	△	×

guard は自ら体を張って「守る」というより、**間接的に何かを利用して「守る」**というニュアンスが強い。**guard**（見張り、ガードマン、監視。guardman は和製英語）**を立たせて何かを守るようなイメージ**の語だ。

I let down my ***guard***, and she tricked me.（気を許したら、彼女にだまされた→guard を下げたらだまされた）と We need to be on ***guard*** against shoplifting.（万引きに気をつけないといけない→万引きに対して guard を立てておかなくてはいけない）なら、guard のニュアンスが伝わるだろう。

We must ***guard*** against sudden changes in interest rates.（われわれは金利の急激な変化に用心しなくてはいけない）なら、金利変動（という敵）から身を守るような行動を取らなければいけない、と解釈できる。

guard には「**管理する**」という意味もあり、It's the president's job to ***guard*** the company.（会社を守るのは社長の仕事だ）とも表現できる。

この例文は The office building（会社のビル）が主語となるため、「危険から身を守る」意味を持つ guard が最適だ。

protect は攻撃や危害などの「実質的な害」から身を守る際に使われる動詞なので、「見守る」に近いこの例文には、ニュアンス的にあまりそぐわない。そのため guard が◎と、protect が△と判断された。

⇨ The office building needs to be ***guarded*** around the clock.
（そのオフィスのビルは、24時間ガードが必要だ）

3. The only way we can _____ our profit margin is to increase sales.

defend	guard	preserve	protect	save
×	×	○	◎	△

protect は、**外からの危害に対して何らかの手段を取って守る**、という意味の動詞だ。*protect*...from a financial crisis（金融危機から…を守る）など、経済危機のような危険に対しても使える。

例文を、「利益が減るという危機に対して、売上を伸ばすことで利幅を維持するのが唯一の手段だ」と解釈するなら、protect が最適となるだろう。

一方 preserve には、**現状を維持する**というイメージがある。自然を守るなら、**preserve the natural balance**（自然調和を維持する）や、**preserve wildlife**（野生生物を保護する）などの表現も使われる。名詞にして strawberry preserves といえば、果物を「保存」したイチゴジャムのことだ。

preserve one's profit margin と、**save one's profit margin** は、ともに「利幅を守る」だが、preserve のほうがよく使われる。preserve は「現状のまま」利益を守るという意味だが、save は利益が減る危機に直面し、そこから抜け出そうとしているような意味合いを持つ。

The doctors are trying to *preserve* his life.（その医師たちは彼の生命を維持しようとしている）も似た例で、preserve ならまだ危機的状況には遠いイメージだが、The doctors are trying to *save* his life.（その医師は彼の生命を救おうとしている）ならば、死に瀕した状況になる。

ニュアンスを比較すると、protect は「利幅を守る」、preserve は「利幅を維持する」、save は「利幅をなんとか確保する」となる。

経済危機が叫ばれている現状を反映してか、**protect one's profit margin**（利幅を守る）を最適と判断するネイティブが多かった。

⇨ The only way we can ***protect*** our profit margin is to increase sales.
（利幅を守る唯一の方法は、売上を伸ばすことだ）

30. 守る　|　defend / guard / preserve / protect / save

4. How can we _____ our proprietary information from outside access?

defend	guard	preserve	protect	save
—	◎	×	◎	×

　our proprietary information from outside access（外部アクセスから我が社の専有情報）をいかに守るか、という内容と解釈できるため、外部からの危険から身を守ることを意味する動詞が入る。
　それに適する動詞は、guard と protect だ。ネイティブもこの２つを最適と判断した。ほかの選択肢ではニュアンスが異なるため、英語として不自然になる。
　guard against the invasion of an enemy（敵の侵入を防ぐ）の言いまわしもあることからわかるように、guard には**外部からの侵入を警戒し、大事なものを守るイメージ**がある。
　一方 protect は幅広い意味がある単語で、**protect the company**（会社を守る）のほかに、country, hair, health, surface など、さまざまな目的語での言いまわしがある。**protect...from external invasion**（外部の侵略から…を守る）とも言うように、**外からの危機に対してひたすら防御するイメージ**だ。
　ちなみに、defend は悪意のある具体的な敵がいる場合に使う語だが、protect は敵の存在が曖昧だ。そのため、さまざまな目的語に対応できる。
　多少の違いはあるが、guard と protect ならば意味もすっきり通る。ここではこの２つが◎と判断された。

⇨ How can we **guard / protect** our proprietary information from outside access?　（外部アクセスからどうやって我が社の専有情報を守れるだろうか？）

5. We can _____ a lot of time and expense by introducing robots.

defend	guard	preserve	protect	save
×	×	×	×	◎

　save は幅広く使える一般的な動詞だが、**save energy**（エネルギーを節約する）、**save lives**（命を救う）、**save time**（時間を節約する）など、危機的状況に陥っているものを救い出すようなイメージがある。
　また「残す、取っておく、貯金する」という意味もあり、I *saved* some coffee

219

for you.（コーヒーをあなたのために取っておいた）や、I *save* 10 percent of my income.（私は収入の10％を貯金している）とも言う。

　一方、他の動詞はどれもここでは×だ。「時間を節約する」の意味で使える動詞はない。そのためここでネイティブは、saveのみを◎と判断した。

⇨ We can *save* a lot of time and expense by introducing robots.
（ロボットを導入することで、多くの時間と費用が節約できる）

---

6. The scientists did all they could to _____ the ancient documents from decay.

defend	guard	preserve	protect	save
×	△	◎	○	○

　「古文書を腐敗から守る」に最適な動詞は何か。preserveであれば「守る」だけでなく「保存する」「保護する」「維持する」といったニュアンスもあり、最適だ。

　ただ「守る」だけでなく「元の状態のまま維持する」のが、文脈的にもっとも自然となる。preserve...from decay（…の腐敗を防ぐ）のほか、preserve...from extinction（…を絶滅から守る）などの言いまわしもあり、どの意味合いかは文脈により判断する。

　protectやsaveも「守る」の意味ではOKだが、「状態を維持する」というニュアンスは出せない。guardでは意味合いが異なる。

⇨ The scientists did all they could to *preserve* the ancient documents from decay.
（科学者たちは古文書を腐敗から保護するため、できる限りのことをした）

31
見つける

discover / find / locate / track down

▶▶▶日本人は1つの英単語に対して「おもな意味だけ」覚える傾向があるが、それではネイティブがその単語にいだく「イメージ」をつかめない。日本語では「見つける」だけで表現できる動詞も、何を見つけるのか、どのようにして見つけるのか、英語ではその手段や目的語を考えて選ぶ必要がある。

■ discover　▶▶▶ネイティブイメージ「発見する」

「発見する」「秘密をつかむ」「気づく」「わかる」など、今まで隠されていてわからなかったものを新たに知る時に使う動詞。「…の良さがわかる」というポジティブな意味で使われ、発見したことに対して少し驚くようなニュアンスがある。discover a cure（治療法を発見する）, discover the truth（真実を知る）, discover a connection（接点を見つける）などの言いまわしがある。

discover a new theory
（新しい理論を発見する）

◆ 用例

□ I *discovered* that my computer had been infected by a virus.
（私のコンピュータがウイルスに感染していることがわかった）

□ I finally *discovered* the secret of success in business.
（仕事で成功する秘訣がついにわかった）

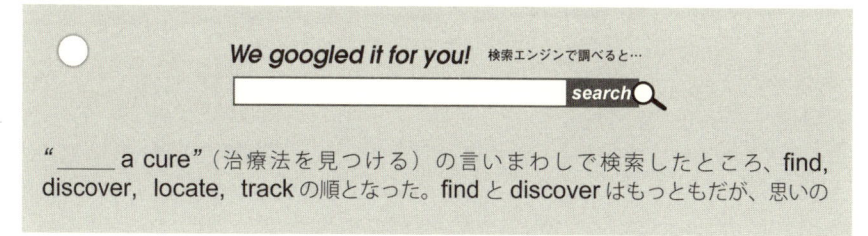

We googled it for you! 検索エンジンで調べると…

search

"＿＿＿ a cure"（治療法を見つける）の言いまわしで検索したところ、find, discover, locate, track の順となった。find と discover はもっともだが、思いの

221

ほか locate と track down も使われているようだ。

検索ワード	ヒット数
"discover a cure"	1,150,000
"find a cure"	25,000,000
"locate a cure"	105,000
"track down a cure"	14,000

■ find　▶▶▶ネイティブイメージ「わかる」

「見つける」「理解する」「気づく」など、今まで自分が知らなかったことがわかるようになった場合に用いる。さまざまな状況において、広い意味で使える動詞だ。find out（発見する）, find gold（金を見つける）, find one's way（たどり着く）などの言いまわしがある。

find gold（金を見つける）

◆ 用例

☐ We *found* an inexpensive hotel near the airport.
（私たちは空港の近くに高くはないホテルを見つけた）

☐ I *found* a stapler in the storage room.（物置でホチキスを発見した）

■ locate　▶▶▶ネイティブイメージ「場所がわかる」

「(…の場所を) 示す」「(…の場所を) 見つける」「…に設置する」など、場所に関して用いられる動詞。locate a missing dog（行方不明の犬の居場所を突き止める）, locate a file（ファイルを見つける）などの表現からわかるように、なんとか苦労してその場所を捜すというニュアンスがある。

locate a missing dog
（行方不明の犬の居場所を突き止める）

31. 見つける　|　discover / find / locate / track down

◆ 用例

□ It took us two months to *locate* a new building for our headquarters.
（本社の移転先となる新しいビルを見つけるのに2ヶ月かかった）

□ We need to *locate* all the defective parts in the factory.
（工場で欠陥のある箇所をすべて特定する必要がある）

■ track down　▶▶▶ ネイティブイメージ 「追いかけてつかまえる」

「見つけ出す」「追いつめる」「ありかを突き止める」など、痕跡をたどって何かを探し出すような場合に使う。track down a monster（怪物のあとを追う）, track down a missing file（なくなったファイルを見つけ出す）, track down the suspect（容疑者を追及する）など、簡単には見つからないようなものを努力して追い求めるニュアンスがある。

track down a monster
（怪物のあとを追う）

◆ 用例

□ I'm trying to *track down* an old friend on the Internet.
（ある1人の旧友を、インターネットで見つけ出そうとしている）
　＊ track down で「見つけ出す」「追いつめる、追跡してとらえる」の意味がある。

□ I *tracked down* the problem to the accounting department.
（その問題を追跡して、出所は会計部門だとわかった）

We googled it for you!　検索エンジンで調べると…

"＿＿＿the file"（ファイルを見つける）の形でヒット数を調べてみた。find, locate, discover, track down の順となり、ほぼすべてが言いまわしとして定着している。file が、「書類のファイル」と「データファイル」の2種類の意味で使われていることも関係しているだろう。

検索ワード	ヒット数
"discover the file"	155,000
"find the file"	47,900,000
"locate the file"	4,140,000
"track down the file"	107,000

Native Speakers Say It This Way! ネイティブはこう使い分ける！

1. I _____ a new way to make yogurt.

discovered	found	located	tracked down
◎	○	×	×

目的語が a new way to make yogurt（ヨーグルトを作る新しい方法）のため、「今まで知られていない新しいヨーグルトの作り方を見つけた」という意味になれば、自然に聞こえる。それには、今まで知られていなかったものを見つける、つまり「**発見する**」の意味を持つ動詞、discover が最適だ。

find にも同様の意味があるため、find でも OK だ。しかし、ネイティブが discover を◎としたのは、discover には「**驚き**」のニュアンスもあるためだろう。new way（新しい方法）を「発見した」のだから、ただ「見つけた」の find より、**ポジティブに自分の意思で見つけようとしたイメージのある** discover のほうが具体的に聞こえる。

同じような例を挙げると、He *found* the cure for cancer.（彼はがんの治療法を見つけた）でもいいが、ネイティブはそれよりも一般的に He *discovered* the cure for cancer.（彼はがんの治療法を発見した）と言う。そのため、ここでは discover が◎で、find が○となった。

⇨ I *discovered* a new way to make yogurt.
（ヨーグルトの新しい作り方を発見した）

---

2. I finally _____ my expense report behind a file cabinet.

discovered	found	located	tracked down
△	◎	○	△

探し物を「見つける」表現であれば、find がいちばん使いやすい。find は状況を選ばず、さまざまなものを見つける際に使えるため、もちろんここでも OK だ。

locate は、特定の場所を指す際に用いる動詞だ。**locate a lost toy**（なくしたお

31. 見つける | discover / find / locate / track down

もちゃを見つける）とも言うから、この例文でももちろん使える。

しかし、**locate a criminal**（犯人の居場所を見つける）の表現もあることからうかがわれるように、この locate という動詞はどちらかというと「場所を突き止める」ニュアンスが強い。このため、例に挙げた会話文のような軽い表現には、あまり使われないと思われる。○ではあるものの、最適とは言えない。

また、discovered だと「今まで見つからなかったものを発見する」となり、find より仰々しく聞こえる。track down は「跡をたどって見つけ出す」イメージがあり、expense report にはあわない。そのため、この例文では、比較的あまり強いニュアンスがなく、いちばんよく使われる find が最適と判断された。

⇨ I finally ***found*** my expense report behind a file cabinet.
（ようやく、経費明細書が書類棚の陰に落ちているのを見つけた）

---

3. It took five years for the detective to _____ the murderer.

discover	find	locate	track down
×	○	△	◎

detective, murderer とくれば、track down が思い浮かぶ。刑事ドラマなどでよく耳にするこうした表現は、よく一緒に使われる。**The police *tracked down* the suspect.**（警察は［容疑者の足跡をたどって］容疑者を見つけ出した）というフレーズは、小説やドラマでおなじみだ。

track down には「見つけ出す」だけでなく、それから一歩踏み込んだ「追いつめる」「追跡してとらえる」の意味もある。**track down a missing person**（行方不明者を捜索する）と言えるし、**track down the murderer**（殺人犯を追いつめて逮捕する）とも言えるのである。どの意味になるかは、それぞれ状況や文脈から判断するしかないだろう。

find も自然な英語となるが、これではただ単に「見つけた」としかならない。

locate でも「居場所を見つける」となり意味は通じるが、murderer と組み合わせてより自然と思われる track down が最適と判断された。

⇨ It took five years for the detective to ***track down*** the murderer.
（刑事が殺人犯を追いつめてとらえるのに、5年かかった）

4. It took me two weeks to _____ the cause of the problem.

discover	find	locate	track down
○	◎	◎	△

　この例文では、cause of the problem（問題の原因）を「見つける」に相当する動詞が入る。ここでもやはり find は◎と判断される。今までの説明で、その理由はおわかりいただけると思う。

　locate には **locate the cause of...**（…の原因を究明する）のイディオムがあり、**locate the cause of the problem**（問題の原因を究明する）はビジネスシーンでよく使う表現。そのため、locate もしっくりくる。

　discover だと「問題の原因を発見する」となり、これも意味は通る。ただし、the cause of the problem に対しては、find や locate をあてるのがネイティブは自然だと感じるため、ここでは○となった。

　一方、時間をかけて何かの痕跡を追って探すならば、track down だ。track には「足跡」の意味があるため、「探して見つける」という含みのある表現になる。これでも意味は通るが、トラブルの原因を探すのに track down を用いるのは、かなり状況が限定されると思われる。

　そのため、the cause of the problem に対してネイティブがもっとも自然と判断したのは、「原因を見つける／究明する」の find と locate だ。

⇨ It took me two weeks to *find / locate* the cause of the problem.
　（その問題の原因を見つける／究明するのに、2週間かかった）

32
見る

look / observe / see / watch

▶▶▶ 「見る」の look も see も watch も中学校で習う基本動詞だが、その違いを認識しているだろうか。類語として、ここで紹介するもののほかに、gaze や stare, glance も挙げられる。この機会にすべてのニュアンスを確認しておくといいだろう。

■ look (at)　▶▶▶ネイティブイメージ「静止しているものを見る」

「見る」「眺める」「顔つきが…だ」「…に見える」などの意味がある。意識的に「見よう」として、静止しているものに視線を向けるような場合に使う。look at the camera（カメラを見る［写真撮影のために、被写体の人がレンズを見る］）, look after... （…の世話をする）, look ahead（将来に備える、前方を見る）などの言いまわしがある。

look at the camera（カメラを見る）

◆ 用例

☐ I *looked* at the documents, but I didn't have time to read every word.
（その資料を見たが、一字一句読む時間はなかった）

☐ Could you *look* at this printer? It hasn't been working very well.
（このプリンタを見てくれる？　あまり調子が良くないんだ）

We googled it for you!　検索エンジンで調べると…

"We ___ at a video."（私たちはビデオを…した）で検索をかけてみた。日本の英語の教科書では I watch TV.（私はテレビを見ます）の例文をよく見かけるが、結果はこのとおりとなった（詳しくは234ページを参照）。

検索ワード	ヒット数
"We looked at a video."	10,500,000
"We observed a video."	31,600
"We saw a video."	7,020,000
"We watched a video."	4,770,000

■ observe ▶▶▶ネイティブイメージ「観察する」

「観察する」「(人が…するのを)見る」「認める」「意見を述べる」などの意味がある。observe people in the park（公園にいる人を観察する）や、observe one's employees（社員を観察する）のように、少し上の立場から、しばらくのあいだじっと注目して経過を見るような際に用いる。

また、observe には observe the traffic regulations（交通法規を守る）のように、「遵守する」という意味もある。これは、客観的な視点から、冷静になって「ルール」を見つめているようなイメージである。observe people in the park（公園にいる人を観察する）, observe the traffic regulations（交通法規を守る）などの言いまわしがある。

observe people in the park
（公園にいる人を観察する）

◆ 用例

☐ As a new employee, I *observed* how she treated clients.
（私は新入社員として、彼女がどのように顧客に対処するか、観察した）

☐ I closely *observed* how the company solved problems..
（会社がどのように問題を解決するか観察した）

■ see
▶▶▶ネイティブイメージ「自然に目に入る」

「見る」「確かめる」「わかる」「経験する」などの意味がある。意識的に見ようとしなくても、自然に視界に入るように、ものが目に入るよ

see a bird in the sky（空の鳥を見る）

うな状態を指す。see...around（…と顔見知りだ）、 see...off（…を見送る）、see through...（…を見通す）などの言いまわしがある。

◆ 用例

□ She can't *see* anything without her contacts.
（彼女はコンタクトなしでは何も見えない）
□ I can't *see* him running a game software company.
（彼がゲームソフト会社を経営しているなんて考えられない）

We googled it for you!　検索エンジンで調べると…

search

先ほどの検索結果から一歩踏み込んで、今度は目的語を a funny video としてみた。「面白いビデオを見た」の表現として、いちばん多かったのは see だ。funny の有無で、これだけ結果が違うのだ（詳しくは 234 ページを参照）。

検索ワード	ヒット数
"We looked at a funny video."	2
"We observed a funny video."	5
"We saw a funny video."	62,000
"We watched a funny video."	44,000

■watch　▶▶▶ネイティブイメージ「動いているものをじっと見る」

「じっと見る」「注意して見る」「見張る」「世話する」「注意する」などの意味がある。動いているものを見る際に使い、少しのあいだじっと見守るようなイメージがある。watch TV（テレビを見る），watch out（注意する），watch over...（…の世話をする）などの言いまわしがある。

watch TV（テレビを見る）

◆ 用例

□ I need to *watch* what he does to know what he's truly like.

(彼は本当にどういう人なのか、それを知るためにその言動を注視する必要がある)
☐ She said you should *watch* the children at all times.
(子供から常時目を離さないようにすべきだと彼女は言った)

We googled it for you! 検索エンジンで調べると…

search🔍

"I___ at it for hours."(私は数時間それを○○した)でヒット数を調べたところ、look がいちばん多かった。it が何を指すかは人それぞれだろうが、逆に考えれば、現代人は「何時間も look (を使って表現) すること」をつねにしている、ということになる。

検索ワード	ヒット数
"I looked at it for hours."	9,080,000
"I observed it for hours."	17,600
"I saw at it for hours."	2
"I watched it for hours."	48,000

32. 見る　|　look / observe / see / watch

👍 Native Speakers Say It This Way! ネイティブはこう使い分ける！

1. I _____ the report, but it didn't seem very helpful.

looked at	observed	saw	watched
◎	×	△	×

　look (at) は、意識的にものを見る際に用いる動詞だ。

　選択肢の動詞のニュアンスを比較すると、I *looked at* the accident. は「私はその事故（が終わった状態）を見た」という意味だが、I saw the accident. なら「私はその事故を（偶然にも）見てしまった」、I observed the accident. と I watched the accident. は「私は事故の一部始終を見た」という意味合いが強くなる。そのため、I observed the accident. と I watched the accident. という言い方はあまりしない。

　つまり事故が発生して、look はその事故がどのようなものかを確かめようと「意識的に見る」ことをいい、see は意識的にではなく「たまたま目に入った」ような状態をいう。

　また、車が「ぶつかる瞬間」ではなく、事故が「起こった（終わった）あと」という表現にも注意したい。look (at) は動いているものより、**動きのない静止状態のものに対して使われる**。そのため、I looked at the movie. とはあまり言わない。

　たとえば I *looked at* the report.（私はその報告書を見た）という文は、2つのとらえ方ができる。1つは「意識的に何かを期待して見た」で、もう1つは「ざっと見た」という意味だ。look だけでは「軽く見た」のニュアンスが強くなってしまうため、「きちんと見た」と言いたいならば、I *looked* carefully *at* the report.（私はその報告書を注意深く見た）のように言わなければいけない。

　例文に look at をあてはめれば、自然な流れでこの2つのとらえ方になるため、◎となる。意識的に見たと考えて、observe を使っても○だ。see は無意識に目に入るニュアンスとなるため、△だろう。

　時間的な感覚を言えば、I *looked at* him.（私は彼を見た）であれば、見たのは「ほんの数秒」。一方、I *stared* at him.（私は彼を見つめた）なら、数秒から数十秒「じっと見る」ということになる。しかし、かなりの長時間、何らかの意図を持って見る場合は、**look carefully**（凝視する）や **look a long time at...**（長いあいだ…をじっと見つめる）というように、look がもっともよく使われる。

また、look at には「直せるかどうか」や「買うかどうか」などの「意思」の含みもある。I *looked at* the printer, but I didn't have the tools to fix it.（プリンタを［直せるかどうか］見たが、修理する道具がなかった）、I *looked at* that car, but it was too expensive for me.（あの車を［買おうかと思って］見たが、私には高すぎた）のように使う。いかにもネイティブらしい使い方なので、覚えておくといいだろう。

⇨ I *looked at* the report, but it didn't seem very helpful.
（その報告書を見たが、あまり役に立つとは思えなかった）

---

2. Let's _____ him for a week and see how he performs as an engineer.

look（at）	observe	see	watch
×	◎	×	○

observe といえば「観察する」の訳語が思い浮かぶだろうが、**上から目線で「…をしばらく見て判断する」**という含みがあり、そのため急な出来事に対してはまず使わない。さらに「**計画的に見る**」意味合いもあり、The researchers *observed* 50 healthy males for two weeks.（研究者は50人の健康な男性を2週間観察した）のように使う。この用例からわかるように、**科学者がよく使いそうな語**だ。

選択肢の動詞のイメージを比較すると、Let's *look at* what happens. なら、すぐに終わりそうな出来事に対して「何が起こるか見てみよう」だが、Let's *observe* what happens. は「何が起こるか経過を観察しよう」、Let's *see* what happens. は「動かしてみて、何が起こるか見てみよう」、Let's *watch* what happens. は「何が起こるか少し離れた所から見ていよう」となる。しかし、この4つを混同して使っても、不自然にはとられないだろう。

例文は、**Let's observe...（…を観察しよう）**ならば、文意も通り、自然に聞こえる。ほかに watch も、動いているものを「注意して見る」という意味になるため、○となる。

また、命令形の Look!（見て！）はよく使われるが、Observe! はまず耳にしない。See! は「ほら、こうなった！」「私の言った通りでしょう！」など、ちょっとした嫌味に聞こえる。Watch! だと「よく見て！」となる。

⇨ Let's *observe* him for a week and see how he performs as an engineer.
（彼を1週間観察してエンジニアとしての仕事ぶりを見てみよう）

32. 見る | look / observe / see / watch

3. I want to _____ all the records related to this accident.

look（at）	observe	see	watch
○	×	◎	×

　選択肢の中で see と look at は、比較的よく似たニュアンスを持っている。しかしどちらかといえば、look at のほうが「**厳密にものを見る**」イメージがある。
　そのため、I want to ***look at*** all the reports. は「私は1つひとつのレポートを見たい」、I want to ***see*** all the reports. は「全部のレポートを見たい」という意味合いになる。
　例文は、look at であれば「1つひとつの記録を見たい」、see であれば「全部の記録を見たい」というイメージになり、いずれも自然な英語になる。文中に all があるため、ネイティブは see を◎と、look at を○と判断した。
　次に see と watch を比較すると、見る対象となるものの状態が異なることに気づく。see は非常に一般的な動詞のため、**動くもの／動かないもの、いずれにも使える**。一方 watch は、おもに動いているものに対して使う。
　たとえば I *saw* the sunset.（私は日没を見た）と I *saw* the sun set.（私は太陽が沈むのを見た）ならば、どちらも自然な文だ。しかし、I watched the sun set.（私は太陽が沈むのを見た）とは言えるが、I watched the sunset. はあまり自然な言い方ではない。これはネイティブでも悩むところで、グーグルで検索しても、I watched the sunset. と使っている例はたくさん出てくる。ネイティブですら、使い方が曖昧となっているのは否めない。
　もう1つ、別の例を見てみよう。Let's *see* a movie. と Let's *watch* a movie. は「映画を観よう」の意味でどちらもよく使うが、**see なら映画館で、watch なら家で観る可能性が高い**。おそらくこの **see は go and see の省略**で、**watch は stay at home and watch の省略**と考えられる。

⇨ I want to ***see*** all the records related to this accident.
　（この事故に関するすべての記録を見たい）

4. Next, we'll _____ a video about how to improve quality and efficiency.

look（at）	observe	see	watch
○	×	○	◎

　look at は、勉強をしている時に使うイメージがある。look at ... from all angles（あらゆる角度から…を検討する）や look at ... through a microscope（…を顕微鏡で見る）など、言いまわしもたくさん聞く。

　229 ページで、We _____ at a video. と We _____ at a funny video. のグーグル検索結果を紹介したが、これは興味深い事実を表わしている。

　真面目な video であれば look at をいちばん多く使うが、娯楽で見る funny video にはまず使わない。一方、watch には「**じっと見る**」の含みがあるため、どちらでも使える。

　例文は、ビジネスでの真剣な内容と考えられるため、「**注意して見る**」ニュアンスのある watch が最適となる。ただし、この状況であれば、look at も使えるだろう。

　また see には「たまたま見る」ニュアンスがあり、フォーマル、インフォーマルのいずれの内容にも使える。YouTube などでたまたま面白いビデオを見た場合は、see a funny video の表現がぴったりだ。

⇨ Next, we'll *watch* a video about how to improve quality and efficiency.
　（次に、品質と効率をいかに改善するかについてビデオを見ましょう）

33
要求する

demand / insist on / request / require / stipulate

▶▶▶「要求する」という動詞は、聞く側に少なからずプレッシャーを与える。相手はその要求を事務的にしているのか、それとも自己主張から求めているのか、その意図を取り違えると、大変なことになる。ここで紹介するのはどれもビジネスの場でもよく使う動詞のため、正しいイメージをつかみたい。

■ demand   ▶▶▶ネイティブイメージ「正当な理由で要求する」

「要求する」「必要とする」、法律用語で「(法廷に人を) 召喚する」「請求する」などの意味がある。正当な理由があって、命令や権力に基づいて何かを求める際に用いる。demand an apology（謝罪を要求する）、demand a full account（十分な説明を求める）、demand a ransom（身代金を要求する）などの言いまわしがある。

demand an apology（謝罪を要求する）

◆ 用例

☐ I *demand* that you return the book that I lent you! I can't wait any longer.
（君に貸した本の返却を求める！ もう待てない）

☐ The demonstrators are *demanding* that the law be changed.
（デモ参加者は、法律の変更を要求している）

We googled it for you!　検索エンジンで調べると…

search

"＿＿＿＿ an answer"（解答を○○する）の形でヒット数を調べた。stipulate を除き、ほぼ言いまわしとして定着していると考えられる。ヒット数の多さ＝その言いまわしが使われる「シチュエーションの頻度」となる。「解答を要求する」の request が最

多となるのはわかるが、「解答を求める」の insist on が2番目に来るのは興味深い。

検索ワード	ヒット数
"demand an answer"	409,000
"insist on an answer"	413,000
"request an answer"	692,000
"require an answer"	369,000
"stipulate an answer"	122

■ insist on　▶▶▶ネイティブイメージ「1つの意見に固執して言い張る」

「主張する」「強調する」「要求する」などの意味がある。強く1つの意見に固執し、それを言い張るようなイメージ。insist on...［動詞＋ing］（…することを主張する）を使った insist on having one's own way（独自のやり方に固執する），insist on (getting) a second opinion（セカンドオピニオンを要求する），insist on (getting) a clear answer（明確な解答を求める）などの言いまわしがある。

insist on having one's own way
（自分のやり方に固執する）

◆ 用例

☐ She *insists on* having her name shown first in the credits, even though she's a has-been.（彼女は人気がなくなっているにもかかわらず、いちばん上に名前がクレジットされるよう主張している）

☐ If you *insist on* being right about everything, people will avoid you.（万事に正論を主張すると、人はあなたを避けようとするだろう）

■ request　▶▶▶ネイティブイメージ「要請する」

「懇願する」「要請する」「頼む」「依頼する」などの意味があり、ask よりもフォーマルな頼み方になる。改めて形式的にお願いして、何かをしてもらうようなニュアンスの動詞。request a donation（寄付を要請する），request a report（報告を求める），request a service（サービスを申し込む）などの言いまわしがある。

33. 要求する　|　demand / insist on / request / require / stipulate

◆ 用例

□ I'd like to *request* an extra pillow, if that's okay.
（可能であれば、もう1つ枕をお願いします）

□ The client *requests* that their order be sent by air, even if it costs extra.
（たとえ追加料金がかかっても、顧客は注文品を航空便で送ってほしいと依頼している）

request a donation（寄付を請う）

We googled it for you!　検索エンジンで調べると…

"＿＿＿ an invitation"（招待を○○する）の形でヒット数を調べた。stipulate はほぼ使われないと考えていいだろうが、ほかの動詞は多いものから request, insist on, require, demand の順となった。断然 request an invitation（招待をお願いする）が多かった。「招待」ゆえ、選択肢の中でへりくだったニュアンスを持つ動詞を使った表現が選ばれたのだろう。

検索ワード	ヒット数
"demand an invitation"	26,300
"insist on an invitation"	694,000
"request an invitation"	4,410,000
"require an invitation"	213,000
"stipulate an invitation"	1

■ require
▶▶▶ ネイティブイメージ
「必要に迫られ要求する」

「必要とする」「要求する」「命令する」などの意味がある。必要に迫られて何かを要求する場合に用いる。require A of B（AにBを要求する）, require someone to do...（人に…するよう要求する）, require a necktie（ネクタイ［正装］を要求する）などの言いまわしがある。

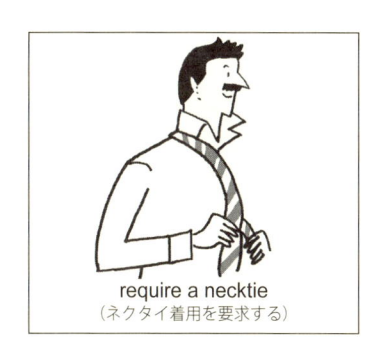

require a necktie
（ネクタイ着用を要求する）

◆ 用例

□ The wearing of helmets is *required* by law.
（法により、ヘルメット着用が求められている）

□ This device *requires* four batteries.（この装置には電池が４つ必要だ）

We googled it for you! 検索エンジンで調べると…

"＿＿＿ a guarantee"（保証を〇〇する）のヒット数を調べた。多いものから insist on, require, demand, request, stipulate の順となった。保証のように強く要求すべきものの場合、insist on の確固たるニュアンスがふさわしい。

検索ワード	ヒット数
"demand a guarantee"	95,100
"insist on a guarantee"	888,000
"request a guarantee"	63,200
"require a guarantee"	125,000
"stipulate a guarantee"	2,510

■ stipulate　▶▶▶ネイティブイメージ「条件として要求する」

「（約定の条件として）要求する」「規定する」「明記する」などの意味がある。契約書などの条項で用いられることが多い。stipulate what is required（必要事項を明記する），stipulate conditions（条件を出す），stipulate the responsibility（責任を明記する）などの言いまわしがある。

stipulate non-smoking sections
（［法律により］禁煙エリアを規定する）

◆ 用例

□ The law *stipulates* that you receive permission before doing this type of business.
（この種の業務を行なうにあたっては、事前に許可を受けるよう、法律に明記されている）

□ The client *stipulates* that the variance be less than 0.45 milligrams.
（重量僅差は 0.45 ミリグラム以下にするように、とその顧客は要求している）

33. 要求する　|　demand / insist on / request / require / stipulate

👍 Native Speakers Say It This Way! ネイティブはこう使い分ける！

1. Nancy _____ an apology from her friend.

demanded	insisted on	requested	required	stipulated
◎	○	△	△	×

　demand といえば、kidnappers（誘拐犯）を思い出す。The kidnappers *demanded* payment of several million dollars in ransom.（誘拐犯は身代金として数百万ドルの支払いを要求した）のように、demand は「**強く要求する**」だけでなく「**過剰に**」のニュアンスが含まれる。

　そのため、What do you demand? とはまず言わないだろうが、クレームの多いお客を話題に出して What do they *demand*?（彼らは何を要求しているの？）と言うことはあるだろう。I *demand* that you finish this today.（あなたがこれを今日終わらせるよう要求する）なら、かなり怒っていることが伝わる。

　例文は、「（謝罪を）要求する」にあたる言葉が入ると思われる。それに相当する動詞は、demand だ。demand は**正当な理由で何かを要求する際に用いる**語なので、ここに最適だ。demand an apology（謝罪を求める）の言いまわしもあるので、◎となった。

　選択肢では、ほかに insist on にも「要求する」の意味がある。insist on an apology（謝罪を要求する）だと、しつこく謝罪を要求するようなイメージになるだろう。

⇨ **Nancy *demanded* an apology from her friend.**
　（ナンシーは友人に対して謝罪を要求した）

2. Throughout the trial, he _____ his innocence.

demanded	insisted on	requested	required	stipulated
×	◎	×	×	×

　insist on は、自己主張の強い人を主語とすることが多い。ただ「主張する」だけでなく、その裏には「どうしても…したい」という自己中心的な願望が隠されている。たとえば、He *insists on* a new office chair. なら、「彼は新しい事務所の椅子がほしいと主張する」→「どうしても新しい椅子がほしいと言って聞かない」というイメージだ。

　例文は、「無罪を主張する」に相当する語が入ると考えられる。選択肢で「主張する」の意味を持つのは、insist on だけ。そのため、insist on が◎となる。

　さらに、ネイティブが He *insisted on* his innocence. と聞けば、「彼は無罪を主張した」だけでなく、「誰が見ても有罪なのに、彼は自分が無罪だと言い張った」と受け止める。

　He *insists on* being right. は、直訳すると「彼は正しくあることを主張する」だが、転じて「彼はあきらめが悪い」となる。このニュアンスは、覚えておくといいだろう。

⇨ Throughout the trial, he *insisted on* his innocence.
　（公判中、彼は一貫して無実を主張した）

---

3. After we move to the new office, you can _____ a new desk.

demand	insist on	request	require	stipulate
×	△	◎	×	×

　基本的に request は、**立場が下の人が上の人に何かを依頼する際**に使う動詞だ。なので、上の立場と思われる（乗）客がウエイターやフライトアテンダントに I'd like to *request* another drink.（もう１杯飲み物をお願いできますか）とわざわざ request を使って依頼することがあるが、これは謙遜した言い方にするためだ。

　例文は、「新しい事務所に移動したら、スタッフは会社に新しい机を要求してもいい」という文脈になるため、request の上に対するもの言いが有効だ。

　また、新しい机がどうしてもほしいと主張するのであれば、insist on も使えるが、かなり自己中心的に聞こえてしまう。ほかの動詞は語の定義から、この例文

33. 要求する | demand / insist on / request / require / stipulate

で用いるのは不適当だ。

⇨ **After we move to the new office, you can *request* a new desk.**
（新しい事務所に移ったら、新しい机を頼めます）

4. The tax office will _____ information about your insurance.

demand	insist on	request	require	stipulate
△	△	○	◎	×

　require は**必要に迫られて要求する時に使うため、ビジネスでは頻繁に耳にする**。仕事で必要な書類を手に入れる際も、よくこの語を使ってその意志を伝える。
　たとえば How many forms do you need?（用紙は何枚必要ですか？）は一般的な言い方だが、よりフォーマルにビジネス口調で言うなら、How many forms do you *require*?（用紙は何枚ご入り用ですか？）となる。
　insist on や demand は話者の主観的な言葉と言えるが、require はそれに比べると冷静に使われる。**公的機関が書類の提出を求めるようなイメージ**だ。そのため I require... や We require... だけでなく、**The law requires...** などもよく使われる。例文は、まさにお役所である the tax office が主語となるため、require が最適となる。
　選択肢ではほかに、**必要に迫られて何かを要求する** request でも意味は通じる。ask の気軽さとは対照的に、改めて形式的に手順を踏んで何かを依頼するような時に、よく使われる。**request a report（報告を求める）、request a piece of information（情報を求める）**などの言いまわしもある。ただし require ほどのニュアンスは出せない。
　demand は、正当な理由で何かを要求する際に使う動詞なので、ここでも問題はない。ただし、かなり強く相手に何かを要求する言い方に聞こえるため、ほかに require や request があるならば、ベストの選択ではない。
　insist on も可能だが、これも少し一方的な言い方になる。そのため、ここでは require が◎に、request が○に、demand と insist on は△と判断された。

⇨ **The tax office will *require* information about your insurance.**
（税務署はあなたの保険に関する情報を要求するだろう）

5. The guidelines _____ that the contract has to be signed within three days.

demand	insist on	request	require	stipulate
△	×	×	△	◎

stipulate は、**契約条項**などで**頻繁に使われる**用語だ。日常あまりなじみがないかもしれないが、覚えておいたほうがいい動詞である。ただ「要求する」のではなく、「契約として」の前置きが付くように、**正式な規定事項としての**意味を持つ。

条項では、The contract ***stipulates*** that the rent has to be paid six months in advance.（賃料は前払いで半年分支払われなければいけないと契約書に明記されている）などと用いられる。

例文にあるように、**stipulate that...has to...**（…しなくてはいけないと…と明記されている）の言いまわしはよく使われる。このような使い方は、選択肢のほかの単語ではむりがある。

demand と require も語の定義から使えなくはないが、guideline などが使われる契約条項では stipulate がほぼ自動的にあてられるので、この動詞が◎、demand と require は△となった。

⇨ The guidelines ***stipulate*** that the contract has to be signed within three days.
（ガイドラインには、その契約書には3日以内にサインしなくてはいけない、と規定されている）

34
分ける
disconnect / divide / separate / split

▶▶▶日本語の「分ける」は、「切り分ける」のように「物理的に形を変形させて分ける」場合にも、「分類する」「グループに分ける」場合にも用いることができる。英語では、「何をどう分けるのか」によって、複数の動詞を使い分ける。

■ disconnect
▶▶▶ネイティブイメージ「つながっているものを2つに分ける」

disconnect a steam locomotive from the rest of the train（後続車両から蒸気機関車を切り離す）のように、「（元々）つながっているものを分ける」というイメージが根幹にある。このような「物理的な接続」以外にも、「電気的な接続を断つ」、つまりプラグやコードを「外す」というニュアンスで使われることもある。たとえば disconnect the microwave oven といえば、「電子レンジの電源ケーブルを外す」

disconnect the power（電源を外す）

こと。disconnect the phone なら、普通は「電話線を抜く」という意味になる。

また、「つながっていた流れを断ち切る」ことから、disconnect oneself from society（[社会との]縁を切る）などの表現もよく使われる。He's disconnected from reality. なら、「彼は現実離れしている」という意味だ。They got disconnected. は、「連絡を取らないでいたので、疎遠になった」である（「電話が切れた」という意味で使われることもある）。

◆ 用例

□ I *disconnected* my computer.（コンピュータの電源を切った）
　＊「ネットワークから切断した」という意味になる場合も。

□ Before removing the stove, *disconnect* the gas line.
　（コンロを取り外す前に、ガスの管を外してください）

> **We googled it for you!** 検索エンジンで調べると…
>
> [search 🔍]
>
> "disconnect the printer" は「プリンタの電源ケーブルを抜く」、あるいは「パソコンとの（USBなどによる）接続を切る」の意味だろうか。以下のように、どちらの用例もかなり多いので、使われている状況や文脈によって判断するしかない。
>
> | 検索ワード | ヒット数 |
> |---|---|
> | "disconnect the printer from the computer" | 191,000 |
> | "disconnect the printer from the power" | 131,000 |
>
> しかし、実際は、disconnect the printer from the computer のように、「パソコンとの接続」の意味でよく使われる印象がある。なお、「電源を抜く」という意味を確実に伝えたい場合、pull the plug on the printer と表現すればよい。

■ divide　▶▶▶ネイティブイメージ「1つのものを半分にする」

　divide...diagonally（…を対角線で等分する）, divide...equally among ～（…を～のあいだで平等に分ける）のように、1つの集合体をいくつかに均等に分ける際に使う動詞。divide...in half なら「…を等分する」となる。
　ただ単に物を分けるだけでなく、divide...into ～ categories（…を～個の部門に分ける／分類する）, divide...into ～ groups（…を～のグループに分ける）など「種類ごとに分類する」「利益などを分配する」の意味でも用いる。

divide property in half
（財産を半分ずつ分ける）

また、Six divided by two is three.（6÷2＝3）のように「割る」という意味もある。

◆ 用例

☐ When they got divorced, they *divided* all their property in half.
（2人は離婚するにあたって、全財産を半分ずつ分けた）

☐ I *divided* up the pie and gave everyone a piece.
（パイを切り分けて、みんなに1切れずつ配った）
　＊このように up をともなう場合も多い。

34. 分ける | disconnect / divide / separate / split

■ separate　▶▶▶ネイティブイメージ「分離する」

元々複数のパーツから構成された集合体を、1つひとつ切り離したり、選り分けたりする場合に使う。ただ単に分けるだけでなく、**separate alcohol from water**（水からアルコールを分離する）、**separate blood into its components**（血液を成分に分ける）のように、「別々にする」（あいだを離す）というニュアンスがある。

たとえば **They got separated.** であれば、「人ごみの中で離ればなれになってしまった」というイメージが浮かぶ。文脈によっては、「離婚を前提として、別居することにした」という意味にもなるだろう。

separate out the rotten apple
（腐ったリンゴを選り分ける）

◆ 用例

☐ We need to *separate* the files by month.
　（書類は月別に仕分けなければならない）

☐ Commas are used to *separate* items in a series.
　（コンマは列挙された項目を区切るために使われます）
　＊ "red, blue, green..." のように、単語と単語のあいだを「コンマで区切る」こと。

We googled it for you!　検索エンジンで調べると…

「グループに分ける」と言いたい場合、ネイティブはやはり **divide** を用いることが多いが、**split** もよく使われる。この2つの動詞は、前置詞の **into** と組み合わせて用いられることが多い。

検索ワード	ヒット数
"disconnected the participants into groups"	0
"divided the participants into groups"	8,020
"separated the participants into groups"	211
"split the participants into groups"	5,360

■ split ▶▶▶ネイティブイメージ「形を変える」

split a piece of wood into...（材木を…に割る）, split...open along the back（…を背開きにする）など、おもに「形状の変化」をともなうような分割を指す。布を「裂く」、グループを「分裂させる」「（お酒を水で）割る」「（原子を）分裂させる」などの表現で用いる。

split the bill なら「割り勘にする」で、I have a splitting headache. は、「頭が割れるように痛い」という意味になる。

また、Bill and Mary dated for five years, but they decided to split.（ビルとメアリーは 5 年間つきあったが、別れることにした）のように人に対して split を使うと、「別れる（離婚する）」の意味になる。

decide to split（別れることにする）

◆ 用例

☐ She *split* the apple with one chop.（彼女は一撃でリンゴを割った）
☐ Willy and Milly got in a fight and *split* up.
　（ウィリーとミリーはけんかをして別れた）
　* split up の代わりに break up を使うこともできる。

We googled it for you! 検索エンジンで調べると…

「ビートルズは 1970 年に解散した」の場合、「グループが離ればなれになる」というニュアンスを持つ **split up** が使われることが多い。

検索ワード	ヒット数
"The Beatles disconnected in 1970"	0
"The Beatles divided in 1970"	0
"The Beatles separated in 1970"	78
"The Beatles split up in 1970"	62,100

なお、split up とほぼ同じ意味を持つ **break up** のヒット数もかなり多い。

"The Beatles broke up in 1970"	73,600

34. 分ける | disconnect / divide / separate / split

> 👍 **Native Speakers Say It This Way!** ネイティブはこう使い分ける！

1. He _____ the apples among the hungry children.

disconnected	divided	separated	split
×	◎	×	○

　「飢えた子供たちに、リンゴを分け与えた」という意味の文を作るには、どの動詞を用いるのがいいだろうか。
　「等しく同等に分ける」という場合は、divide がもっとも自然だろう。divide は「ただ分ける」だけでなく、**「できるだけ均等に（ていねいに）分ける」**というニュアンスのある語だからだ。
　divide と聞くと、通常ネイティブはまず**「半分ずつに分ける」**ことをイメージする。I *divided* the apple.（私はリンゴを半分こにした）なら、「1つのリンゴを同じ大きさに切り分ける」という意味になる。
　divide の代わりに divide up もよく使われるが、この up を余計なものと考え省略する人もいる。ただ **divide up** には、「きちんと分ける」「分配する」という意味合いがあるので、覚えておくといいだろう。
　ここでは前置詞 among もあり、**divide among...**（［…のあいだで］分ける）の言いまわしから、divide がもっとも自然な表現となる。
　split を入れることも可能だが、split は「形状の変化」をともなう表現を指す。リンゴに対して用いる場合、She *split* the apple with one chop.（彼女は一撃でリンゴを割った）のように「割る」の意味になる。
　そのため、He *split* the apples among the hungry children. は「彼は飢えた子供たちに囲まれ、ひと山のリンゴを割った」となり、英語としては通じるものの、最適の表現とはいえない。

⇨ He *divided* the apples among the hungry children.
　（彼は飢えた子供たちに［均等に］リンゴを分けた）

2. We need to _____ the fiction books from the nonfiction books.

disconnect	divide	separate	split
×	○	◎	△

「蔵書などをフィクションとノンフィクションに分類する」ととらえると、元々複数のもので構成された集合体を分ける場合に使うseparateが最適である。

　separateは、レタスやキャベツを想像するといいだろう。**何枚もの葉で1つの集合体となったレタスの葉を1枚1枚苦労してはがすのが、まさに**separateのイメージだ。

　また、ただ「分ける」のではなく、**分けたもの同士の距離を離す**ニュアンスがある。たとえばI tried to *separate* the children.（私は子供たちを引き離そうとした）なら、取っ組み合いのけんかをしている子供たちをがんばって引き離すイメージ。夫婦の話でThey're *separated*. といえば、「離婚を前提として別々に住んでいる」。悪いものを取り出す際はseparate outの言いまわしを使い、We need to *separate* out the bad apples.（悪いリンゴを選り分けないと）のように使う。

　divideにも「種類ごとに分類する」の意味があるが、divideは「1つの集合体」を分ける時に使う。例文は「1つの本の山」を分けるのではないため、separateのほうがより自然な英語になる。

　splitも文法的には可能だが、「選んで分ける」ようなニュアンスはない。そのため△になる。

⇨ We need to *separate* the fiction books from the nonfiction books.
（フィクションとノンフィクションに本を選り分ける必要がある）

---

3. The computer and the printer need to be _____ .

disconnected	divided	separated	split
◎	×	×	×

全会一致で、disconnectとなった。

　disconnectの元の語であるconnectは、本来「バラバラだったものを紐などで1つにまとめる」だが、最近はコンピュータなどのOA機器を「接続する」という意

34. 分ける | disconnect / divide / separate / split

味で使われることが多い。

　接頭辞 dis- が付いた disconnect は、connect の逆で、「**接続を断つ**」という意味になる。なお前述のとおり、disconnect には「**電源ケーブルを抜く（電源を切る）**」の意味もあるので、どちらの意味であるかは状況から判断する。I *disconnected* my computer.（コンピュータの電源を抜いた／切った）のように使い、動詞ではないが、電話をしていて I got disconnected. と言えば「電話が切れた」だ。

　上の例文は computer や printer という名詞が主語となっており、「OA 機器の接続」に関する文だということは一目瞭然。そのためネイティブも全員、接続に関する動詞 disconnected を選んだようだ。

⇨ **The computer and the printer need to be *disconnected*.**
（そのパソコンとプリンタは、接続を切る必要がある）

---

4. She _____ the piece of paper into two halves.

disconnected	divided	separated	split
×	○	△	◎

　split は、「分割する」のように、**分けることで元の形が変わるような場合**に用いる語。乱暴に分けるイメージが強く、「**木材や肉などをザックリ半分にする**」といった様子を表現するには最適だ。そのため divide the money は「お金を半分にする」だが、split the money は「おおざっぱに半分にする」となる。

　split (up) into...（…個に分ける）は、1 つのものを「形を変えて複数に分ける」という意味で使われる。She *split* the piece of paper into three pieces. なら、「彼女は 1 枚の紙を 3 枚にした」となる。

　divide にも同じ「複数に分ける」の意味があるが、「形の変化」をともなう場合は split のほうが適切である。

　separate も意味的には通じるが、split や divide ほど自然な英語ではない。

⇨ **She *split* the piece of paper into two halves.**
（彼女は 1 枚の紙を半分ずつの 2 枚にした）

35
笑う

chuckle / giggle / laugh / snicker

▶▶▶「笑う」というと、日本人は laugh とともに smile を思い浮かべるだろうが、ネイティブにとってこの２つの動詞はまったく異なる。「笑う」というと、ネイティブは smile ではなく、日本人にはあまりなじみのない chuckle, giggle, snicker を連想する。

■ chuckle   ▶▶▶ ネイティブイメージ「小さな声で遠慮がちに笑う」

「静かに遠慮がちに笑う」「含み笑いする」などの意味がある。小さな声でクスクス笑うような際に使う動詞。chuckle at someone's remark（人の発言をこっそり笑う）, chuckle out loud（声を出してクスクス笑う）, chuckle with satisfaction（満足げに笑う）などの言いまわしがある。

chuckle like Santa
（サンタのように笑う）

◆ 用例

□ My grandfather *chuckled* just like Santa Clause.
（祖父はちょうどサンタクロースみたいに静かに笑った）
□ The audience *chuckled* at his witty comment.
（聴衆は彼の気のきいたコメントに遠慮がちに笑った）

We googled it for you!   検索エンジンで調べると…

ネイティブにとって、「chuckle するのは男性」というイメージがある。試しに man と lady でのヒット数を検索したところ、明らかな差があった。

検索ワード	ヒット数
"The old man chuckled."	518,000
"The old lady chuckled."	34,600

35. 笑う | chuckle / giggle / laugh / snicker

■giggle ▶▶▶ネイティブイメージ「クスクス笑う」

「クスクス笑う」「忍び笑いする」などの意味がある。子供や若い女性が何に対してもすぐにクスクス笑うような表現で、大人に対して使うと悪意を隠して陰で笑うイメージになる。giggle at everything（何を見てもクスクス笑う），giggle evilly（意地悪くクスクス笑う），giggle together over...（…に向かってクスクスと笑い合う）などの言いまわしがある。

giggle like little girls
（少女のようにケラケラ笑う）

◆ 用例
□ My daughter *giggles* at everything.（私の娘は何を見てもクスクス笑う）
□ The girls were giggling while I was trying to give my speech.
（少女たちは私がスピーチをしようとしたらクスクス笑っていた）

We googled it for you! 検索エンジンで調べると…

ネイティブにとって、「giggle するのは女子」というイメージがある。ためしに **girls** と **boys** でのヒット数を検索してみたところ、これも明らかな差があった。

検索ワード	ヒット数
"The girls giggled."	808,000
"The boys giggled."	77,400

■laugh ▶▶▶ネイティブイメージ「声を立てて笑う」

「笑う」「面白がる」「喜ぶ」などの意味がある。声を立てて笑う際に使う「笑う」のもっとも一般的な動詞。laugh oneself into...（笑いこけて…になる），laugh at someone（バカにして笑う），laugh like crazy（狂ったように笑う）といった言いまわしがある。

laugh like crazy（狂ったように笑う）

◆ 用例

☐ I *laughed* when I saw him, in spite of myself.（彼を見て思わず吹き出した）
☐ I couldn't stop *laughing* throughout the movie.
　（その映画を観ているあいだ、ずっと笑いっぱなしだった）

■ snicker ▶▶▶ネイティブイメージ「冷笑する」

「忍び笑いする」「冷笑する」「鼻で笑う」などの意味がある。人のことを、冷たく鼻で笑うような様子をいう。snicker to oneself（1人静かにあざ笑う）, snicker behind someone's back（人の陰で冷笑する）, snicker at someone（人を冷笑する）などの言いまわしがある。

snicker at someone（人に冷笑する）

◆ 用例

☐ He *snickered* at the puzzled look on her face.（彼は彼女の困惑した顔を見てせせら笑った）
☐ He *snickered* at me and went to his room.
　（彼は私を鼻で笑い、自分の部屋に向かった）

We googled it for you! 検索エンジンで調べると…

[　　　　　　　　　　] search🔍

選択肢の比較として、"Please stop –ing."（○○するのをやめてください）で検索してみたところ、laugh がいちばん多いのは予測できたが、以降 giggle, snicker, chuckle の順となった。

検索ワード	ヒット数
"Please stop chuckling."	5,960
"Please stop giggling."	78,500
"Please stop laughing."	13,100,000
"Please stop snickering."	11,600

35. 笑う | chuckle / giggle / laugh / snicker

※ smile

「微笑む」「にっこりする」など声を立てず、顔の表情だけで笑うこと。日本人は laugh と smile を混同することがあるが、声を出す／出さないの違いがあるため、ネイティブにとっては明らかに違う表現となる。

☐ She *smiled* a pleasant smile.（彼女は会心の笑みを浮かべた）
☐ I guess fortune has *smiled* on me at last.
（ついに運命の女神が私に微笑んだようだ）

👍 Native Speakers Say It This Way! ネイティブはこう使い分ける！

1. I had to _____ when my best friend told me his girlfriend proposed to him while they were skydiving.

chuckle	giggle	laugh	snicker
◎	△	○	―

ネイティブにとって chuckle するのはたいてい男で、しかも痩せている人ではなくサンタのように恰幅のいい人、というイメージが強い。さらに言えば、子供ではなく**立派な大人**、という条件が加わる。

chuckle は聞いて不愉快になる笑い方ではなく、**静かに短く「クックックッ」と笑うような感じ**だ。chuckle at a joke と言えないこともないが、joke に対してであれば laugh at a joke（ジョークに笑う）のほうが自然だろう。

He *chuckled* at the idea of a little child wanting to get married.（彼は小さな子供の結婚したいという発想を面白がった）のように、chuckle は witty な発言などに対して使うことが多い。大勢で笑うというより、1人でクスクス笑うイメージだ。

選択肢の動詞をシンプルに He ___ at me. で比較すると、次のようになる。

He *chuckled* at me. / He *giggled* at me. →不自然な英語
He *laughed* at me.（彼は私を笑った→私をひどくバカにした）
He *snickered* at me.（彼は私を鼻で笑った→私を小バカにした）

chuckle は「悪意なくクスクス笑うような様子」をいうため、...at me とはまず言わず、その場合は普通 laugh や snicker を使う。

問題の例文は、悪意なく笑う様子がうかがえるので、「クスクス笑う」の chuckle が最適となる。そしてこの場合の I（私）は男性を指すと思われるため、giggle は△だ。遠慮のないあいだがらで、「女性からのプロポーズに大笑いした」ととれば laugh でもいいだろう。

⇨ I had to **chuckle** when my best friend told me his girlfriend proposed to him while they were skydiving.
（スカイダイビングをしている最中に、彼女にプロポーズされたと親友が教えてくれた時、思わずクスクス笑ってしまった）

---

2. The girls in the back were _____ all through the class. Their teacher got really angry.

chuckling	giggling	laughing	snickering
×	◎	○	△

giggle は子供や女の子がケタケタ笑うような時に使う動詞で、大人にはあまりいい印象の言葉ではない。「年頃の女の子は箸が転んでも笑う」と日本でも言うが、まさにそんなイメージの語だ。

子供や若い女性が giggle するというイメージが強いため（251 ページ参照）、わざと男性や大人に Stop giggling.（笑うのをやめて）と言うと、小バカにした言い方になる。

しかも 1 人で笑うというより、**数人のグループで話し合いながら笑うイメージ**がある。よって、例文は giggle が最適となる。ただし、もちろん laugh で普通に「笑う」と表現することも可能だ。snicker も使えるが、文脈的に△だろう。

⇨ The girls in the back were **giggling** all through the class. Their teacher got really angry.
（うしろの女の子たちは授業中ずっと笑いつづけていた。彼女たちの先生は本気で怒った）

35. 笑う | chuckle / giggle / laugh / snicker

3. No one _____ at my jokes. It was really embarrassing.

chuckled	giggled	laughed	snickered
×	×	◎	×

　laugh は非常に一般的な言葉で、たいてい誰に対しても、どんな状況でも、どんな笑い方にも使える。ただし、**どちらかといえばポジティブな使い方のほうが多い**。
　また、女性に対してあまり chuckle は使わないので、その分 laugh を使って She *laughed* quietly.（彼女は静かに笑った）や、She *laughed* under her breath.（彼女はクスクスと笑った）などと表現する。
　逆に、ほとんど女性に対してだけ使う笑い方に、cackle（ゲラゲラ笑う）がある。ヒラリー・クリントンの笑い方があまりに特徴的なため、最近では cackle を使って The Hillary Cackle と言われるまでになった（YouTube などの動画サイトで Hillary Cackle で検索すると、どのような笑い方か確認できる）。Hillary Clinton *cackled* on the Columbia Free Trade Agreement.（ヒラリー・クリントンはコロンビア自由貿易協定で大笑いした）などと使われているが、これは魔法使いのような嫌な笑い方を指す、かなりマイナス・イメージの言葉だ。
　また、smile と laugh が同じ意味だと勘違いしている日本人は多いが、She *smiled* at me.（彼女は私に微笑んだ）ならば良い意味だが、She *laughed* at me.（彼女は私を笑った）は「私をバカにして楽しんだ」というネガティブな表現になるので、注意しよう。
　また、Are you *laughing* with me or at me?（面白いから笑っているの？　それとも私をバカにしているの？）は英語でよく使うフレーズ。laugh のニュアンスがよく出ているので、覚えておくといいだろう。
　例文は、「ジョークを笑う」という日常よく使われる言い方なので、laugh が最適となる。残りの選択肢はそれぞれのニュアンスから、ここで使うと不自然に聞こえる。

⇨ **No one *laughed* at my jokes. It was really embarrassing.**
　（誰も私のジョークを笑わなかった。とてもバツが悪かった）

4. I couldn't believe he _____ when I told him about the accident!

chuckled	giggled	laughed	snickered
△	△	○	◎

　自分に関係のない、他人のことで笑うなら snicker だ。人をバカにした笑い方で、大勢でというより、1人で何かを見下げて笑うようなイメージがある。

　たとえば He *snickered* at my joke.（彼は私のジョークを鼻で笑った）と聞いても、少しもうれしくないだろう。「面白がって笑う」なら、He *laughed* at my joke.（彼は私のジョークを笑った）だ。

　例文は、文脈から「冷ややかに笑う」snicker が最適となる。ほかに、laugh でも意味は通じる。ただし chuckle と giggle は、ニュアンスから△程度だろう。

⇨ I couldn't believe he *snickered* when I told him about the accident!
　（信じられなかったけど、あの人にその事故のことを話したら、鼻で笑ったの！　本当に失礼な人！）

【 付 録 】

ネイティブが教える英語の動詞の使い分けまとめ問題

　最後に、読者のみなさんの「ネイティブ感覚」を試す問題です。
　この本に出てきた動詞を使った、「ネイティブの動詞選び」に挑戦してみてください。「ネイティブが『最適（◎）』と選ぶ動詞」を、選択肢の中から選びましょう。

※ただし、「最適（◎）」なものは1つとは限りません。
※解答は◎○△×の4種類で表わします（判定基準については「はじめに」を参照）。◎がわかったら、ほかの動詞についても判定してみましょう。

【問題】
各英文の空所にあてはめるのに「最適な動詞」を、それぞれの選択肢から選びなさい。
ただし、解答は1つとは限りません。

1. ABC _____ a team of top lawyers to defend them in court.

   A. accumulated / B. assembled / C. collected / D. gathered

2. He wanted to _____ everything little thing that took place in the company.

   A. control / B. direct / C. handle / D. manage

3. We need to _____ to the next stage of this plan by the first of next month.

   A. go / B. move / C. proceed / D. travel

4. I _____ his ability to convince the client to switch to us.

   A. challenge / B. doubt / C. mistrust / D. question / E. suspect

5. We want to _____ our factory, but we don't have very much open land.

   A. enlarge / B. expand / C. extend / D. increase

6. I think you need to _____ your authority to force him to resign.

   A. carry out / B. conduct / C. do / D. execute

7. If something bad _____ while I'm gone, call me.

   A. breaks out / B. happens / C. occurs / D. takes place

8. We were _____ by her ability to get so much done in such a short time.

   A. alarmed / B. amazed / C. shocked / D. stunned / E. surprised

9. I'm having trouble _____ where I met him, but he looks familiar.

   A. recalling / B. recollecting / C. remembering / D. reminding

10. We _____ that this is a good opportunity to expand our business.

    A. believe / B. feel / C. imagine / D. think

11. No one _____ that it would cost so much to remodel our office.

    A. anticipated / B. expected / C. hoped / D. looked forward to

12. I can't _____ you to go, but I think it would help your career.

    A. coerce / B. force / C. influence / D. pressure / E. urge

13. He wants to _____ with everyone about everything.

    A. argue / B. debate / C. fight / D. quarrel

14. I really _____ myself at the meeting by asking the president a stupid question.

    A. distressed / B. embarrassed / C. humiliated / D. shamed

15. He tried to _____ me into selling my company to him.

    A. frighten / B. intimidate / C. scare / D. terrify

16. She's the boss, so we can't _____ her say Yes.

    A. force...to / B. get...to / C. have / D. let / E. make

17. Your book _____ me to quit my job and start my own company.

    A. agitated / B. aroused / C. excited / D. inspired / E. stimulated

18. I'd like to _____ how our new model works.

    A. demonstrate / B. indicate / C. reveal / D. show

19. I _____ you not to make such a risky investment.

    A. advise / B. alert / C. caution / D. warn

20. We need to _____ a strategy that will enable us to overcome the advantages our competitors have.

    A. create / B. fabricate / C. make / D. manufacture / E. produce

21. We _____ for three years to find a solution to this problem.

    A. attempted / B. endeavored / C. made an effort / D. tried

22. The company was _____ by ABC three years ago when it was going through a financial crisis.

    A. acquired / B. earned / C. gained / D. got / E. obtained

23. Could you help me _____ a way to reduce annual expenditure by 30 percent?

    A. hunt for / B. look for / C. search for / D. seek

24. I'll _____ him in private and see what he really thinks.

    A. address / B. say to / C. speak to / D. talk to / E. tell

25. She lost the report, but she _____ to help me look for it.

    A. denied / B. declined / C. refused / D. rejected

26. The market is becoming more volatile, and so you need to _____ your market exposure.

    A. decline / B. decrease / C. drop / D. lower / E. reduce

27. She _____ that if my sales didn't improve, I would be fired.

    A. hinted / B. implied / C. insinuated / D. suggested

28. I could lend him some money, but I think he would just _____ it within a few weeks.

    A. misuse / B. squander / C. throw (it) away / D. waste

29. She started to cry when her proposal was rejected, but she was just _____ it.

    A. copying / B. faking / C. falsifying / D. forging / E. imitating

30. We tried to _____ the company against an unfriendly takeover.

    A. defend / B. guard / C. preserve / D. protect
    E. save (the company from)

31. I did some research, and I think I've _____ a way to double efficiency.

    A. discovered / B. found / C. located / D. tracked down

32. When you have time, could you _____ this video on corporate branding?

    A. look at / B. observe / C. see / D. watch

33. The client _____ that we lower our prices by at least 15 percent or they'll leave us.

    A. demanded / B. insisted / C. requested
    D. required / E. stipulated

34. Why don't we try _____ the printer from the computer and see what happens?

    A. disconnecting / B. dividing / C. separating / D. splitting

35. My boss looks just like Santa Claus when he _____ .

    A. chuckles / B. giggles / C. laughs / D. snickers

● 解答・解説 ●

1. ⇨ ABC *assembled / gathered* a team of top lawyers to defend them in court.

accumulated	assembled	collected	gathered
×	◎	○	◎

【訳】ABC 社は法廷で答弁するため、腕利きの弁護士とチームを組んだ／集めた。
【解説】バラバラの人を集めて集団を作るのに最適な表現は、assemble と gather だ。assemble a team で「チームを組む」という言いまわしに、また gather は「(人を) 集める」という意味がある。(→ 1 章参照)

2. ⇨ He wanted to *control / manage* everything little thing that took place in the company.

control	direct	handle	manage
◎	△	△	◎

【訳】彼は会社で起こったどんな些細なことでも思い通りにしようとした／取り仕切ろうとした。
【解説】control everything (思い通りにする) と manage everything (すべてを取り仕切る) の言いまわしから。control と manage のイメージの違いもつかんでほしい。(→ 2 章参照)

3. ⇨ We need to *proceed* to the next stage of this plan by the first of next month.

go	move	proceed	travel
△	○	◎	×

【訳】私たちは来月の始めまでにこの計画を次の段階まで進める必要がある。
【解説】proceed to... で「…へ進む」「続けて…する」の言いまわしになる。proceed to the next stage (次の段階に進む) のほか、proceed to discussion (議論を進める) などビジネス用語としてよく使われる。(→ 3 章参照)

4. ⇨ I *doubt* his ability to convince the client to switch to us.

challenge	doubt	mistrust	question	suspect
△	◎	×	○	×

【訳】打ち合わせで、弊社に乗り換えるよう顧客を説得しようとする彼の能力をいぶかしく思った。
【解説】doubt one's ability で「人の能力を疑う」の意味になる。人の能力や力量をいぶかしむ表現に、doubt は最適である。（→4章参照）

---

5. ⇨ We want to *expand* our factory, but we don't have very much open land.

enlarge	expand	extend	increase
○	◎	○	×

【訳】工場を大きくしたいが、十分な開けた土地がない。
【解説】expand には、元の大きさを広げるニュアンスがある。そのため expand a factory なら、増築して工場の面積を広げるイメージになる。（→5章参照）

---

6. ⇨ I think you need to *execute* your authority to force him to resign.

carry out	conduct	do	execute
×	×	×	◎

【訳】彼を辞めさせるよう、あなたが権力を行使する必要があると思う。
【解説】execute authority（権力を行使する）の言いまわしから。execute は命令や判決などを、実行に移す際に用いる動詞。（→6章参照）

---

7. ⇨ If something bad *happens* while I'm gone, call me.

breaks out	happens	occurs	takes place
×	◎	○	○

【訳】私が出かけているあいだに、何か悪いことが起こったら、携帯に電話して。
【解説】happen は、something のように具体的ではない出来事を表現する言い方とともによく使われる。偶発的に何かが起こる時、happen はネガティブ／ポジティブどちらの意味でも使える。（→7章参照）

8. ⇨ We were *amazed* by her ability to get so much done in such a short time.

alarmed	amazed	shocked	stunned	surprised
×	◎	△	△	○

【訳】それだけの短時間に、それだけたくさんのことを終わらせた彼女の能力に、私たちは驚かされた。
【解説】「期待以上にすごい」など、想像していたよりも良い意味で驚く時は amaze を使う。能力や才能に対する感動表現に使うことも可能だ。(→8章参照)

9. ⇨ I'm having trouble *remembering* where I met him, but he looks familiar.

recalling	recollecting	remembering	reminding
○	○	◎	×

【訳】彼に一体どこで会ったか思い出すのにひと苦労だが、当の本人は親しげだ。
【解説】have trouble remembering で「思い出すのに苦労する」の言いまわしとなる。remember は、過去のことを覚えていて、その経験や情報を元に思い出すような時に用いる。(→9章参照)

10. ⇨ We *think* that this is a good opportunity to expand our business.

believe	feel	imagine	think
○	○	△	◎

【訳】ビジネス拡大に、これはいい機会だと思う。
【解説】何のニュアンスも込めず、ただ思ったことを述べる場合は、think を用いる。We think that...(弊社では…と考えています)の言いまわしは、ビジネス英語では定番。(→10章参照)

11. ⇨ No one *expected* that it would cost so much to remodel our office.

anticipated	expected	hoped	looked forward to
○	◎	×	×

【訳】オフィス改装にそんなにお金がかかるとは、誰も想像しなかった。
【解説】「(物事が将来的に、当然起こると)想像する」という表現には、expect が用いられる。expect trouble(困難を予期する)などの言いまわしがある。(→11章参照)

12. ⇨ I can't *force* you to go, but I think it would help your career.

coerce	force	influence	pressure	urge
△	◎	×	○	△

【訳】無理にとは言わないが、行けばキャリアに役立つだろう。
【解説】[force ＋目的語＋ to do] で「…することを余儀なくされる」、転じて「…せざるをえない」という言いまわしになる。（→ 12 章参照）

13. ⇨ He wants to *argue* with everyone about everything.

argue	debate	fight	quarrel
◎	△	○	○

【訳】彼はあらゆる人とあらゆることで議論したがる。
【解説】argue with…（…と議論する）の言いまわしから。argue は会議での話し合いなど、論理的に賛成・反対の意見を述べ合う際、用いる動詞。（→ 13 章参照）

14. ⇨ I really *embarrassed* myself at the meeting by asking the president a stupid question.

distressed	embarrassed	humiliated	shamed
×	◎	○	△

【訳】会議で社長にバカげた質問をしてしまい、ひどくきまりが悪くなった。
【解説】embarrass oneself（きまり悪くなる）の言いまわしから。embarrass は悪意の有無にかかわらず「困らせる」の意味で使われる。（→ 14 章参照）

15. ⇨ He tried to *intimidate* me into selling my company to him.

frighten	intimidate	scare	terrify
○	◎	○	×

【訳】彼は私を脅して、自分に会社を売らせようとした。
【解説】intimidate someone into –ing（人を脅して…するよう仕向ける）の言いまわしから。脅迫のように、何かに脅かされておびえる場合に用いる表現は、ここでは intimidate のみである。（→ 15 章参照）

16. ⇨ She's the boss, so we can't *make* her say yes.

force...to	get...to	have	let	make
○	×	×	×	◎

【訳】彼女は上司だから、われわれがイエスと言わせることはできない。
【解説】make someone say yes（人にイエスと言わせる）の言いまわしから。この make は、強制的にやらせる意味合いが強い。（→ 16 章参照）

17. ⇨ Your book *inspired* me to quit my job and start my own company.

agitated	aroused	excited	inspired	stimulated
×	×	×	◎	△

【訳】あなたの本に刺激され、私は仕事を辞めて自分で会社を興した。
【解説】inspire someone to...（人を刺激して…をする気にさせる）の言いまわしから。触発されて何かをするようになったと言いたい場合、inspire が最適となる。（→ 17 章参照）

18. ⇨ I'd like to *demonstrate* how our new model works.

demonstrate	indicate	reveal	show
◎	×	△	○

【訳】新製品がどのように動くか、実際にお見せします。
【解説】demonstrate a device（装置を実演する）のように、demonstrate は何かを実際に目の前でやってみせることを意味する動詞。（→ 18 章参照）

19. ⇨ I *warn* you not to make such a risky investment.

advise	alert	caution	warn
○	×	△	◎

【訳】そんな危険な投資はするな、とあなたに警告する。
【解説】warn someone not to...（…するなと人に警告する）の言いまわしから。悪い結果が予想される場合の注意喚起に、よく I warn you not to... を使う。（→ 19 章参照）

20. ⇨ We need to *create* a strategy that will enable us to overcome the advantages our competitors have.

create	fabricate	make	manufacture	produce
◎	×	○	×	△

【訳】ライバルの強みを打ち崩せる戦略を立てる必要がある。
【解説】create a strategy（戦略を立てる）の言いまわしから。create には建設的なニュアンスがあるため、strategy には最適。販売戦略から開発戦略までさまざまに使える。（→ 20 章参照）

21. ⇨ We *tried* for three years to find a solution to this problem.

attempted	endeavored	made an effort	tried
○	○	×	◎

【訳】3年かけて、この問題の解決方法を見つけ出そうとした。
【解説】try to do...（…しようとする）の言いまわしから。「…しようとしたが成功しなかった」という含みもある。（→ 21 章参照）

22. ⇨ The company was *acquired* by ABC three years ago when it was going through a financial crisis.

acquired	earned	gained	got	obtained
◎	×	×	×	△

【訳】3年前、その会社は財政危機にあり、ABC 社に買収された。
【解説】「買収する」の意味があるのは acquire で、受動態で「買収された」となる。知識や財産など、内容的に価値あるものを手に入れる場合は、この acquire を使う。（→ 22 章参照）

23. ⇨ Could you help me *look for* a way to reduce annual expenditure by 30 percent?

hunt for	look for	search for	seek
○	◎	○	×

【訳】年間支出額の 30%削減方法を一緒に探してもらえますか？
【解説】look for a way to...（…する方法を探す）の言いまわしから。すでに目的とするものがあり、それを見つけ出す際には look for を使う。（→ 23 章参照）

24. ⇨ I'll *talk to* him in private and see what he really thinks.

address	say to	speak to	talk to	tell
×	×	○	◎	○

【訳】こっそり彼と話し、あの人が本当に考えていることを理解するつもりだ。
【解説】in private（こっそりと）とあるので、個人的な内容の話になる。特定の相手と打ち解けた会話をする場合、talk が最適となる。（→ 24 章参照）

25. ⇨ She lost the report, but she *refused* to help me look for it.

denied	declined	refused	rejected
×	△	◎	×

【訳】彼女はレポートをなくしたが、私がレポートを一緒に探すのを手伝うことは拒否した。
【解説】refuse to...（…するのを拒否する）の言いまわしから。refuse は、「拒否」の姿勢を示すもっとも一般的な動詞。ほかに「拒否」のニュアンスを表わす動詞はない。（→ 25 章参照）

26. ⇨ The market is becoming more volatile, and so I'd advice you to *reduce* your market exposure.

decline	decrease	drop	lower	reduce
×	○	△	○	◎

【訳】株式市場が非常に不安定になっているので、市場への融資残高を減らすように忠告するつもりだ。
【解説】reduce market exposure（融資残高を減らす）の言いまわしから。reduce は意識的に減らすことを意味する。reduce expenses や reduce taxes も覚えたい。（→ 26 章参照）

27. ⇨ She *implied / insinuated* that if my sales didn't improve, I would be fired.

hinted	implied	insinuated	suggested
○	◎	◎	△

【訳】私の売上が改善されなかったら、クビにする、と彼女はほのめかした。
【解説】imply / insinuate that...（…と遠まわしに言う）の言いまわしから。ネガティブなことを間接的にわかるよう言っているので、imply と insinuate が最適（→ 27 章参照）

28. ⇨ I could lend him some money, but I think he would just *squander* it within a few weeks.

misuse	squander	throw (it) away	waste
△	◎	○	△

【訳】彼にお金を貸すことはできるが、あの人は数週間でむだ使いしてしまうと思う。
【解説】「浪費する」に相当する語が入る。選択肢では、お金や時間などの価値あるものを豪遊したり、軽率に使うニュアンスを持つ squander が最適となる。(→ 28 章参照)

29. ⇨ She started to cry when her proposal was rejected, but she was just *faking* it.

copying	faking	falsifying	forging	imitating
△	◎	○	△	△

【訳】彼女は提案が却下されて泣き始めたが、ただのうそ泣きだった。
【解説】fake は何かのふりをしたり、人をだます目的で偽物を作る際に用いる動詞だ。文章ではあまり使わないが、口語体の軽い表現でよく使う。(→ 29 章参照)

30. ⇨ We tried to *defend* the company against an unfriendly takeover.

defend	guard	preserve	protect	save...from
◎	×	×	○	○

【訳】私たちは非友好的買収から会社を守りたい。
【解説】defend A against B（B から A を守る）の言いまわしから。defend は、外部からの危険に対して抵抗し、それを排除して身の安全を守るニュアンスがある。(→ 30 章参照)

31. ⇨ I did some research, and I think I've *discovered* a way to double efficiency.

discovered	found	located	tracked down
◎	○	△	△

【訳】研究によって、効率を倍にする方法を見つけられたと思う。
【解説】discover a way to...（…する方法を見つける）の言いまわしから。discover には、今までわからなかったものを新たに発見するニュアンスがある。(→ 31 章参照)

32. ⇨ When you have time, could you *watch* this video on corporate branding?

look at	observe	see	watch
○	×	△	◎

【訳】時間がある時、コーポレート・ブランディングについてのビデオを見てもらえる？
【解説】watch a video（ビデオを見る）の言いまわしから。テレビやビデオのように、動いているものを見る際には、watch が最適となる。（→ 32 章参照）

33. ⇨ The client *demanded* that we lower our prices by at least 15 percent or they'll leave us.

demanded	insisted that we	requested	required	stipulated
◎	○	△	○	△

【訳】クライアントは少なくとも 15%の値引きを要求したが、それに応えなければわれわれから離れていくだろう。
【解説】demand that...（…を要求する）の言いまわしから。demand は過剰に強く要求する場合に用いるため、状況的に demand が最適となる。（→ 33 章参照）

34. ⇨ Why don't we try *disconnecting* the printer from the computer and see what happens?

disconnecting	dividing	separating	splitting
◎	△	○	△

【訳】コンピュータからプリンタ（のケーブル）を外したらどうなるか、試してみようよ。
【解説】disconnect A from B（B から A を外す、切り離す）の言いまわしから。disconnect には、電気の接続を断つニュアンスがある。（→ 34 章参照）

35. ⇨ My boss looks just like Santa Claus when he *chuckles.*

chuckles	giggles	laughs	snickers
◎	△	○	△

【訳】上司は笑うとサンタクロースみたいだ。
【解説】大人の恰幅のいい男性の笑い方といえば、chuckle だ。サンタクロースが小さな声でクスクス笑う様子を、思い浮かべるといいだろう。（→ 35 章参照）

● 索 引 ●

※語彙定義が記されているページは太字にした。

【A】

accumulate **2-3**, 5-8
acquire **152**-159
address **166-167**, 169-175
advise **131**, 132, 134-137
agitate **116-117**, 118, 120-123
alarm **51**-58
alert **131-132**, 134-137
amaze **51-52**, 53-58
anticipate **75-76**, 78-80
argue **89-90**, 91-95
arouse 116, **117-118**, 120-123
assemble 2-**3**, 5-8
attempt **145-146**, 147-151

【B, C】

believe **67-68**, 69-74
break out **45-46**, 48-50
carry out **39**-44
caution 131-137 (**132-133**)
challenge **24-25**, 27-31
chuckle **250**, 252-256
coerce **81-82**, 83, 85-88
collect 2-8 (**4**)
conduct **39-40**, 41-44
control **9-10**, 11-16
copy **205**-212
create **138-139**, 140-144

【D】

debate 89-94 (**90**)
decline 176-182 (**177**), **183**-191
decrease **183-184**, 185-191
defend **213-214**, 216-220
demand **235-236**, 237-242
demonstrate **124-125**, 126-130
deny **176-177**, 178-181
direct 9-16 (**10**)
disconnect **243-244**, 245-249
discover **221-222**, 223-226
distress **96-97**, 99-101
divide 243-249 (**244**)
do 39-44 (**40-41**)
doubt 24-**25**, 27-31
drop 183-191 (**184-185**)

【E】

earn 152-159 (**153**)
embarrass 96-**97**, 99-101
endeavor 145-151 (**146**)
enlarge **32-33**, 34-38
excite 116-117, **118**, 120-123
execute 39-44 (**41**)
expand 32-38 (**33-34**)
expect 75-**76**, 78-80
extend 32-38 (**34**)

【F】

fabricate 138-144 (**139**)
fake **205-206**, 207-212
falsify 205-212 (**206-207**)
feel 67-74 (**68**)
fight 89-95 (**90-91**)
find 221-226 (**222**)
force 81, **82-83**, 85-88, **108-109**, 110-115
forge 205-212 (**207-208**)
frighten **102-103**, 105-107

【G】

gain 152-159 (**154**)
gather 2-8 (**4-5**)
get 108-115 (**109**), 152-159 (**155**)
giggle 250-256 (**251**)
go **17-18**, 19-23
guard 213-**214**, 216-220

【H】

handle 9-15 (**11**)
happen 45-**46**, 48-50
have 108-115 (**109-110**)
hint **192-193**, 194-197
hope 75-80 (**77**)
humiliate 96-101 (**98**)
hunt for **160-161**, 163-165

【I】

imagine 67-74 (**69**)

imitate   205-212 (**208-209**)
imply   192-197 (**193**)
increase   32-38 (**34-35**)
indicate   124-130 (**125-126**)
influence   81-82, **83**, 85-88
insinuate   192-197 (**193-194**)
insist on   235-242 (**236**)
inspire   116-123 (**118-119**)
intimidate   102-107 (**103-104**)

[L]
laugh   250-256 (**251-252**)
let   108-114 (**110-111**)
locate   221-226 (**222-223**)
look   **227-228**, 229-234
look for   160-165 (**161-162**)
look forward to   75-80 (**77**)
lower   183-191 (**185-186**)

[M]
make   108-115 (**111**), 138-144 (**139-140**)
make an effort   145-151 (**146-147**)
manage   9-16 (**11-12**)
manufacture   138-144 (**140**)
mistrust   24-31 (**26**)

misuse   **198-199**, 201-204
move   17-23 (**18-19**)

[O]
observe   227-234 (**228**)
obtain   152-159 (**156**)
occur   45-50 (**47**)

[P]
preserve   213-220 (**215**)
pressure   81-88 (**83-84**)
proceed   17-23 (**19**)
produce   138-144 (**141**)
protect   213-220 (**215**)

[Q, R]
quarrel   89-95 (**91-92**)
question   24-31 (**26-27**)
recall   **59-60**, 61-66
recollect   59-66 (**60-61**)
reduce   183-191 (**186**)
refuse   176-182 (**177-178**)
reject   176-182 (**178-179**)
remember   59-66 (**61-62**)
remind   59-66 (**62**)
request   235-242 (**236-237**)
require   235-242 (**237-238**)
reveal   124-130 (**126**)

[S]
save   213-214, **216**-220
say   166-175 (**167-168**)
scare   102-107 (**104**)
search for   160-165 (**162**)
see   227-234 (**228-229**)
seek   160-165 (**162-163**)

separate   243, **245**-249
shame   96-101 (**98**)
shock   51-57 (**52-53**)
show   124-130 (**126-127**)
smile   **253**, 255
snicker   250, **252**-256
speak   166-175 (**168-169**)
split   243, 245-249 (**246**)
squander   198-**199**, 201-204
stimulate   116-123 (**119**)
stipulate   235-242 (**238**)
stun   51-58 (**53-54**)
suggest   192-197 (**194**)
surprise   51-58 (**54**)
suspect   24-31 (**27**)

[T]
take place   45-50 (**47**)
talk   166-167, **169**-175
tell   166-167, 169-175 (**170**)
terrify   102-107 (**104-105**)
think   67-74 (**70**)
throw away   198-204 (**200**)
track down   221-226 (**223**)
travel   17-23 (**20**)
try   145-151 (**147-148**)

[U, W]
urge   81-88 (**84**)
warn   131-137 (**133**)
waste   198-204 (**200**)
watch   227-228, **229-230**, 231-234

● 著者紹介 ●

デイビッド・セイン（David A. Thayne）

　1959年アメリカ生まれ。カリフォルニア州アズサパシフィック大学（Azusa Pacific University）で、社会学修士号取得。証券会社勤務を経て、来日。日米会話学院、バベル翻訳外語学院などでの豊富な教授経験を活かし、現在までに100冊以上、累計300万部の著作を刊行している。日本で25年以上にもおよぶ豊富な英語教授経験を持ち、これまで教えてきた日本人生徒数は数万人に及ぶ。英会話学校経営、翻訳、英語書籍・教材制作などを行なうクリエーター集団 A to Z（www.atozenglish.jp）の代表も務める。著書に、『英語ライティングルールブック――正しく伝えるための文法・語法・句読法』（DHC）、『その英語、ネイティブにはこう聞こえます』（主婦の友社）、『ミライ系 NEW HORIZON でもう一度英語をやってみる：大人向け次世代型教科書』（監修、東京書籍）、『やり直し教養講座　英文法、ネイティブがもっと教えます』（NHK 出版新書）、『ネイティブが教える英語の語法とライティング』（研究社）ほか多数。近著にベストセラー『爆笑！英語コミックエッセイ 日本人のちょっとヘンな英語』（アスコム）がある。

森田 修（もりた　おさむ）　　古正佳緒里（ふるしょう　かおり）

● 調査・執筆協力 ●

Esther Thirimu　　Michael Deininger　　Ralph Schriok　　Edgar Sillieman
Jaime Jose　　Kevin Plimley　　Malcolm Hendricks　　Tomoko Suta　　齋藤剛士
…and many others

● イラストレーター ●

豊島 宙（とよしま　そら）

1980年茨城県生まれ　パレットクラブ卒業。女性誌、赤ちゃん子ども向け雑誌、英会話などの語学雑誌やテキストに絵を描いている。似顔絵やイラストマップ、シチュエーションに合わせたイラストレーションが得意。
Bank Holiday/Sora Toyoshima's Illustration Site (http://soratoyoshima.net)

● 編集協力・索引作成 ●
杉山まどか

● 社内協力 ●
三島知子

ネイティブが教える
英語の動詞の使い分け
Natural Verb Usage for Advanced Learners

● 2012 年 7 月 6 日初版発行 ●
● 2014 年 4 月 11 日 4 刷発行 ●

● 著者 ●

デイビッド・セイン（David A. Thayne）

森田修・古正佳緒里（AtoZ）

Copyright © 2012 by AtoZ

発行者 ● 関戸雅男

発行所 ● 株式会社 研究社

〒102-8152　東京都千代田区富士見 2-11-3

電話　営業 03-3288-7777（代）　編集 03-3288-7711（代）

振替　00150-9-26710

http://www.kenkyusha.co.jp/

KENKYUSHA

装丁 ● 久保和正

組版・レイアウト ● AtoZ

印刷所 ● 研究社印刷株式会社

ISBN 978-4-327-45247-6 C0082　Printed in Japan

価格はカバーに表示してあります。
本書の無断複写（コピー）は著作権法上での例外を除き、禁じられています。
また、私的使用以外のいかなる電子的複製行為も一切認められていません。
落丁本、乱丁本はお取り替え致します。
ただし、古書店で購入したものについてはお取り替えできません。

研究社の出版案内

……**デイビッド・セイン**〔著〕……

ネイティブが教える
英語の語法とライティング

A5判 並製 280頁
ISBN978-4-327-45240-7

ネイティブ感覚のライティング力を身につける！

英文ライティングの第一歩は、**基本的な表現**（70項目厳選）を、**「文法・語法的に正しく」**書くこと。
本書で、**ネイティブの直感**（native speaker's intuition）に基づく、「自然で・生きた」英語が学べる！

- ▶「以下」「以上」「未満」
- ▶「……まで」「……までに」
- ▶「異なる」「違う」
- ▶「全体の」「全部の」
- ▶「……など」

ほか、日本人学習者が英訳の際によく間違えてしまう70項目を実例とともに示しながら、英語を書くすべての日本人が注意したい英文法・語法に関する情報を、セイン先生がわかりやすく解説。文法的に正しい英文を書きたい方の必携書！

微妙な日本語の言い回しを、セイン先生が分かりやすく訳出・解説！

デイビッド・セイン